Erschienen im
Jubiläumsjahr 1997
bei Klett-Cotta

UWE PÖRKSEN

Weltmarkt der Bilder

Eine Philosophie der Visiotype

Klett-Cotta

Klett-Cotta
© J. G. Cotta'sche Buchhandlung Nachfolger GmbH,
gegr. 1659, Stuttgart 1997
Fotomechanische Wiedergabe
nur mit Genehmigung des Verlags
Printed in Germany
Schutzumschlag: Dietrich Ebert
Gesetzt aus der 9,5 Punkt Palatino
von Fotosatz Janß, Pfungstadt
Gedruckt auf säure- und holzfreiem Werkdruckpapier
und gebunden von Gutmann, Talheim

Die Deutsche Bibliothek – CIP-Einheitsaufnahme
Pörksen, Uwe:
Weltmarkt der Bilder: eine Philosophie der Visiotype /
Uwe Pörksen. – Stuttgart: Klett-Cotta, 1997
ISBN 3-608-93407-3

Inhalt

Vorwort

Dieses Buch zieht eine Linie weiter aus, die 1988 mit dem Versuch über die ‚Plastikwörter' ansetzte. Statt der Plastikwörter geht es hier um Bildstereotype. Das birgt eine Schwierigkeit: Für die Zeichen, die ich hier zum Thema mache, gibt es keine anerkannte Bedeutungslehre, keine Grammatik, noch weniger läßt sich ihre Bedeutung in einem Lexikon nachschlagen.

Bei der Sprache hat man's leichter. Was ein sprachliches Zeichen ist, ein Wort, läßt sich den Sprachtheoretikern und Bedeutungslehrern einigermaßen entnehmen. Was der Grundriß einer Wortart ist, Substantiv oder Verb, kann man rasch in fast jeder Grammatik auffinden. Und die Bedeutung eines einzelnen Wortes wie ‚Kutsche' oder ‚Entwicklung' ist vor einer ganzen Wand von Lexika nachzuschlagen.

Was aber ist das visuelle Zeichen? Was ist der Grundriß einer Tabelle und einer Kurve, eines Schaubilds oder eines Modells? Was bedeutet der Blaue Planet? Ich meine nicht: was sagt die Tabelle inhaltlich und wofür steht der berühmte blaubunte Erdball, sondern was leistet eine Tabelle als Element eines Textes, was ist der Bedeutungsumriß eines globalen Zeichens wie Blauer Planet oder Doppel-Helix? Welches ist ihr Wirkungspotential?

Die Literatur auf diesem Gebiet ist in jüngster Zeit sprunghaft angewachsen. ‚Why are Graphs so central in Science?' oder ‚The DNA Mystique. The Gene as a Cultural Icon' lauten etwa neuere amerikanische Titel. Visualisierung ist ein Feld, dessen sich aus guten Gründen die wissenschaftliche und öffentliche Reflexion annimmt.

Dabei ist der Blick zunächst vor allem nach rückwärts gerichtet. Uns wird zunehmend bewußt gemacht, in welchem Grade das menschliche Wahrnehmen seine Geschichte hat. Diese Geschichte ist nicht mein Thema, sondern eine Gruppe visueller Zeichen in der Gegenwart – gelegentlich suche ich sie vor dem geschichtlichen Hintergrund zu verstehen. Die

Arbeit wird darin bestehen, ähnlich wie es beim Wort möglich ist, den Bedeutungsumriß dieses Zeichentyps zu erfassen, seiner Leistung und Wirkung auf die Spur zu kommen.

Das ist auf systematischem Wege nach meinem Eindruck nicht möglich, jedenfalls noch nicht. Stattdessen möchte ich in einer lockeren Kette von Beispielen, Fällen, Skizzen die Dimensionen des Themas sukzessiv entwickeln. (Erwähnt sei an dieser Stelle, daß wir uns hier auf kleinformatige Reproduktionen der Abbildungen beschränkt haben, weil es uns allein auf deren argumentativen Aspekt ankam.)

So habe ich vor sechs Jahren das Material zu sammeln begonnen: indem ich in einem Wandergespräch mit Sofia Nantke der Frage nachging, was es bedeutet, wenn Sprachwissenschaftler den Begriff des sprachlichen Zeichens, des Wortes, durch ein Dreieck veranschaulichen; indem mich ein Zeitungsartikel vom Juli '91 frappierte, der durch Landkarte, Photographie und Wort den Jugoslawienkrieg anvisierte; ich die Bonner Ausstellung ‚Erdsicht. Global Change' aufsuchte und mir dort im Keller des Botanischen Instituts von Professor Wilhelm Barthlott am Elektronenrastermikroskop die zehntausendfache Vergrößerung eines Fliegenauges zeigen ließ; die Zeichensprache einer vergleichenden europäischen Wetterkarte studierte und mich in die zeichnerische Geschichte des Stammbaums der Evolution vertiefte; das an den Beispielen Beobachtete hielt ich jeweils in einem Sudelpunkt fest. Er wurde diskutiert.

Das Buch ist aus Gesprächen entstanden; mein Dank ist vielseitig, ich statte ihn am Schluß ab.

Am Ende stellte sich bei dem Thema, dessen Schwierigkeit ganz erheblich ist und das ich mehrfach aufzugeben geneigt war, bei aller lockeren Reihung eine Art Ordnung heraus.

Die Untersuchung gilt Veranschaulichungsmitteln in drei verschiedenen Bereichen: in der Sphäre der Wissenschaft, derjenigen der praktischen Experten und der Öffentlichkeit.

Das Phänomen, dem ich auf den Leib rücken möchte und das ich dingfest zu machen suche, nenne ich das ‚Visiotyp'. Mit dem Ausdruck ist zweierlei gemeint: ein Denkstil und ein global wirksames Zeichen.

Auf der einen Seite denke ich an eine bestimmte Art des visuellen Zugriffs auf die Realität, an einen Typus standardisierter Veranschaulichung. Es gibt eine breite Skala von typischen Formen, Zahlenbilder, Instrumentenbilder und Figuren zu präsentieren: ‚Visiotype‘ im allgemeineren Sinn.

Daneben aber gibt es einzelne herausragende universelle Visiotype wie die ‚exponentielle Weltbevölkerungskurve‘, die ‚Doppel-Helix‘ oder den ‚Blauen Planeten‘; man könnte sie auch globale visuelle Idole nennen. Aber Wörter wie ‚Idol‘, ‚Emblem‘, ‚Symbol‘, ‚Icon‘ sind in unserer Sprache geschichtlich stark vorgeprägt. Daher bevorzuge ich den Kunstausdruck.

Zunächst spreche ich von drei Beispielen, in denen das ‚Visiotyp‘ im ersten Sinn eine gewisse Brisanz erkennen läßt.

I Exposition.
Die Weltwirkung der Visiotype

„Die größten Triumphe der Propaganda
wurden nicht durch Handeln, sondern
durch Unterlassung erreicht. Groß ist
die Wahrheit, größer aber, vom praktischen Gesichtspunkt, ist das Verschwei-
gen der Wahrheit.
Ohne wirtschaftliche Sicherheit kann
die Liebe zur Sklaverei unmöglich entstehen; der Kürze halber nehme ich an,
daß es der allmächtigen Exekutive und
ihren Managern gelingen wird, das
Problem dauerhafter wirtschaftlicher Sicherheit zu lösen."

(Aldous Huxley, Schöne neue Welt)

1
Die Zahlengrundlage
einer Schwarzwaldautobahn

In Freiburg wird seit Jahrzehnten um den Bau einer autobahnähnlichen Trasse gestritten, welche die Stadt teilweise unterfahren und vierspurig durch den Schwarzwald, ostwärts über Donaueschingen geführt werden soll: ein Verbindungsstück zwischen der Autobahn Karlsruhe – Basel im Westen und Konstanz – Stuttgart im Osten. Für die Stadt und den Schwarzwald würde der Bau einen einschneidenden Anschluß an die großräumige Geometrie unsrer Autogesellschaft bedeuten.

Die streitenden Parteien bedienen sich mit Vorliebe zweier Argumente: der Zahl und des Bildes. Die Stadt beruft sich auf das steigende Verkehrsaufkommen, das sie beziffert, und verweist auf das Bild des Vororts am Ostrand der Stadt, dies bedauernswerte Nadelöhr, das durch den alltäglichen Stau nahezu unbewohnbar geworden ist. Die in einem ‚Aktionsbündnis' zusammengeschlossenen Gegner illustrieren in einem langen Landkartenschaubild, wie das Nadelöhr nur, bei erhöhtem Verkehr, ins Innere der Stadt zurückverlegt werden würde, dorthin, wo der von Westen her die Stadt unterfahrende Tunnel enden soll, wie auf solche Weise ein städtischer Park zerstört und das östliche Flußtal zerschnitten würde. Sie markieren durch Fähnchen oder auch einmal an einem Sonntag durch eine Menschenkette, wo die Straße verlaufen würde. Wir sind eine Gesellschaft, die visuell argumentiert.

Für Argumente, die vor allem auf der Waagschale der Straßengegner liegen, existieren keine öffentlich gehandelten Zahlen. Ob es nützt, wenn man die Schädigung von Luft, Wasser und Boden, Atemwegen usw. bis zur Ästhetik der Landschaft ver- und beziffert?

Dagegen existierte seit März 1990 ein Verkehrsgutachten, das der Regierungspräsident 1989 in Auftrag gegeben hatte. Seine Zahlen kursierten öffentlich; beide Parteien bedienten sich ihrer. Das Gutachten, mit einer sechsstelligen Summe entlohnt, war von einer Qualität, daß ein vierzehnjähriger es hätte widerlegen können, wäre nicht – der Sprachverhau. Es argumentierte mit Tabellen, gelegentlich auch einmal mit einem Diagramm: (siehe Seite 16).

Man erkennt auf der Tabelle die Zunahme des Verkehrs an den Stellen, wo in bestimmten Zeitabständen gezählt wurde. Das Resultat ist objektiv, sachlich, unausweichlich.

Noch eindrucksvoller, auch weil es leichter lesbar ist, ist das Kurvendiagramm. Man sieht: eine Kurve des Jahres 1980, die im August ihre Spitze hat, wird von einer parallel laufenden aus dem Jahr 1988 um einen Abstand übertroffen, der eine Zunahme des Verkehrs von 29 Prozent bedeutet; man erfaßt das Resultat mit einem Blick.

„Aber meine Herrschaften, was kann es da noch für einen eigenen Willen geben, wenn es schon bis zur Tabelle und bis zur Arithmetik gekommen ist; wenn nur noch zwei mal zwei gleich vier Gültigkeit hat? Zwei mal zwei wird auch ohne meinen Willen vier sein. Sieht denn der eigene Wille etwa so aus?" schreibt Fjodor Dostojewskij in den ‚Aufzeichnungen aus dem Kellerloch' (S. 35).

In der Tat: Tabellen, Zahlenbilder erzeugen Sachzwang. Der im Diagramm veranschaulichte Zahlenvergleich wirkt unwiderlegbar, man begreift die Situation in einer kleinen fünf Zentimeter hohen Kurve. Das harmlose Werkzeug läßt keinen Spielraum, Zahlen annullieren vollständig die Möglichkeiten des Verhaltens.

Die Verkehrsexpertise folgte einem seit Jahrzehnten geübten Verfahren: in Abständen Zähltage. Der am Datenvergleich ablesbare Trend wird extrapoliert und daraus die Prognose abgeleitet. Es ist eine einheitliche Perspektive, ein schlichtes Fadenkreuz, durch das auf Verkehr und Land oder Stadt geblickt wird. Eine bestimmte Verkehrsschwelle genügt, um den Ausbau einer Straße zu rechtfertigen. Im Sinn dieses recht antiken, aber hier noch praktizierten Verfahrens war das Gutachten eindeutig.

Sein wichtigstes Resultat, aus der Expertensprache in Klartext übertragen, lautete: Während die Benutzung öffentlicher Verkehrsmittel in den achtziger Jahren um 20 Prozent abge-

Im Vergleich zum Analyse-Nullfall wurden folgende Verkehrszunahmen ermittelt:

Straßenabschnitt	Kfz/24 Stunden		Veränderung	
	Analyse 1989	Prognose 2010	absolut	in %
B 31 – östlich Ebnet	24 300	27 300	+ 3 000	+ 12 %
– östlich L 133	19 500	22 200	+ 2 700	+ 14 %
– Kirchzarten – Hinterzarten	15 400	17 100	+ 1 700	+ 11 %
– östlich Hinterzarten	19 500	22 400	+ 2 900	+ 15 %
– Umgehung Neustadt	16 000	18 000	+ 2 000	+ 13 %
– Friedenweiler – Löffingen	10 800	12 400	+ 1 600	+ 15 %
– westlich Döggingen	12 400	14 200	+ 1 800	+ 15 %
– Döggingen – Hüfingen	11 400	13 100	+ 1 700	+ 15 %
B 317 Feldberg	6 100	7 400	+ 1 300	+ 21 %
B 500 Hinterzarten	5 000	6 200	+ 1 200	+ 24 %
L 112 St. Peter – Denzlingen	2 800	4 000	+ 1 200	+ 43 %
L 112 südlich St. Märgen	3 900	5 100	+ 1 200	+ 31 %
L 121 Freiburg – Kirchzarten	11 000	12 500	+ 1 500	+ 14 %
L 133 Freiburg – Stegen	4 800	5 100	+ 300	+ 6 %
L 173 Villingen-Schwenningen – Vöhrenbach	4 600	5 600	+ 1 000	+ 22 %
L 180 Donaueschingen – Vöhrenbach	2 900	3 500	+ 600	+ 21 %

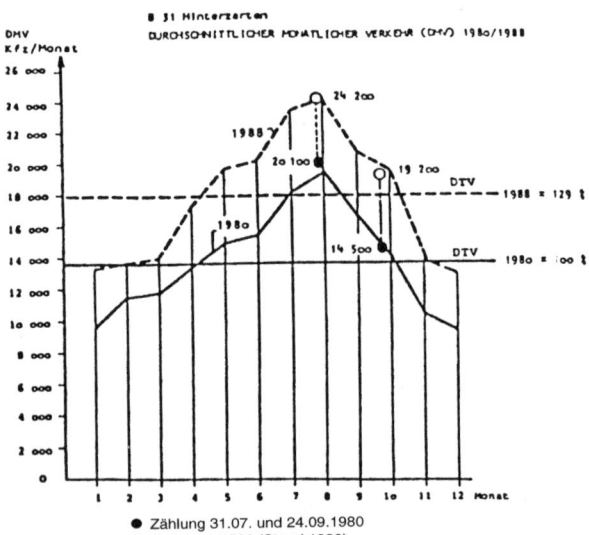

● Zählung 31.07. und 24.09.1980
○ Prognose 1990 (Stand 1980)

Abb. 1: Verkehrsuntersuchung. Tabelle und Kurve
(Schaechterle 1990, 23, 35).

16

nommen hat, hat der Kraftwagenverkehr am östlichen Stadt-
rand Freiburgs gleichzeitig um 31 Prozent zugenommen und
wird bis 2010 im gesamten Untersuchungsgebiet um weitere
20 Prozent ansteigen. Diese erhöhte Belastung von 51 Prozent, die Hälfte, ist nur durch eine den Verkehr bündelnde,
weitgehend vierspurige Trasse aufzufangen.

So sachlich, klar und richtig das Ergebnis schien, es war
imaginär. Es suggerierte, bei der neuen Fernstraße handle es
sich um ein lokales Erfordernis, um die Entlastung des Vororts am Ostrand der Stadt und einiger Nebenstraßen. Die
beruhigende Botschaft des Gutachtens lautete, in Übereinstimmung mit der Argumentation des Regierungspräsidi-
ums und der Stadtregierung: die Region bringe aus sich
selbst, aus dem allmählichen Anwachsen ihres Binnen-, Nah-
und Quellverkehrs den Zwang hervor, die vierspurige Trasse
zu bauen.

Das täuschende Bild kam auf die einfachste Weise, durch
eine Begrenzung des Blickfeldes zustande. Man hatte sich bei
der Datenerhebung auf den regionalen Untersuchungsraum
beschränkt und bei der Prognose für 2010 alle Faktoren aus-
geblendet, die von jenseits der Region den Verkehr anheben
konnten. Das Gutachten ignorierte den Funktionswechsel
von der streckenweise beengten ‚B 31-Ost' zu einem breiten
Verbindungsstück zweier Autobahnen, das nun den ver-
mehrten Verkehr aufnehmen könnte, 1. aus dem vor der Tür
stehenden europäischen Binnenmarkt, 2. dem 1989 begonne-
nen neuen Ostwesthandel und 3. dem von Österreich und
der Schweiz abgewehrten, aus Italien über Südfrankreich
kommenden Güterschwerverkehr.

Der Fragerahmen war irrational und konnte nur ein entsprechendes Ergebnis haben. Inzwischen wird in Freiburg
darüber gestritten, nicht ob die neue Trasse den Verkehr um
die Hälfte, sondern ob sie ihn um das Doppelte oder gar
Dreifache vermehren werde.

Wie kam es, daß ein so fragwürdiges Verkehrsgutachten
der öffentlichen Kritik so lange entging? Ich vermute den
wichtigsten Grund in seiner Sprache. Zur Öffentlichkeit gehört als erste Vorbedingung eine verständliche Sprache. Die

des Gutachtens ist schwer zugänglich. Der Text kommt als wissenschaftliche Untersuchung daher, der, so der Philosoph Robert Spaemann, fürchterlichsten Einschüchterung der Gegenwart.

Das gilt in gesteigerter Form von den Tabellen, Kurven, Zahlenbildern und verzifferten Verkehrsplänen. Gerade *sie* sind das spezifische Werkzeug des Experten. Er verfügt über die Grundlage, d. h. das Datenmaterial, er definiert den Fragerahmen, und er bestimmt die Form der Darstellung. Je unzugänglicher, um so sicherer seine Autorität. Das gehört zur präzisen Beschreibung des zahlenbasierten Darstellungstyps. Es ist also von öffentlichem Interesse, Semantik, Bedeutungsgehalt und Wirkungspotential dieses Typus zu verstehen und zu umreißen. Schon seine bloße Übertragung in die Umgangssprache kann, wie ich in diesem Fall erfuhr, einen Skandal verursachen. – Man erlaube ein zweites Beispiel.

2
Der Bauplan der Maus
und die Ethik der Zukunft

Bei einem Werkstattgespräch ,*Selbstbilder und Fremdbilder der Chemie*', das vom 15. bis zum 17. September 1993 in Günzburg stattfand, das dritte in der Reihe ,*Chemie und Geisteswissenschaften*', sprach Professor Thomas Schreckenbach von der Firma Merck, Darmstadt, über ,Chemie als Technologie. Die Ära der Biowissenschaften: Neue Möglichkeiten, neue Wirklichkeiten, neue Werte?'

Der Vortragende zeichnete sich aus durch schroffe, rückhaltlose, undiplomatische Offenheit und wurde deshalb von Kollegen zur Rede gestellt. Eine Dame sprach von dem Hilferuf eines Reiters überm Bodensee.

Zu seinen Argumenten gehörten acht Schaubilder (wir sind eine Gesellschaft, die visuell argumentiert), durch Folien an die Wand geworfen. Sie zeigten z. B. die Meilensteine der Biotechnologie von 1893–1993, von der Produktion der Zi-

Schematische Darstellung der Hox-Gene der Maus

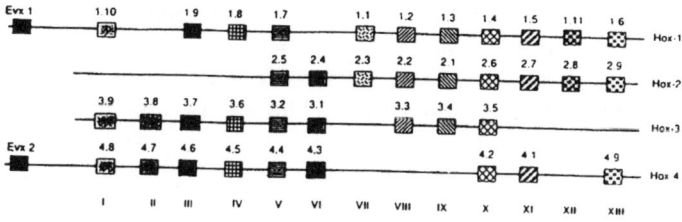

Schematische Darstellung der Hox-Gen-Expression im Mesoderm

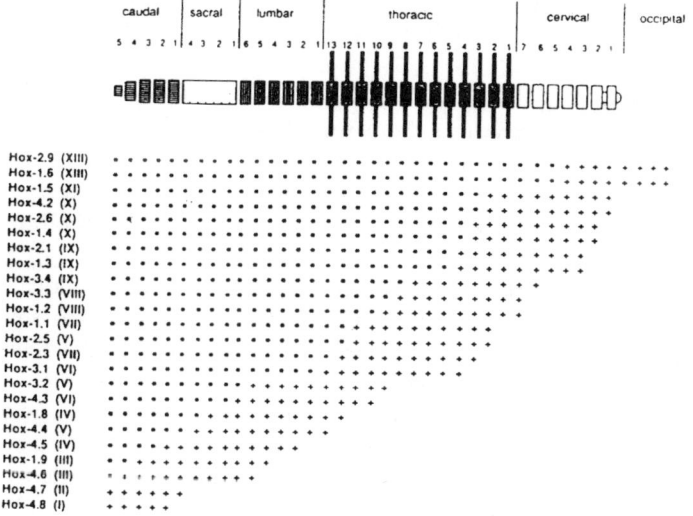

Abb. 2: Der Bauplan der Maus. Schreckenbach 1994, 137.

tronensäure bis zu transgenen Pflanzen und Tieren, oder das Bild des menschlichen Chromosoms 16 (Schreckenbach 1994, 134 f.).

Einige Schaubilder waren nur für den Experten lesbar, sie wirkten nüchtern und objektiv, übersichtlich, unangreifbar. Sie gemahnten den Laien an jene Sphäre, wo ein Problem entschlüsselt ist, wiesen den Schlüssel vor und übten dadurch Autorität aus.

„Die Bilder 5 und 6 zeigen den genetischen Bauplan einer Maus: Eine schematische Darstellung der sogenannten Hox-Gene, ihrer Struktur und ihrer räumlichen Expression im Mesoderm. In dieser nüchternen Graphik spiegelt sich ein Teil des biochemischen Kontrollnetzwerks wider, welches dafür sorgt, daß eine Maus wie eine Maus aussieht, sich wie eine Maus bewegt und verhält.

Was ich Ihnen hier zeige, sind nur beispielhafte Ausschnitte. Es hätten ebensogut 100 andere Beispiele sein können. Was sie Ihnen zeigen, ist ein Blick in die Baupläne des Lebens von erschreckender Tiefe. Was sie Ihnen aber auch zeigen: nur ein transientes Bild des Wissens hier und heute" (Schreckenbach 1994, 136).

Diese Graphik ist nicht populär, sondern Handwerkszeug aus dem Inneren des Labors, und was sie dem Laien sagt, ist etwa: die Welt ist entzaubert, in Zahlen und einfachen, klaren Strukturen erkennbar, du kannst, wenn du willst und dich einarbeitest, verstehen, nachprüfen und das graphische Modell verbessern. Verstehen ist ein Prozeß.

Beim Übertritt der visuellen Werkzeuge in die Öffentlichkeit geschieht offenbar das Gleiche, was sich in einem solchen Fall an dem Vokabular der Wissenschaft beobachten läßt. Statt des Inhalts wirkt der Nimbus. Max Webers vielsagende Bemerkung, daß wir in der Regel nicht wissen, wie eine Straßenbahn funktioniert, aber in dem Glauben leben, es jederzeit erfahren zu können, gilt hier noch entschiedener. Weber: „Die zunehmende Intellektualisierung und Rationalisierung bedeutet also *nicht* eine zunehmende allgemeine Kenntnis der Lebensbedingungen, unter denen man steht. Sondern sie bedeutet etwas anderes: das Wissen davon oder den Glauben daran: daß man, wenn man *nur wollte*, es jederzeit erfahren *könnte*, daß es also prinzipiell keine geheimnisvollen unberechenbaren Mächte gebe, die da hineinspielen, daß man vielmehr alle Dinge – im Prinzip – durch *Berechnen beherrschen* könne. Das aber bedeutet: die Entzauberung der Welt" (Weber 1982/1919, 594). Durch Expertengutachten, Wissenschaftlervorträge, Tageszeitungen fahren heute, in Gestalt von Tabellen, Kurven, Schaubildern, Piktogrammen, sachlich kühl oder regenbogenfarben, täglich ungezählte Webersche Straßenbahnen. Sie bedeuten aber keineswegs nur Entzauberung, sie bewirken sehr viel häufiger Verzauberung.

Wer den Inhalt der obigen Graphik oder das Wort ‚Hox-Gene' nicht zu entschlüsseln vermag, auf den wirkt ihre soziale Außenseite, der Eindruck von Ordnung, Präzision und Durchschaubarkeit: das kühle Pathos wissenschaftlicher Analyse und methodensicherer Erschließung, das sie mitteilt. Was im wissenschaflichen Zusammenhang den Vorzug einer Fachvokabel und einer Kurve ausmacht, daß man den Hof von Gefühlen und Wertungen, der die umgangssprachlichen Ausdrücke umgibt, von ihnen abschneidet, damit sie neutral und nüchtern der Sache und nur der Sache dienen, wird beim Übertritt in die öffentliche Umgangssprache zu ihrem Hof und Nimbus, dem ‚Konnotat', von dem die Sprachwissenschaftler sprechen. Sie haben das Konnotat der Konnotatlosigkeit. ‚Die Wissenschaft' sitzt, schwarz umrahmt, als Ziffer, Tabelle, Kurve oder Karte, in der Box und übt Autorität aus.

Autorisiert durch das Bild des Kontrollnetzwerks der Maus, prognostizierte der Vortragende: „Ich versuche, die Fakten zusammenzufassen, die in etwa zehn Jahren Stand des Wissens sein werden. Ich nehme an, daß die wichtigsten Erbkrankheiten erklärbar und eventuell heilbar sein werden. Komplexe Krankheiten, und hierzu gehören auch psychische Erkrankungen, werden erklärbar und möglicherweise therapierbar sein. Wir werden ein enormes Wissen um genetische Dispositionen für komplexe Erkrankungen haben, und die Möglichkeiten des genetischen Eingriffs bei Tieren, Pflanzen und Menschen werden praktisch unbegrenzt sein. Wir wer-

21

den ein sehr weitgehendes Verständnis der molekularen Mechanismen von Sinneswahrnehmung und Sinnesverarbeitung haben und zentrale biologische Vorgänge wie das Altern, die Funktion des Immunsystems und die hormonelle Regulation weitgehend verstanden haben. Im Klartext heißt das: Nicht nur der Körper, sondern auch die ‚Seele'des Menschen werden auf molekularer Ebene sehr weitgehend erforscht sein. Hieraus leitet sich ab, daß unser Wertesystem zum Teil neu geschrieben werden muß.‟

In seinen Augen war eine unaufhaltsame Automatik des Fortschritts am Werk; die internationale Konkurrenz und die Psychologie der Naturwissenschaftler erlaubten keine andere Wahl:

„Man kann vorhersehen, mit welcher Wucht die Biowissenschaften ihre Erkenntnisse produzieren werden, wenn man weiß, wie Naturwissenschaftler ‚funktionieren':

Etwas, das erklärbar ist, ist verstanden. Etwas, das prinzipiell erklärbar ist, wird morgen verstanden sein und ist bereits heute Gegenstand verbindlicher Hypothesen. Und das Unbekannte verdient keinen Respekt, sondern wird morgen prinzipiell erklärbar und damit auch manipulierbar sein.

Der Naturwissenschaftler hat keinen Respekt vor dem Universum, er hat nur Respekt vor der Komplexität seiner Daten‟ (Schreckenbach 1994, 138 f.).

Vor dem Hintergrund, daß der Naturwissenschaftler unter dem Druck von Daten, Erkenntnissen und Erklärungsmöglichkeiten „wertfreie Räume‟ schaffe, Handlungsräume, denen die bisherige Psychologie und Moral hoffnungslos hinterherhinke, forderte er die Geisteswissenschaftler dringlich zur Mitarbeit auf.

Die Frage, die sich aber zuerst meldet, ist die nach der Richtigkeit des Rahmens. Wird hier nicht, wie im Fall der Schwarzwaldautobahn, auf dem Weg der Engführung eine Zwangsläufigkeit hergestellt?

Zwei Kurven werden extrapoliert: die Tatsache, daß seit 1893 vieles auf dem Gebiet der Biotechnologie entschlüsselt worden ist, führt zur Annahme, daß demnächst alles erklärt sein wird, das Bild der durchsichtigen Maus wird übertragen

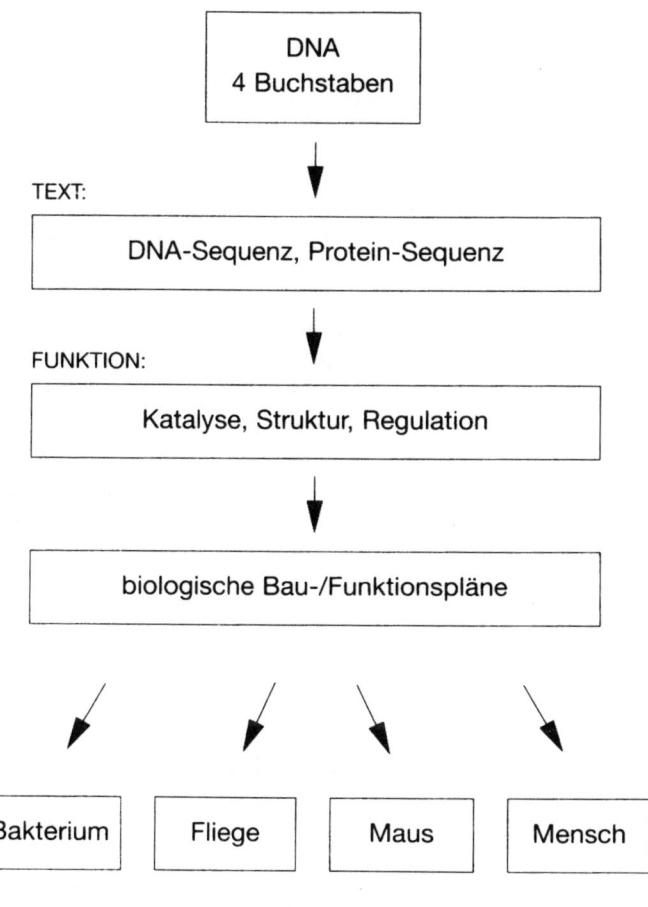

Abb. 3: Steuerungsplan des Lebens. Schreckenbach 1994, 140

auf die sukzessiv zu erwartende Durchsichtigkeit des Menschen. In beiden Fällen wird visuell argumentiert, mit dem Schaubild einer Chronik der Entdeckungen 1893–1993 und dem der Hox-Gene der Maus. Die Parallele zum vorher dargelegten Beispiel ist verblüffend: auf einem einzigen Geleis wird durch das Ausziehen zweier Kurven der Eindruck von Sachzwang hergestellt. – Dieser kann sich durchaus bewahrheiten: auch ein nur prognostizierter Sachzwang läßt sich, über eine gewisse Strecke, in Wirklichkeit überführen. Vielleicht ist die künstliche Erzeugung von „Sachzwang" und die Herstellung von Wirklichkeit auf diesem Wege inzwischen sogar die Regel.

Daß es sich bei den Prognosen jenes Vortrags um ein ähnliches Kartenhaus handeln könnte wie bei dem oben besprochenen Verkehrsgutachten zur Schwarzwaldautobahn, ergibt sich mir daraus, daß Thomas Schreckenbach abschließend das Alphabet der 26 Buchstaben, mit dem sich jene Texte verfassen lassen, die Glauben, Kultur, Verhaltensnormen „steuern", mit dem Alphabet der vier DNA-Buchstaben in Analogie setzte, das die Baupläne von Bakterium, Fliege, Maus und Mensch und ihre Entwicklungsgeschichte „determiniert". Die Schlichtheit des Schaubildes begrub den Vortrag.

3
Das Visiotyp des Golfkriegs. –
Was sind Visiotype?

Sprache kann sich verselbständigen. Sie kann sich als Fassade, als Attrappe vor die Wirklichkeit stellen, so daß diese unsichtbar wird und nicht einmal mehr zu ahnen ist. Wenn z. B. von einem *Krisenherd* in einer Ecke der Welt die Rede ist, einem *Konflikt*, der *auf saubere Weise gelöst wird*, so kann das auf eine diplomatische Einigung deuten oder ein Massaker verbergen.

Es ist der hohe Abstraktionsgrad zentraler Hauptwörter

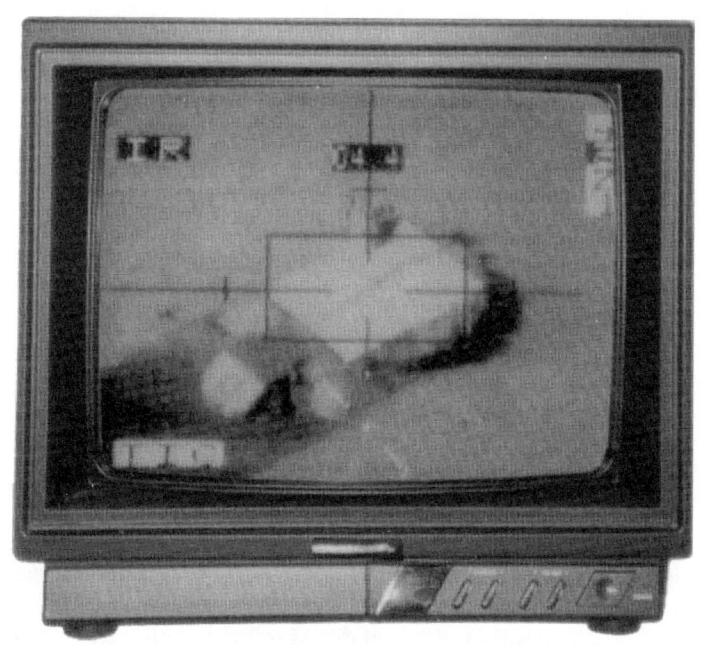

Abb. 4: Visiotyp des Golfkriegs
(Associated Press/Arthur 1993, Titelbild).

und ein fachgerechter Expertenjargon, die erlauben, eine solche Attrappe aufzubauen. Das gilt erstaunlicherweise für den Bereich der Bilder noch mehr als für den der Wörter. Bilder können abstrakter sein als die Abstrakta der Sprache, sie bringen unter Umständen ein noch höheres Maß an abgehobener, menschenleerer Objektivität zustande.

Das obige Bild symbolisiert das Erlebnis des Golfkriegs vom Januar 1991, so wie es der Welt durch einen amerikanischen Sender vielleicht acht oder vierzehn Tage lang vermittelt wurde. Recht lange jedenfalls erschien der Krieg als sog. sauberer Krieg, der lediglich die Ziele in Mitleidenschaft zog, deren Zerstörung unbedingt notwendig war – während die Umgebung sozusagen unbehelligt blieb. Der Fernsehapparat zeigte ein punktgenaues Ziel, das von einer amerikanischen Rakete erreicht wird.

25

Die Weltgemeinde von CNN erlebte es mit und sprach davon, wie amerikanische Piloten den Lüftungsschacht der Luftfahrtzentrale Bagdads ins Fadenkreuz nahmen, die laserstrahlgelenkten Raketen hineinjagten und der Bau mit einem Schlag auseinanderflog, überhaupt redete man von dem Faszinosum der hochentwickelten Technik, dem man sich kaum entziehen könne, von jener tieffliegenden intelligenten Rakete, die sich selbst ihren Weg suchte.

Das Bild des klinisch sauberen Krieges wurde dadurch erreicht, daß er als High-Tech-Performance publiziert wurde, daß seine fachmännische Präzision, die exakte Fernsteuerung und uhrwerkhafte Zielgenauigkeit in den Vordergrund rückte. Die ‚Konfliktlösung' war nichts als ein ‚chirurgischer Eingriff'. Was den Experten ausmacht, seine Perfektion und Modernität, wurde anschaubar in der technischen Überlegenheit über den Gegner, dessen aus der Mode gekommener Maschinenpark, Raketen z. B., die unbeholfen im Wasser landeten, als komisch erschien. Und wie den Kriegsberichterstatter als neuen Waffenexperten das Pathos des technischen Zeitalters erfüllte, die Identifikation mit der Maschinenwelt, und er mit Vokabeln wie ‚Fadenkreuz' und ‚Zielautomatik', ‚Scud-Rakete' und ‚Restlicht-Aufheller' klapperte, so klapperte und imponierte sein Filmer mit Cockpits und schnittigen Bombern, donnernden Flügen und Leuchtspuren. Es hatte sich etwas verselbständigt. Vor das unklare Geschehen schob sich die funktionierende Kriegstechnik als Ding und Bild gewordene Expertensprache.

Es war absurd. In einer Zeit, wo der Telefunk aus dem Irak die Welt in Sekunden erreicht, war man tagelang über ein dortiges Geschehen weniger orientiert als zur Zeit der Kreuzzüge (11.–13. Jahrhundert), und es war bitterste Ironie, daß die High-Tech-Show mit einem schändlichen Massaker, dem ‚Truthahnschießen' auf die Fliehenden, endete.

Da die durchgelassenen Fakten und Bilder äußerst spärlich waren, trat eine neue Form der Vermittlung an deren Stelle, ein neues Visiotyp: graphische Darstellungen der Waffenstärke, der verschiedenen Waffengattungen und ihrer Funktionsweise. Das von der US-Regierung erfolgreich gelenkte Informationsdesign des Golfkrieges hat anscheinend Heerscharen von Graphikern beschäftigt. Danach kam auch bei uns das Wort ‚Infografik‘ in Gebrauch.

Wie so oft, hat ein Seitenableger der Kriegsgeschichte zu einer allgemeineren technischen Neuerung geführt. „Der Golfkrieg war weltweit der Durchbruch für Infografiken", schreibt der schwedische Grafikredakteur Dagson (PAGE 11/1992, 53).

Im Gefolge hat sich unsere Zeitungslandschaft verändert; die Printmedien sind ins Bildzeitalter eingetreten. Photographien, Karten und Kurven, Tabellen, Schaubilder, anschauliche Zahlenbilder, sog. ‚Piktogramme‘ haben sich in den Zeitungen ausgebreitet. Die ‚Zeit‘ und die ‚Süddeutsche‘, der ‚Spiegel‘ haben seither wachsende Graphikabteilungen, das Magazin ‚Focus‘ hat seine Sache auf nichts anderes gestellt und damit zeitweise den ‚Spiegel‘ aus dem Tritt gebracht.

Bedeutet es, wenn das Visiotyp oder die Visiotypie sich, übrigens unter z. T. heftigen Widerständen, derart in der Presse ausbreitet, einen Einschnitt in der Geschichte mündiger Öffentlichkeit?

Wer den Bau einer Autobahn durchsetzen oder verhindern will, im Zuge der neuen Biotechnik eine neue Ethik und Rechtsordnung fordert, einen Ölkrieg als kleinen, sauberen Eingriff vorführen will, greift zum Visiotyp. Landkarte und Photo, Tabelle und Kurve, Diagramm und Schaubild und Infografik sind Zeichen, welche die Gesellschaft binden. Zahl und Bild sind die Grundelemente. Sie gehen im Visiotyp eine immer engere, am Ende kaum trennbare Verbindung ein.

‚Visiotypie‘, von der eben die Rede war, ist der Hang zur Veranschaulichung. Ich gebrauche das Wort ‚Visiotyp‘ parallel zu ‚Stereotyp‘ und meine zunächst diesen allgemein zu beobachtenden, durch die Entwicklung der Informationstechnik begünstigten Typus sich rasch standardisierender Visualisierung. Es ist eine durchgesetzte Form der Wahrnehmung und Darstellung, des Zugriffs auf „die Wirklichkeit".

Aus dem Meer typisierender Veranschaulichungen erheben sich aber immer wieder einzelne Visiotype, die wiederkehren und kanonisiert werden, zu öffentlichen Sinnbildern avancieren, zu Signalen der Drohung oder Verheißung, internationalen Schlüsselbildern. Das oben abgebildete Visiotyp des Golfkrieges war auf dem Weg zu einem solchen Generalnenner und globalen Zeichen.

Wir sind umgeben von solchen Zeichen, sie sind die großen Stimmungsmacher der Epoche. Denn wichtiger als die Schlagwörter sind inzwischen die Schlagbilder, faszinierender als die Schlüsselbegriffe diese Schlüsselreize des Bewußtseins. Die exponentielle Weltbevölkerungskurve hängt als Drohung über unseren Häuptern, der entschwindende Walfischschwanz nimmt uns mit, die aus der Krume in einer menschlichen Hand aufkeimende Pflanze heitert auf, und der Blaue Planet erscheint als Verheißung. Wettermacher, wohin man sieht. Auswandernde über der dürren Sandfläche der Sahara und der finstere Kopf einer Asylantenschlange, überhaupt nicht endende Schlangen, tickende Zeitbomben, ansteigende Kurven und ihnen gegenüber das schachbietende Computerhirn, neue Kombinationsmöglichkeiten im Zeichen der Doppel-Helix, die große Vernetzung.

Man hat längst mit diesen anschaulichen globalen Größen zu rechnen begonnen, zu schieben, umzuspringen wie die Kinder mit den durchlöcherten Kugeln des Abakus. Der Biologe Hubert Markl, früherer Präsident der Deutschen Forschungsgemeinschaft, wird gegenwärtig nicht müde zu verkünden, daß die steigende Weltbevölkerungskurve die Menschheit dazu zwingt, die Gentechnik zu entwickeln. Es verrate ihm nur niemand, daß die schlichte Formel sich umkehren läßt, daß eine gentechnisch manipulierte globale Nahrungsmittelproduktion die Weltbevölkerungskurve in die Höhe schnellen lassen könnte! Es würde den angehenden Präsidenten der Deutschen Max Planck Gesellschaft vielleicht unsicher machen.

Die globalen visuellen Zeichen sind strahlkräftige Stereotype: Schlüsselbilder. Sie sind umgeben von einem starken Assoziationshof von Gefühlen und Wertungen, sind ‚konnotatstark‘, wie man sprachwissenschaftlich sagen könnte. Es geht eine beträchtliche Bannkraft von ihnen aus. Mehr noch als von der Visiotypie im allgemeinen läßt sich von den einzelnen Visiotypen sagen, daß sie die Gesellschaft binden.

Das haben sie mit den seinerzeit untersuchten Schlüsselbegriffen des Alltags gemeinsam, Vokabeln vom Typ ‚Information‘, ‚Struktur‘, ‚Entwicklung‘, die ich als Plastikwörter bezeichnet habe (1988). Diese Mädchen für alles sind in sprachwissenschaftlicher Ausdrucksweise strahlkräftige, ‚konnotative Stereotype‘, die globalen visuellen Zeichen wären in vergleichbarer Weise ‚konnotative (eben nicht verbale, sondern visuelle) Stereotype‘.

4
Imagologie

Durch Zufall stoße ich auf eine Stelle, an der das Thema, mit dem ich mich seit sechs Jahren herumschlage, ziemlich genau bezeichnet wird. Ein tschechischer Autor unterbricht das Geschehen seines Romans plötzlich mit einem Essay unter der Überschrift:

Imagologie

„Sie wollen einwenden, daß Werbung und Propaganda zwei nicht miteinander zu vergleichende Dinge sind, weil die eine dem Geschäft und die andere der Ideologie dient? Ach woher. Vor etwa hundert Jahren begannen verfolgte Marxisten in Rußland, sich in geheimen Zirkeln zu treffen, um das Manifest von Marx zu studieren; sie vereinfachten den Inhalt dieser einfachen Ideologie, um sie in weiteren Zirkeln zu verbreiten, deren Mitglieder sie nach nochmaliger Vereinfachung des Vereinfachten weiter und weiter gaben, bis der Marxismus, als er weltweit an Einfluß gewonnen hatte, sich auf eine Sammlung von sechs oder sieben Schlagworten reduziert hatte, die so dürftig miteinander verbunden waren, daß man schwerlich von einer Ideologie sprechen konnte. Aber gerade weil das, was von Marx übriggeblieben ist, schon lange kein *logisches Ideensystem* mehr bildet, sondern

29

nur noch eine Abfolge suggestiver Bilder und Losungen (strahlender Arbeiter mit Hammer; schwarzer, weißer und gelber Mann, die einander brüderlich die Hände reichen; zum Himmel emporfliegende Friedenstaube, und so weiter und so fort), können wir zu Recht von einer stufenweisen, allgemeinen und planetaren Verwandlung der Ideologie in Imagologie sprechen.

Imagologie! Wer hat sich diesen großartigen Neologismus ausgedacht? Paul oder ich? Das tut nichts zur Sache. Wichtig ist, daß dieser Begriff uns endlich erlaubt, unter einen Hut zu bringen, was sehr viele Namen hat: Werbeagenturen; Werbeberater von Staatsmännern; Designer, die Formen von Autos und Ausstattungen von Gymnastikräumen entwerfen; Modeschöpfer; Friseure; Stars im Show Business, die die Norm physischer Schönheit diktieren, denen dann alle Branchen der Imagologie gehorchen. [...]

Alle Ideologien haben ausgespielt, ihre Dogmen wurden schließlich als Illusionen entlarvt und von den Leuten nicht mehr ernstgenommen. Die Kommunisten hatten zum Beispiel geglaubt, daß das Proletariat im Laufe der kapitalistischen Entwicklung immer mehr verelenden würde, und als sich eines Tages herausstellte, daß die Arbeiter in ganz Europa im Auto zur Arbeit fuhren, hätten sie am liebsten herausgeschrien, daß die Wirklichkeit schwindle. Die Wirklichkeit war stärker als die Ideologie. Die Imagologie schließlich hat die Wirklichkeit aus dem gleichen Grund überwunden: sie ist stärker als die Wirklichkeit, die heute übrigens längst nicht mehr das ist, was sie noch für meine Großmutter war, die in einem mährischen Dorf gelebt und noch alles aus eigener Erfahrung gekannt hat. [...]

Zum Vergleich zwischen Ideologie und Imagologie möchte ich noch hinzufügen: Die Ideologien waren wie riesige Räder hinter der Bühne, die sich drehten und Kriege, Revolutionen und Reformen auslösten. Die imagologischen Räder drehen sich ebenfalls, jedoch ohne die Geschichte zu beeinflussen. Die Ideologien haben einander bekämpft, und jede von ihnen konnte mit ihrem Denken eine ganze Epoche prägen. Die Imagologie hingegen organisiert von sich aus eine friedliche

Ablösung ihrer eigenen Systeme im fließenden Rhythmus der Jahreszeiten. Mit Pauls Worten: Die Ideologien haben zur Geschichte gehört, während die Herrschaft der Imagologie dort beginnt, wo die Geschichte aufhört."

Der Passus entstammt dem Roman von Milan Kundera's ‚Die Unsterblichkeit' (S. 143–146), der 1990 zugleich in Paris und in München erschienen ist. Er nennt genau den historischen Augenblick, die Spanne, in der unser Thema angesiedelt ist, und entwirft ein vortreffliches Rundbild.

Den *Schluß* Kunderas halte ich für abwegig. In den achtziger Jahren kursierten einige Theorien, die man als Opium für die Intelligenz bezeichnen könnte. Dazu gehörte die Theorie vom ‚Ende der Geschichte'.

Kundera sieht eine neue Art der ‚Veränderung' am Werk. Dieser liebe alte Begriff bezeichne nicht mehr eine neue Phase kontinuierlicher Entwicklung im Sinne von Hegel und Marx, sondern eine Verschiebung von einem Ort an den anderen, von einer Seite auf die andere, von vorn nach hinten, von hinten nach links, ein modisches Geschehen, ein imagologisches Roulette, das in der Auswirkung durchaus zwanghafte Züge habe.

Das mag für das Gebiet der Kunst, der französischen Philosophien und der Literatur zutreffen, es gilt nicht für die Gesellschaft. Deren Veränderung hat unverändert eine Grundrichtung, und sie wird vorgezeichnet durch einen kleinen Satz von Schlüsselbegriffen oder Schlüsselbildern des Alltags.

In dem Essay ‚Plastikwörter' von 1988 nannte ich sie Idole, magisch und leer. Politische Systeme seien ihnen gegenüber fast belanglos. Die Elbe bilde in ihrem Fall keine Grenze.

Die These erwies sich – leider – als allzu richtig. Der Zusammenschluß des Jahres 1989 war in dieser raschen Weise möglich, weil die Basisinstrumente die gleichen waren, weil es die gemeinsamen handlichen und fast leeren Allgemeinbegriffe, die Gleitschiene der Plastikwörter gab.

Der Industriestaat entwickelt sich konsequent weiter in der Richtung des Industriestaats – ohne den Kontrapunkt einer Autonomie des Politischen. Und ein kleiner Satz verbaler und visueller Zeichen steht dabei Pate. In diesem Essay ist die Visiotypie, der Hang zur Veranschaulichung, und jene kleine Gruppe herausragender globaler Visiotype das Thema.

5
Bildkritik

Was ansteht, ist eine Bildkritik. Dabei liegt anscheinend ein Mißverständnis nahe. Kaum versucht man sich an einer Kritik der Visiotype und macht die Rivalität von Sprache und visueller Zeichenwelt zum Thema, so erhebt sich ein Theatermann oder ein katholischer Maler und argwöhnt, es gehe hier um eine neue protestantische Enthaltsamkeit gegenüber dem Bild, darum, die Sprache für das Gute und das Bild für das Schlechte zu erklären, kurz: um Bildersturm. Es geht nicht um das Bild an sich, behüte!

Das bildnerische Darstellen findet statt in einem Raum von unendlicher Möglichkeit und Vieldeutigkeit. Weil seine Elemente, Strich und Farbe und Form, keine definierten Bedeutungsträger sind und es keine mit festen Bedeutungen versehenen Regeln ihrer Verbindung gibt, sie aber andererseits etwas bedeuten, weil hier also ein von der sprachlichen Sphäre verschiedener unendlicher Spielraum eröffnet wird, ist die „Zeichnung Verlängerung des Gedankens". Joseph Beuys benannte hier, in einer Diskussion mit Kölner Kunststudenten vom 15. Juli 1981 (Beuys 1987), nur einen Sachverhalt. Zeichnen erweitert den Horizont auf eine Weise, die in der Sprache nicht vorgesehen ist, und sagt Dinge, die im Wort kaum oder gar nicht auszudrücken sind. Die Hieroglyphe eines Waldrands von der Hand Adalbert Stifters erscheint als Zeichen – aber wofür? Ihre Stimmung, ihre Valeurs, ihr Sinn entzieht sich dem Wort. Sie sagt besser vielleicht als es die Poesie vermöchte, daß die Natur ein Gleichnis ist, das auf etwas hindeutet, was wir nicht kennen: das sozusagen auf einem Bein steht.

Abb. 5: Adalbert Stifter, Waldrücken. 1865/66. Baumer 1979, 135.

Weil dem so ist, weil in der Welt der Bilder eine Grammatik und ein Lexikon eigentlich nicht existieren, muß das visuelle Gebilde, wenn es zum Zeichen im engeren Sinn werden soll, zum Gebrauchswerkzeug, umso bestimmter festgelegt und erläutert werden. In der Neuen Folge seiner ,Vorlesungen zur Einführung in die Psychoanalyse' (1932) verdeutlicht Freud seine „Zerlegung der psychischen Persönlichkeit" durch eine Zeichnung der hier jetzt gemeinten Art und führt sie mit bemerkenswerter Skepsis ein:

„So vom Es getrieben, vom Über-Ich eingeengt, von der

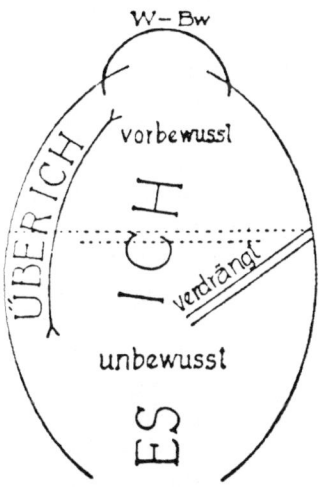

Abb. 6: Freuds Schema der psychischen Persönlichkeit.
Freud 1969, 515.

33

Realität zurückgestoßen, ringt das Ich um die Bewältigung seiner ökonomischen Aufgabe, die Harmonie unter den Kräften und Einflüssen herzustellen, die in ihm und auf es wirken, und wir verstehen, warum wir so oft den Ausruf nicht unterdrücken können: Das Leben ist nicht leicht! Wenn das Ich seine Schwäche einbekennen muß, bricht es in Angst aus, Realangst vor der Außenwelt, Gewissensangst vor dem Über-Ich, neurotische Angst vor der Stärke der Leidenschaften im Es.

Die Strukturverhältnisse der seelischen Persönlichkeit, die ich vor Ihnen entwickelt habe, möchte ich in einer anspruchslosen Zeichnung darstellen, die ich Ihnen hier vorlege."

„Sie sehen hier, das Über-Ich taucht in das Es ein; als Erbe des Ödipuskomplexes hat es ja intime Zusammenhänge mit ihm; es liegt weiter ab vom Wahrnehmungssystem als das Ich. Das Es verkehrt mit der Außenwelt nur über das Ich, wenigstens in diesem Schema. Es ist gewiß heute schwer zu sagen, inwieweit die Zeichnung richtig ist; in einem Punkt ist sie es gewiß nicht. Der Raum, den das unbewußte Es einnimmt, müßte unvergleichlich größer sein als der des Ichs oder des Vorbewußten. Ich bitte, verbessern Sie das in Ihren Gedanken" (Freud 1969, 515 f.).

„Ich bitte, verbessern Sie das in Ihren Gedanken." – Der Autor liefert mit dem Bild zugleich seine Kritik. Die Figur und ihre Lesart bilden zusammen einen festen, isolierten Komplex. Die für sich genommen vieldeutige Zeichnung wird erläutert durch die ihr eingeschriebenen Begriffe, die Komponenten der psychischen Persönlichkeit, die Konstellation und das Wechselverhältnis dieser Elemente wird verdeutlicht und in Zweifel gezogen durch den umgebenden Kommentar. So viel ist charakteristisch an diesem berühmten Schema: aus der Figur und der sie umgebenden sprachlichen Erläuterung, der ‚Lesart', ist ein isolierter Komplex zusammengeschweißt. Das würde ähnlich gelten für Figuren wie die *Doppel-Helix* oder die *exponentielle Weltbevölkerungskurve*; auch hier wird ein abbildendes vieldeutiges visuelles Zeichen festgeschrieben durch die sog. „Legende". Der entstandene isolierte Bildkomplex ist weniger beweglich als eine Vokabel, hat eine gewisse Trägheit und läßt sich nicht beugen wie das Wort, ist eher starr. Vielleicht erklärt sich daraus etwas von der intensiven Wirkung der Visiotype?

Wir brauchen eine Bildkritik als Äquivalent zur Sprachkritik. Sie existiert bisher kaum. „Wenn die Wissensbilder der Zukunft unser Weltbild beeinflussen, dann muß das Wissen über die Verbildlichung vermehrt und auf eine seriöse Basis gestellt werden", meinte Gero von Randow in einem ausgreifenden, wegweisenden Aufsatz über ‚Die neue Macht des Auges'. „In Zukunft wird der kritische Umgang mit visueller Information eine Haupteigenschaft der Intelligenz sein" (‚Die Zeit', 31. März 1995). Wird oder sollte er?

Es geht, wie gesagt, nicht um das Bild der Kunst, sondern um Visiotype aus der Sphäre wissenschaftlicher und praktischer Experten, handelt sich nicht um deren generelle Verdächtigung, sondern um Kritik als Klärung und Unterscheidung. Eine Figur wie Freuds ‚Schema der Persönlichkeit' oder die eines doppelt gewendelten Molekülfadens macht ‚Strukturverhältnisse' erkennbar, die Bauart eines Objekts, macht Lagebeziehungen und Wechselwirkungen innerhalb des Ganzen oft erst einsichtig, durchsichtig und dem Gedächtnis verfügbar. An ihrer Leistungsfähigkeit wird hier nicht gezweifelt. – Tabellen und Kurven sind aus einer modernen Gesellschaft nicht wegzudenken; wer Zahlenverhältnisse in ein Bild, ein Diagramm oder Piktogramm übersetzt, macht sie oft nicht nur für den Laien erst lesbar. Als Ziffernkolonnen oder Datenhaufen wären sie unüberschaubar. – Und schließlich: eine Weltgesellschaft wird ohne universelle bildhafte Zusammengriffe, ohne globale Visiotype nicht auskommen.

Bildkritik, wie ich sie verstehe, ist vor allem Bildgebrauchskritik, so wie Sprachkritik Sprachgebrauchskritik ist. Schon der Versuch über die ‚Plastikwörter' ist gelegentlich so mißverstanden worden, als hätte ich einen bestimmten Wortschatz stigmatisieren und auf den Index setzen wollen. Ich habe das Gegenteil betont: „Sprachkritik hat es grundsätzlich mit Sprache als Gebrauch zu tun, als *usage*, als eingerissener sozialer Norm – weit weniger mit Sprache als ‚System'"

(Pörksen 1988, 42). Wenn man sich ein Wort wie ‚Entwicklung' vorstellt als einen Würfel mit zehn Seiten, so war die Seite gemeint, die gegenwärtig die Neigung hat oben zu liegen und die anderen neun Bedeutungsnuancen zu verdecken. Auch der vorliegende Versuch hat es nicht mit der Veranschaulichung überhaupt zu tun, er beschäftigt sich auch auf diesem Gebiet mit der eingerissenen Norm.

Freilich liegen die Dinge ein wenig anders als in der Sprache. Denn zur ‚Norm' gehört hier eben auch die rasante Expansion der Visualisierung, die das Wort oft in das zweite Glied setzt. Wie hat man sich zu dieser neuen Rivalität von Sprache und Bild zu stellen? Was bedeutet es, wenn ‚Imaging Science' zur Anführerin in den Naturwissenschaften wird, wenn die Info-Illustrierte die Zeitung aushebelt?

Dieses Thema ist alt. Lessing behauptete, er würde sein leibliches Auge für das innere hergegeben haben: „Aber müßte, so lange ich das leibliche Auge hätte, die Sphäre desselben auch die Sphäre meines innern Auges sein, so würde ich, um von dieser Einschränkung frei zu werden, einen großen Wert auf den Verlust des erstern legen" (Laokoon XIV). Sein ‚Laokoon oder über die Grenzen der Malerei und Poesie' (1766) plädiert für den Vorrang des Wortes vor dem Bild, allgemeiner gesagt, für das bewegliche Medium der stellvertretenden, nur andeutenden Zeichen vor dem den Phantasieraum einschränkenden, nachahmenden Abbild. Was vermag die Sprache, und was begrenzt sie? Was andererseits die Veranschaulichung? Darüber, was die Allgegenwart visueller Zeichen bedeutet, läßt sich erst urteilen, wenn man über Leistung, Grenzen, Wirkung der beiden Medien größere Klarheit gewonnen hat. Nichts scheint mir im Augenblick wichtiger zu sein als ein Laokoon II, der das große Thema des 18. Jahrhunderts, das Lessing im ‚Laokoon' zugespitzt hat, auf allgemeinerer Stufe wieder aufzunehmen in der Lage wäre.

Noch aus einem anderen Grund liegen die Dinge im Fall der Visiotype anders. Der Gebrauch ist hier oft schon das Ganze. Die Weltbevölkerungskurve ist nicht so beweglich nuancierbar in ihrer Bedeutung wie die Wörter; es gibt hier auch nicht das System aus Lexikon und Verknüpfungsregeln der Grammatik, das ihren beweglichen Gebrauch noch einmal potenzieren würde. Nicht nur in der Häufigkeit ihres Auftretens, auch in ihrem festgeschriebenen Gebrauch ist da bereits eine soziale Norm durchgesetzt. Wer bestimmt Inhalt und Gestalt, und wer legt die Lesart fest? Welcher Zusammenhang regelt den Gebrauch und umschreibt den Stellenwert? Kommen wir dem Visiotyp durch Zerlegung in seine Bestandteile näher?

Sein Vordringen ist kein Naturgeschehen. – „Die Info-Gesellschaft ist beschlossen", meldet am Montag, 27. Februar 1995, die Badische Zeitung. Die sieben führenden Industrienationen (G7) haben sich am Wochenende in Brüssel darauf verständigt. Es gebe dazu keine Alternative, hieß es, Millionen neuer Arbeitsplätze würden gewonnen. Und prompt schwebt, geschickt bezeichnet als ‚Visuelle Zeitenwende', eine neue Propagandawolke über unseren Häuptern. Was bedeutet die Ausbreitung der Visiotype, worin besteht ihr Wirkungspotential – wenn wir in diesen Konzepten universelle Fenster zur Welt und Prägestöcke des öffentlichen Blicks vermuten? An solchen Stellen müßte oder könnte nach meinem Eindruck der Keil des Zweifels ansetzen. Er ist im Fall der Visiotype dringender als in dem der Wörter; man erinnere sich an Freuds Bedenken anläßlich seiner kleinen „anspruchslosen Zeichnung".

Ich gestehe, von den hier zum Thema gemachten Visiotypen den Eindruck zu haben, daß sie mindestens zur Hälfte Phantome sind. Sie deuten zwar nicht auf nichts, sie haben einen Gegenstand, aber die Art, in der sie komponiert sind, ihre Allgegenwart, die Art, in der sie gebraucht und mit ihnen Rechnungen aufgemacht werden – das Zahlenwerk beim Streit um eine Straße, das Diagramm der durchsichtigen Maus beim Ruf nach einer neuen Ethik, das Schirmbild eines präzisen Raketeneinschlags als Bild eines Krieges, die Formel ‚Bevölkerungsanstieg erzwingt Gentechnik' auf der Stufenleiter einer öffentlichen Wissenschaftlerkarriere – dieser Gebrauch, die vier nicht ganz zufälligen Beispiele, lassen ein hohes Maß an Gespensterhaftigkeit erkennen.

Damit ist nicht gemeint, sie seien wirkungslos, im Gegenteil. In Kunderas Vergleich zwischen Ideologie und Imagologie – „Die imagologischen Räder drehen sich ebenfalls, jedoch ohne die Geschichte zu beeinflussen"- würde ich eine kleine Verschiebung anbringen: „Die Räder der Visiotype drehen sich niemals, ohne die Geschichte in Mitleidenschaft zu ziehen". Ich glaube nicht an das Bild einer unübersichtlichen und beliebig modeabhängigen, rhythmisch fließenden Zufallswelt, vertraue auch nicht auf das sich in das Bild fügende Trostpflaster naturwissenschaftlicher Theorien wie ‚Chaostheorie' oder ‚Autopoiesis', wenn sie, umgeschmiedet zu Gesellschaftstheorien, die Suggestion erwecken möchten, gerade die chaotischen Krisenzustände der Gesellschaft böten die Chance zur selbstheilenden Auffindung neuer Ordnung. Viel wahrscheinlicher ist, daß diese ins Soziale umfunktionierten Theoreme sich über kurz oder lang als pure Schaumschlägerei entpuppen werden. Sozialästhetische Naturromantik der achtziger Jahre, Opium für die Intelligenz.

Es gibt ein Grundmuster im Wald der Bilder; und dieses wirkt sich entschieden aus. Sobald man sich auf Visiotype konzentriert, die, ausgewandert aus der modernen Naturwissenschaft und Technik, in der Öffentlichkeit eine längerfristige Karriere entfalten, wird das erkennbar. Die Geltung solcher Bildbegriffe wie der ‚Weltbevölkerungskurve' und des ‚Blauen Planeten', des ‚Mercedes-Sterns', der ‚Doppel-Helix' und des ‚Datennetzes' verändert das Gesicht der Erde.

Ob es sich dabei um Phantome handelt, ist zweitrangig. Auch Phantome lassen sich verwirklichen. Muß man das eigentlich beweisen, ausgerechnet bei uns?

Thomas Mann hat irgendwann auf die marxistische Behauptung, Balzac sei ein Produkt der französischen Gesellschaft, zurückgefragt, ob es nicht umgekehrt sei: die französische Gesellschaft ein Erzeugnis der Romane Balzacs. Das wäre in der Tat nicht weniger plausibel. Marx hat kaum bewiesen, daß das Sein das Bewußtsein bestimmt; der Kommunismus dagegen hat den kostspieligen Beweis geführt, daß das Bewußtsein das gesellschaftliche Sein, ein medial gesichertes Wahnsystem ein Riesenreich siebzig Jahre lang im Bann halten kann.

Und die Gegenwart? Ist eine Autogesellschaft oder eine Infogesellschaft kein real existierendes Phantom?

Unsere erste Annahme betraf die Weltwirkung der Visiotype.

Das folgende zweite Kapitel entwirft einen vorläufigen Bedeutungsumriß globaler Visiotype wie des ‚Blauen Planeten‘ und der ‚exponentiellen Weltbevölkerungskurve‘ und zeigt, was geschieht, wenn globale anschauliche Größen ‚Sätze‘ bilden, wenn man mit ihnen Gleichungen aufstellt und zu rechnen beginnt.

Das dritte entwickelt die theoretischen Grundlagen dieser Arbeit, es macht die visuelle ‚Zwischenwelt‘ im Kontrast zur sprachlichen zum Thema und hat seinen Angelpunkt im Begriff der sozialen Norm. Visiotypie und einzelne herausragende Visiotype sind Ausdruck sich herausbildender sozialer Norm.

Das vierte Kapitel widmet sich der Ausbreitung der Zahlenbilder.

Das fünfte geht am Beispiel des Versuchs, Hegels schwieriges Frühwerk, die ‚Phänomenologie des Geistes‘, durch eine Spirale zu veranschaulichen, der Frage nach, was ein Dingmodell und was eine Metapher leistet, und es beschreibt die sonderbaren Übereinstimmungen der vier Bildbegriffe ‚Doppel-Helix‘, ‚Computerchip‘, ‚Körperpuzzle der Transplantationstechnik‘, ‚Mercedesstern‘.

Die fünf Kapitel sind unterbrochen und konterkariert durch ein ‚Vorspiel‘, zwei ‚Zwischenspiele‘ und ein ‚Nachspiel‘, das die Möglichkeiten der Sprache heraushebt. Diesen Möglichkeiten gilt auch schon das ‚Vorspiel‘.

Vorspiel

Das Mittel

Eines der geistreichsten Sprachbücher der vergangenen Jahrzehnte ist für mich der ‚Autobus S' von Queneau: ein Witz, hinter dem sich eine halbe Philosophie versteckt. Er nannte es ‚Stilübungen'. Sein Inhalt ist in zwei Sätzen erzählt: Ein Beobachter, der den Autobus der Linie S benutzt, sieht, wie ein im Gang stehender Fahrgast an den Haltestellen angerempelt wird und sich darüber immer neu erregt. Später steht der gleiche Mann auf einem Platz in Paris zusammen mit einem anderen, dem er an den Mantel faßt und bedeutet, daß der Knopf ein wenig höher gesetzt werden müsse.

Diese triviale Geschichte wird auf 99 Weisen wiedergegeben: als erlebnisreiche Erzählung und Telegramm, Polizeibericht, empörter Brief oder japanischer Haiku. Der Sachverhalt ist jedesmal ein anderer. Was wir miterleben, ist die gegenstandsverändernde Wirkung der Sprache.

Zwischen den Zuschauer und dieses Nichts an Begebenheit schiebt sich ein Mittel, das die Sache einmal so, einmal anders aussehen läßt. Die Idee ist so einfach wie genial. Weil die Geschichte sich dem Nullwert nähert, gewinnt das Dazwischen das Übergewicht und wird sozusagen sichtbar. Medium ist in diesem Fall die Sprache, nicht eine allgemein gehaltene wie die Kafkas, die man sich beweglich und durchsichtig vorstellen mag wie Wasser, sondern Sprache, kristallisiert zu einer Form, welche auch dem Gegenstand eine Form gibt. Erzählung und Brief, Polizeibericht und Telegramm sind erprobte Textgattungen, wie sie sich aus der Natur der Situation, in der sie entstehen, sehr viel mehr aber noch aus der in ihr geltenden sozialen Spielregel und eingeübten Sprechweise ergeben. Wir lesen bei Günter Grass „– und einmal hat Mahlke", schon befinden wir uns in einer

Erzählung, also einer geprägten Fassung des Erlebens. Beim Haiku liegt selbst die Zahl der Zeilen und der Silben fest:

S und langer Hals
Fußtritt Schrei und Rückzug
Bahnhof Knopf Begegnung

Queneau verwendet in seinen 99 Variationen zum ‚Autobus S' (1947/1961) auch weniger eingeführte Formen, er spielt, gibt die Begebenheit z. B. in lauter Ausrufen, mathematisch, beleidigend, unter Versetzung aller Konsonanten wieder, aber die gebräuchlicheren Gattungen verraten am deutlichsten, worauf der ‚Autobus S' hinaus will. Die Sprache, die man so oft als pures Mittel sieht, als unschuldiges Instrument, steckt voller Werkzeuge, Guckröhren, welche Ansichten eines Wirklichkeitsausschnitts erkennbar werden lassen, indem sie ihn durch die Regeln einer Gattung filtern. Gattungen sind Ordnungsformen. Sie setzen einen erprobten Rahmen, innerhalb dessen ein Weltausschnitt erkannt, erwogen und befunden, geordnet wird. Sie stimulieren und lenken den Zugriff, mustern die „Wirklichkeit" im doppelten Sinn. Sie strukturieren, während sie beobachten. Es sind soziale Normen.

Die Sache selbst? Nach der Lektüre stellt sich ein Gefühl der Leere ein. „Queneau weiß, daß man nicht von außen her entmythologisieren kann, sondern daß man selbst eintauchen muß in die Leere, die man aufzeigen will", bemerkte Roland Barthes zu Queneaus Film ‚Zazie in der Metro' (Zeltner 1995, 74).

Seine ‚Stilübungen' haben noch einen grundsätzlicheren Aspekt. Was ist eigentlich passiert im Autobus S? Man wird ein wenig irre. „Man glaubt, wieder und wieder der Natur nachzufahren, und fährt nur der Form entlang, durch die wir sie betrachten. Ein *Bild* hielt uns gefangen. Und heraus konnten wir nicht, denn es lag in unsrer Sprache, und sie schien es nur unerbittlich zu wiederholen", las man bei Wittgenstein (I, 1960, 114 f.). Die Hypothese dieses Buches ist, daß in Analogie zur Sprache die Welt der visuellen Zeichen ein ‚Mittel' ist, in dem die Realität abgeknickt wird wie ein Stock im Wasser.

II Gesellschaftsalgebra. –
Über das Rechnen mit
anschaulichen globalen Größen

„Herr Pater, Ihr Finger aber ist keine
Brücke!"
Bernhard von Weimar bei einem strategischen Gespräch mit dem französischen Kriegsminister Kardinal Riche-
lieu, als dessen unermüdlicher Pater
Joseph mit dem Finger auf der Landkarte vorführt, wie Bernhard die habsburgischen Festungen am rechten Rheinufer
zu nehmen habe.

„Die Regierungskunst wird durch politische Abstraktionen zu einer Art *Staats-
Algebra*, so, daß man glauben sollte, in
der Politik mit den angegebenen Größen umspringen zu können wie in der
Mathematik mit ihren Zeichen ... Wohl
mehr als ein Geschäftsmann fährt an seinem Schreibtisch mit ebenso geringer
Mühe über alle Schwierigkeiten hinweg
wie der Pater Joseph auf der Landkarte
über den Rhein. Und man könnte dem
Staatsmann mit Fug und Recht bei seinen Tabellen zurufen, was Bernhard
von Weimar dem Gehülfen des französischen Kriegsministers: »Herr Pater, Ihr
Finger aber ist keine Brücke«."

Carl Gustav Jochmann, Gefahr politischer Abstraktionen. Politische Glosse
25.

6
Der erkrankte Planet

Im Jahr 1992 wurde ein neues Wort kreiert: ‚Erdsicht'. Eine Bonner Ausstellung, in der ‚Kunst- und Ausstellungshalle der Bundesrepublik Deutschland', dem Regierungsviertel gegenüber untergebracht, hatte den Untertitel ‚Global Change' und hieß ‚Erdsicht'.

Das Wort hat mich beunruhigt. Es klingt nicht ganz irdisch, ist es auch nicht. Wer sieht hier? Im ersten Raum dreht sich auf drei Leinwänden der Planet, sieht man, durch Knopfdruck heranholbar, filmähnlich, das Roden des Regenwaldes und den Anstieg der Meere, das elektrifizierte Europa bei Nacht und das Austrocknen des Aralsees, das Ozonloch und das Abschmelzen der Eiskuppe in der Antarktis. Kein bedrängendes Thema ausgelassen, eine Totale in jeder Hinsicht. Der Eindruck der Objektivität wurde dadurch verstärkt, daß eine deutsche Nachrichteninstitution, Hans Joachim Friedrichs, den Kommentar sprach.

Aber eine Tafel macht darauf aufmerksam, daß ‚Sicht' hier nur bedingt von Sehen abzuleiten sei. „Satellitendaten bilden die Ausgangsbasis für die Animationen von ‚Global Change'. Hunderte von Einzelbildern amerikanischer Wettersatelliten wurden durch eine spezielle Computertechnik zu einem einheitlichen dreidimensionalen Mosaik der Erde verschmolzen. Die Wolken wurden entfernt, Farben und Dunst hinzugefügt. – Sie haben die Möglichkeit, 12 Regionen auf der Erde anzufliegen." Es sind also Animationen, dreidimensionale Mosaike. Den Daten aus dem Weltraum wurde ein irdisches Kunstleben eingehaucht. Die Autoren des Katalogs werden nicht müde, dem Eindruck entgegenzuwirken, das Sehen sei in diesem Fall ein Sehen, und legen größtes Gewicht darauf, zu zeigen, daß es sich um einen komplexen Vorgang, eine Tätigkeit handelt; es ist ein Registrieren von Daten, die dann computertechnisch analysiert und in ein für das menschliche Auge erkennbares und an seine Sehgewohnheiten angepaßtes Objekt transformiert werden. Die Sensoren der Satelliten unterscheiden sich in ihrer Rezeptionsbreite und in ihrem Rezeptionstyp gründlich vom menschlichen Auge. Und die Verarbeitung der Daten ist das Filtern einer Datenflut, Auswahl, das Übereinanderblenden einer Serie von Aufnahmen, deren scharfe Konturen ein Rechenresultat sind. „Auch Daten, die in dieser Form nie aus dem Weltraum gewonnen worden sind, sondern auf anderem Wege gewonnen wurden, können dermaßen verarbeitet werden. So kann ein topographisches Modell der Erde dergestalt auf eine Kugel projiziert werden, daß es erscheint wie ein Weltraumfoto" (S. 47). –

Das heißt:

Die Weltraumbilder haben einen neuartigen Status. Sie sind kein ‚Bild' in dem älteren metaphorischen Sinn, wie es der Reichsapfel in der Hand des Herrschers war oder der ‚merigarto', Meergarten, als Bild der Erde, der uns im 12. Jahrhundert begegnet, auch kein Abbild, wie es, einem Spiegelbild vergleichbar, die Linse in Teleskop, Mikroskop und Kamera zu erzeugen vermag, weder Bild noch Abbild, sondern – was? Ein ‚Puzzle' nennen es die Aussteller, ein ‚Mosaik', komponiert, addiert und subtrahiert, errechnet und unserer Anschauungswelt nachträglich eingeformt: Synbilder. Man muß die Idee der Spiegelung verabschieden.

Die ‚Erdsicht' zielte bei jener Ausstellung in jedem Fall auf die Totale. Die Schöpfer des Wortes hatten ganz recht, die kleine Silbe ‚an', die ein Verhältnis im Raum und in der Zeit bezeichnet, wegzulassen. Mit Raum und Zeit hat es hier eine besondere Bewandtnis, man kann mit ihnen schalten, sie sind äußerst mobil geworden, von beachtlicher Verfügbarkeit. Das Sehen, ganz abgesehen davon, daß es keines ist, ist kein (wie es die Grammatik vorsah) in der Zeit verlaufender Vorgang, keine Tätigkeit, die durch Standort und Blickwinkel lokalisierbar ist. Ein Rundbild des Rheins, von der niederländischen Grenze bis Karlsruhe, ein Panorama, wird kommentiert: „Da der Satellit (Landsat) nur alle 18 Tage über das gleiche Gebiet fliegt, benötigt man für die Herstellung eines wolkenfreien Mosaiks unter Umständen mehrere Jahre". Die Zeit geht nicht ein in das Bild, so wenig wie das Raumverhältnis. Es ist aperspektivisch. Das Raumgefühl angesichts dieser Bilder hat etwas Paradoxes. Es sind Phantombilder aus dem Jenseits, die sich da, nahe, klein und betreuungsbedürftig, vor uns drehen. Je ferner, umso näher. Es macht die astronomische Entfernung, daß sie uns so handlich entgegenkommen.

Der aus astronomischer Ferne aufgenommene Planet wird nicht nur handlich, sondern auch verfügbar. „Das Bild vom blauen Planeten – ist er nicht klein und überschaubar? – suggeriert die Planbarkeit eines Geschehens, das bisher der menschlichen Existenz vorgegeben war", schreibt Wolfgang Sachs in seinem fabelhaften Aufsatz ,Satellitenblick', dem ein anderer, ,Der blaue Planet. Zur Zweideutigkeit einer modernen Ikone', zur Seite steht. „Es besteht eine deutliche Affinität zwischen dem Bild von der Erde und den Ambitionen auf ein Management des Planeten" (Sachs 1992, 42). – Ob das Wort ,Erdsicht' durchdringen wird?

Die Erdsicht herrscht auf der Erde, das ist das Paradox, und nach dem Durchgang durch die Ausstellung konnte man auf den Gedanken kommen, ,Erde' sei in dieser Verbindung nicht nur als gesehenes Objekt, sondern mit gleichem Recht als sehendes Subjekt gemeint: nicht nur ein Erleiden der Erde, sondern auch ein von ihr ausgehendes Ergreifen, in dem ihre Perspektive vorherrscht. ,Erd-' wird hier zu einer Art Vorsilbe, wie in Fernsicht und Nahsicht, die das Grundwort ,Sicht' näher kennzeichnet. Im letzten Raum, während sich Venus, Erde, Mars auf drei Leinwänden drehen, hört man als Letztes, und es läuft einem warm den Rücken herunter: „Zeit zur Einsicht, zur Erdsicht". Ein solcher Begriff setzt allerdings ihre Einheit voraus, sie muß zum Subjekt zusammengeschlossen sein, wenn ,Erdsicht' ein solcher Genitiv des Subjekts Erde oder, fachlich gesprochen, „Genitivus subiectivus" sein soll.

Man entschuldige diese peniblen Überlegungen, aber in den kleinen grammatischen Besonderheiten, die das Wort ,Erdsicht' beherbergt, wird eine weitreichende Verschiebung des Blicks und der Begriffe erkennbar, ein *Knick in der Linse*. Die doppelte Erdsicht, von oben und unten, ist eine veränderte Weichenstellung.

7
Die exponentielle Weltbevölkerungskurve

Das Thema in den nächsten Räumen war die Weltbevölkerung, und hier bediente man sich einer anderen Technik der Veranschaulichung: der Installation.

Ein Erdrelief auf dem Fußboden zeigte die ansteigende Menschheit, Megastädte, die sich als Mount Everest ausnahmen: an der Wand erhob sich als Menetekel eine rote Linie, die exponentielle Bevölkerungskurve. Für das Jahr 2.100 sind danach zwanzig Milliarden Menschen anzunehmen.

Ein makabres Spielzeug steht in einem kleinen Raum. Hier ist die Erde als gläserner Kubus symbolisiert, in dem grüne Styroporkugeln sich vermehren und der unten durch ein gläsernes Rohr von den gleichen Kugeln verlassen wird. Die Zahl der Neuzugänge, die oben hineinfallen, Symbole der neuen Erdenbürger, ist konstant größer als die Zahl derer, die sich unten verabschieden. Das Verhältnis ist 4,8 zu 1,7 pro Sekunde, die Sekundenzähler der Geburtenrate vor den vier Seiten des Kubus laufen dreimal so rasch wie die der Sterberate ... Der Kubus ist zu zwei Dritteln gefüllt.

Eine Schulklasse geht durch, einige mit eingezogenen Schultern, andere scherzend. „Wahnsinn. Das geht doch nicht." „In einer Weise beruhigend. Wenn bei einer Umweltkatastrophe 20.000 umkommen", meint eine jüngere Stimme und deutet lächelnd auf den Zähler, „macht das nichts aus."

„Ja", sagt ein Älterer. „Im Zweiten Weltkrieg sind 50 Millionen umgekommen, aber nachher gab es mehr Menschen als vorher."

An der Wand hängt ein Videogerät, das auf Knopfdruck das Wachstum der Weltbevölkerung vom Jahre 1 bis zum Jahr 2020 illustriert. Ein weißer Punkt auf den schwarz abgebildeten Erdteilen steht für eine Million Menschen, unten wandelt sich eine Zahlenreihe und daneben der historische Fahrplan: „410 – Fall of Rome ... 951, 952, 953 ... 1000 – Vikings". Die dunkle Landkarte ist zuerst nur spärlich von weißen Punkten besetzt und bleibt lange konstant, Indien,

China sind dichter belegt, bis mit der Neuzeit die Zahl der weißen Punkte in Europa sich vermehrt, seit 1900, dann 1950 rasend zunimmt, so daß überall Land verschwindet und der weiße Überzug Mensch am Ende ganze Erdteile zudeckt.

Von den Bildern dieser Ausstellung ging ein enormer Objektdruck aus. Das hing wohl auch damit zusammen, daß das, was mitzuteilen war, fast nur durch Gegenständliches gesagt wurde und nicht durch das flüchtige, bewegliche Wort. Die sinnliche Objektivierung erweckt unsinnigerweise den Schein größerer Objektivität. Die Bilder machten Zeit sichtbar, die steile Kurve an der Wand, der sich füllende Kubus, der Film der weißen Punkte veranschaulichte drängende Zeit.

Und der übermittelte Universalbegriff ‚Weltbevölkerung' erhielt einen anschaulichen Henkel, wurde handlich und zum Bildkürzel, zur ‚Größe'. Die Figuren drängten, trieben ein Ärmchen hervor, formulierten auf die einprägsamste Weise ein *Problem*.

Boten sie auch schon eine *Lösung* und *Strategie* an? Einige Besucher faßten die Installationen so auf und ließen sich das nächstliegende Rezept einfallen.

„Die wollen alle was zu essen haben." „Vor allem gehen die alle aufeinander los."

Liegt schon im Visiotyp des Blauen Planeten eine Aufforderung, das vertraute handliche Ding im planetarischen Zusammenhang zu betreuen, so wird die exponentielle Weltbevölkerungskurve auf noch direktere Weise zum Imperativ: Sie erzeugt Druck in bestimmter Richtung, ist gleichsam eine in einen Pfeil umgewandelte Zahl.

Die beiden Visiotype, ‚Der erkrankte Planet' und ‚Die exponentielle Weltbevölkerungskurve', stimmen in ihren Merkmalen weitgehend überein. Das wäre nicht unbedingt zu erwarten; haben wir es mit einem typischen öffentlichen Begriffsprofil bzw. Anschauungsprofil zu tun?

1. Sie haben einen globalen Radius;
2. eine abstrakte, sinnenferne, digitale Datengrundlage;
3. sind von spielzeugartiger Konkretheit;
4. sie sind gekennzeichnet durch die Vorstellung unendlicher

linearer Bewegung; diese erhält hier verschärft einen Zeitindex;

5. sie sind ein unendlich dehnbarer Forschungsgegenstand;
6. sie legen den Gedanken eines Eingriffs in das Konstruktionsmodell nahe, sei es durch das planetarische Management ,dieser unsrer Erde', sei es durch den Stop mit Hilfe
   von Kondom, Spirale und Sterilisation oder von Vernichtung;
7. sie sind unerschöpfliche Ressourcen des Informationsbe-
   darfs;
8. sie sind keine Verheißung, sondern eine allgemeine Drohung;
9. sie drängen unbestimmt auf Abhilfe.

„Stimmt" aber der in diesen Bildkürzeln vermittelte Begriff? Damit ist nicht so sehr gemeint, ob z. B. die Prognose
der Bevölkerungsentwicklung zutreffen kann, obwohl auch
diese Frage berechtigt ist, denn es gibt allzu viele Unbekannte, die Zahlen schwanken enorm. Während das rote Menetekel an der Wand von ,Global Change' auf 20 Milliarden Menschen am Ende des kommenden Jahrhunderts deutete, berichtet ebenso unvermittelt der eben erscheinende ,Spiegel',
unter Berufung auf eine Analyse der ,Deutschen Stiftung
Weltbevölkerung': „Erstmals seit Jahrzehnten stabilisiert sich
das Wachstum der Weltbevölkerung, die gegenwärtig etwa
5,72 Milliarden Menschen zählt" (Spiegel 28, 1995, 110). Die
Prognosen für das Jahr 2050 schwanken um 5 Milliarden,
also etwa um die Zahl der heute Lebenden.

Ich meine hier: Stellt das Bildkürzel eine sinnvolle Aus-
gangsfrage? Stimmt der darin enthaltene Begriff in dem Sinn,
daß man mit ihm und auf ihn bauen kann? Ist er umsetzbar
in soziales und politisches Handeln? Oder gehört er zu jenen
Abstraktionen, von denen Carl Gustav Jochmann 1829 in einer Glosse über die ,Gefahr politischer Abstraktionen' meinte, daß sie zu lächerlichen Mißdeutungen Anlaß gäben und
dazu verführten, mit ihnen in der Welt der politischen Realitäten umherzufuhrwerken wie der Mathematiker mit bekannten oder unbekannten Größen in seinen Gleichungen
(Haufe 1980, 143 f.)?

49

Die Pariser ‚Lage' vom Frühjahr 1636, bei der Richelieus graue Eminenz mit dem Finger auf der Landkarte die Festungen der Habsburgischen auf dem rechten Rheinufer einnahm und Bernhard von Weimar dazwischenfuhr, „Herr Pater, Ihr Finger aber ist keine Brücke!", dürfte als Leitmotiv in Frage kommen, wo es sich um gesellschaftliche Abstraktionen von der Größenordnung Erdball und Erdbevölkerung handelt.

8
Die Asylantenflut

‚Global Change' wollte auf einen Notstand des Planeten hinweisen und politische Handlungen veranlassen. Dafür spricht, daß die Ausstellung 1992/1993 dem Bonner Regierungsviertel gegenüber postiert war und Januar/Februar 1995 beim Berliner Klimagipfel wiederholt wurde.

Ob sie gewirkt hat? Ihr Echo in der Presse war kaum nennenswert, der Klimagipfel enttäuschend. Der Fall ist bekannt und doch nachdenkenswert. Uns erreichen die beunruhigendsten Nachrichten – „Sie können zwölf Regionen anfliegen" –, die Pfeile weisen in eindeutige Richtung, aber nichts Einschneidendes geschieht.

Fast gleichzeitig mit der Bonner Ausstellung ‚Erdsicht' aber wurde die deutsche Öffentlichkeit auf einem anderen Feld durch Zahlenbilder mobilisiert und das Bonner Regierungsviertel einschneidend tätig. Die „Asylantenflut" lief durch die Medien. Der Spiegel formte sie am einprägsamsten zum Bild. Am 9. September 1991 erschien, was auch in Worten oder als kleine Tabelle denkbar gewesen wäre, in Gestalt eines Piktogramms: in der Mitte die bekannte Karte der Bundesrepublik Deutschland, kreisförmig umgeben von schattenwerfenden Dreiecken verschiedener Größe, auf denen die Namen von zehn Ländern und die Zahlen ihrer Einwanderer eingetragen sind, von Jugoslawien (26 905), Rumänien (23 858) bis Sri Lanka (3823), und deren Spitze auf unser Land gerichtet ist. „Breiter Strom vom Balkan" heißt die Graphik.

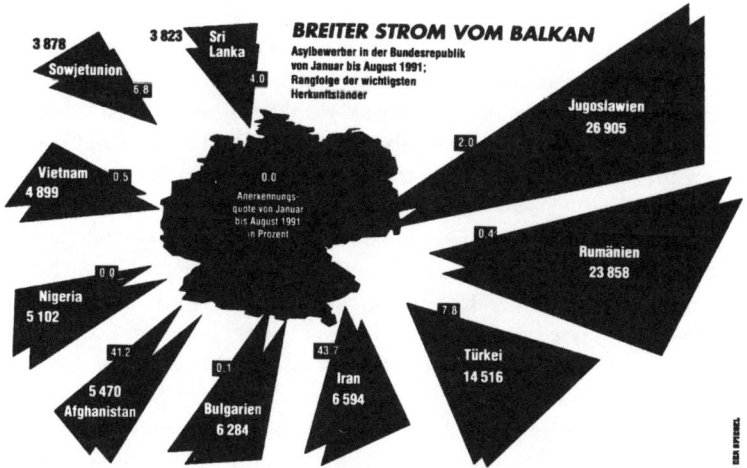

Abb. 7: Das umzingelte Deutschland. Der Spiegel, 9. September 1991, journalist 5/1993, 38.

Ihr liegt ein sprachliches Bild zugrunde, eine politische Metapher, die im Deutschen Reich geboren wurde. Es ist das Bild der „Einkreisung" durch die Entente-Mächte England, Frankreich und dann auch Rußland, nachdem Bismarck 1890 entlassen worden war, der „Einkesselung" während des Ersten Weltkrieges, das sich dann unter den Nazis als Vorstellung von der umbrandeten „Festung Großdeutschland" oder „Festung Europa" fortsetzte. In der Szene des von den Speerspitzen der Welt umzingelten Opfers wurde eine in der deutschen öffentlichen Seele schlummernde Urszene an die Oberfläche geholt. „Ansturm der Armen" hieß der Artikel.

Auch die beigegebenen Photographien waren visualisierte Metaphern. Ute Gerhard macht in ihrem beachtlichen Aufsatz ‚Damm gegen die Fluten' (journalist 5/1993, 37) aufmerksam auf dieses Suggestionsmittel: Am äußersten Rand eines dichten Gedränges von dunkelhaarigen Männern und Kindern sowie mit Kopftüchern bedeckten Frauen befindet sich eine durch ihr helles Kostüm und offen getragenes graues Haar als einheimisch erkennbare ältere Frau – sie ist durch

51

die homogene Masse der Ausländer „an den Rand gedrängt". In der Rhetorik würde man vielleicht von der Figur
der ‚Metonymie' sprechen, jener ‚Umbenennung', die an die
Stelle des Allgemeineren etwas Konkretes setzt – ‚Caesar'
marschiert nach Gallien –, aber in dieser ‚Umbenennung' besteht ein anerkannter Zusammenhang zwischen Nenner und
Benanntem, Caesar und seinem Heer, *hier* wird ein Zusammenhang behauptet: Durch einfaches Nebeneinanderstellen
von alter Dame und Landkarte wird die verdrängte Deutsche
zum Generalnenner für die Bundesrepublik. Es ist der gleiche Effekt, wie wenn die Werbung eine Beef-Konservenbüch-
se und eine Kuh nebeneinander stellt. Eins bedeutet und benennt das andere. Eco spricht von ‚doppelter Metonymie'
(1991, 273). Der Bedeutungsumriß des Photos enthüllt sich
also als mehrschichtig: es ist eine zum Bild gewordene eingebürgerte Redensart, eine authentische Augenblicksaufnah-
me, und es steht für ein ganzes Land. Die scheinbar so konkrete Photographie ist eine dreifach verankerte pointierende
Abstraktion.

Werden Photos dann penetrant wirksam, wenn sie uns als
Realisierungen eines inneren Bilderschatzes entgegentreten?
Die umspülte Burg, der gefüllte Korridor, das überbesetzte
anlandende Boot waren Bilder in jenen Monaten. Der erwähnte ‚Spiegel' vom 9. September 1991 brachte weiterhin
die Photographie eines links aus dem Hintergrund heraus-
kommenden breiten Menschenstroms, der, nach einer Bie-
gung, geradewegs durch zwei zur Seite gebogene Torflügel
auf den Betrachter zustürmt, von einem einzelnen Beamten,
helles Hemd und gelichteter Hinterkopf, nicht aufzuhalten.
Was da herandrängt, insbesondere als Kopf der Schlange,
wirkt einigermaßen finster, ein Südländer schiebt das rechte
Tor gewaltsam zur Seite. Am 6. April 1992 erscheint das gleiche Photo auf der Titelseite, unter der in den hellen Himmel
gesetzten Überschrift „ASYL. Die Politiker versagen", verdü-
stert, nachgedunkelt, ein begleitender Wagen, der auf einen
Demonstrationszug hätte schließen lassen können, ist weg-
retuschiert und aus dem einen fast zivilen Wachtmeister sind
zwei uniformierte bemützte Grenzschutzbeamte in Rücken-

ansicht geworden, die mit hängenden Armen hilflos dastehen. Der symbolische Generalnenner des deutschen Früh-
jahrs 1992, vom ‚Spiegel‘ auf den Punkt gebracht: – eine Manipulation.

Das montierte Bild der endlosen Asylantenschlange steht
im futurischen Präsens. Es gehört zu den bewährten Mitteln
der Propaganda, was für die Zukunft erwünscht oder be-
fürchtet wird, in die Gegenwart zu setzen, Appelle in die
Form der Tatsachendarstellung einzukleiden. ‚Die Jugend
wählt XY‘. ‚Die Computer kommen‘. ‚Asien holt auf‘. ‚Wir
werden überrollt‘. ‚ASYL. Die Politiker versagen‘. Die Asylantenschlange ähnelt insofern der exponentiellen Bevölkerungskurve, aber sie erhält ein bestimmtes historisches Gesicht und wird zum Feindbild konkretisiert. Zugleich erscheint sie als Generalnenner der Gegenwartssituation. Im
Vergleich zu jener Kurve oder dem Piktogramm der belager-
ten Insel geht von einem solchen Photo die entschiedenste,
eindeutigste Handlungsanweisung aus: ‚Dämmt die Flut‘.
‚Setzt der Gewalt Gegengewalt entgegen‘. ‚Schließt die Pfor-
ten‘. Wenn die Politiker versagen …

‚Global Change‘ hing vergleichsweise in der Luft. Die Ausstellung richtete sich an eine entstehende Weltgesellschaft,
der ein politisches Gegenüber fehlt: der handlungsfähige
Weltstaat. Vielleicht bewirkte diese Hightech-Show der Erd-
krankheiten längerfristig eine Verschiebung des Blicks, aktuell mußte sie wohl erfolglos bleiben. Denn auch die Richtung,
in der sie hätte wirken können, blieb unbestimmt. Sie wurde
nicht konkret, weder die Verursacher noch die Betroffenen
des ‚Change‘ wurden anschaulich. Der stärkste Appell, der
von ihr ausging, war selbstbezogen: Wir brauchen notwendig ein Netz von Informationszentren. Man erwarte für das
kommende Jahrtausend eine „Morgenröte EOS“, des ‚Earth
Observation System‘, hieß es.

Die publizistische Vorbereitung der „Asyldebatte“ durch
die Medien arbeitete im Fall des „Spiegel“, der hier nur unter
vielen möglichen als ein markantes Beispiel ausgewählt ist,
mit der Geschichte von Opfer und Täter. Hier bewegt man
sich auf dem Geleis von hautnahem ‚Problem‘ und nahelie-

Zweimal „Asylantenflut" – dasselbe Spiegel-Bild, Original und Montage

gender ‚Lösung', ist auf dem Weg zu einem Satz, indem man sich einer Sequenz aus Piktogramm und Photographie bedient, die einander erläutern, stützen und steigern. Das Piktogramm formuliert das ‚Problem', indem es eine kleine Zahlentabelle umsetzt in das Bild des bedrohlich umzingelten Landes, während die Photographie, das authentische historische Dokument, das in der uns geläufigen Bilderwelt verankert ist und zum Generalnenner der Situation stilisiert wird, als Anreißer fungiert, Stimmungsträger und Richtungsanzeiger, der bereits den Umriß der Lösung vorzeichnet.

54

Abb. 8: Die hereinbrechende Asylantenschlange. Der Spiegel, 9. Septenber 1991 und 6. April 1992, journalist 5/1993, 37.

Die Wirkung ist bekannt. Man sollte auf die Gegenstimmen achten. Auf einer Darmstädter Tagung im Oktober 1991 hat mir der Journalist Josef Singldinger, erregt durch den Blick auf unsre Medienlandschaft, die brennenden Ausländerheime und Morde des Jahres 1992 präzis vorhergesagt. Der Zuzug in die Festung nahm zu. Es scheint, daß die Medien auch hier intensivierten, was sie anprangerten. Der ‚Spiegel' wiederholte sein Piktogramm am 9. November 1992 mit überdimensionalen Dreiecken, auf denen jetzt verdoppelte bis vervierfachte Zahlen standen. Regierung und Bundestag änderten, in miserabler Eile, das Grundgesetz.

Piktogramm und Photographie bildeten hier eine Folge, einen unvollständigen „Satz", in dem die für die Lösung vorgesehene Leerstelle fast schon besetzt war.

Betrachten wir noch ein zweites politisches Visiotyp, dessen Wirkungspotential kaum geringer gewesen sein dürfte.

9
Zwei slowenische Munitionskistenträger

„Auf dem Rücken der Schwachen. Serben und Kroaten kämpfen um ihre künftigen Grenzen – auf Kosten der kleinen Völker Jugoslawiens?" – Über dem Titel sind eine Photographie und eine Landkarte angebracht. Das Photo fungiert als Blickfang und hat nur eine Aussage: Auf dem Balkan droht Krieg. Zwei Uniformierte kommen, eine Munitionskiste tragend, auf den Betrachter zu, in einer Bewegung, die kein Gehen mehr und noch kein Marschieren ist. Sie tragen Feldschirmmütze, Gurt und Stiefel und bewegen sich auf einer hellen, schmalen Landstraße fast schon aus der Zeitung heraus in die Wirklichkeit des Lesers. Im Hintergrund der steigende Abhang mit Wein oder Hopfenstangen scheint retuschiert; nur die beiden Munitionsträger sind scharf im Bild. Der rechte hält den Hörer eines Funkgeräts ans Ohr und spricht. Das Bild steht im Präsens, hat aber futurische Bedeutung.

Die Karte daneben, ‚Die Völker Jugoslawiens', formuliert das „Problem". Sie zeigt die sechs Republiken, markiert durch ihre Grenzen und ihre sechs Hauptstädte, und im Gegenzug dazu, dargeboten durch unterschiedliche Schraffuren, die Verteilung der Völkerschaften von ‚Slowenen', ‚Kroaten', ‚Moslems' (Bosniaken) etc. über das Gesamtgebiet. Hoheitsgebiete und Schraffuren sind nicht kongruent, man sieht, wo sich die politischen und ethnischen Grenzen nicht decken, daß es in Kroatien und Serbien Überlappungen gibt und ‚Bosnien und Herzegowina' überhaupt ein Völkermosaik darstellen. Auch die Karte steht im futurischen Präsens,

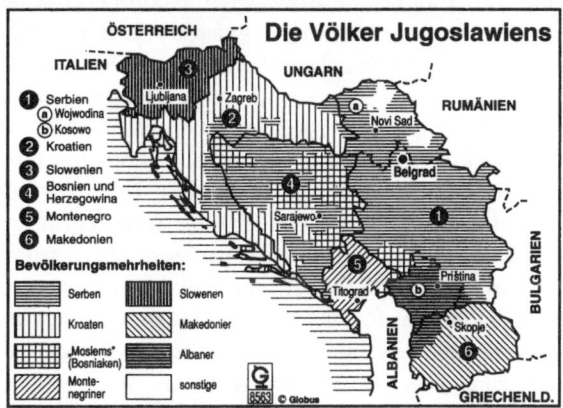

Die Völker Jugoslawiens

Brüchiger Waffenstillstand: Angehörige der slowenischen Bürgerwehr nutzen die Feuerpause, um sich auf das nächste Gefecht vorzubereiten

Foto: Contrast Press / Bilak; Karte: Globus

Auf dem Rücken der Schwachen

Abb. 9: Der unaufhaltsame Jugoslawienkrieg. Deutsches Allgemeines Sonntagsblatt, Nr. 29, 19. Juli 1991, 6.

auch sie skizziert erwartete Zukunft in der Darstellung von Gegenwart.

Hier wird simultan das abstrakteste Bild der Völkerverschränkung jener Region, der Größe der Republiken und ihrer Lage zueinander vermittelt. Man muß vom Artikel zur Landkarte wandern, der Wirrwarr verlangt raschen Überblick; den gibt die Karte. Konfliktherde zeichnen sich ab … Man erkennt die unglaubliche Möglichkeit abstrakt symbolischer, zweidimensional geordneter Zeichenwelten. Ein Generalstäbler könnte sich mit einer kartographisch bedruckten Postkarte in einer Minute einen Überblick über „den Balkan" verschaffen.

Die Übersicht wird allerdings nur möglich durch eine gewaltsame Reduktion, sie kommt zustande, weil der Blick sich unter tausend möglichen auf zwei Aspekte beschränkt, der Kartograph nur zwei Parameter anlegt: politisches Hoheitsgebiet und ethnische Zugehörigkeit. Alles übrige, die Art der Nachbarschaften und ihrer Geschichte, Wirtschaftsform und Religion, die Frage der Mehrsprachigkeit der Bewohner, Landschaftliches und Soziales, alles fällt unter den Tisch flächiger Darstellung. Eine Scheinerklärung kommt zustande, etwas Irreführendes, die vorauseilende Anerkennung eines störenden Charakters der Überlappungen. Die Karte orientiert ja nicht nur, sie unterstellt auch etwas und nimmt vorweg. Indem sie das „Problem" der Konfliktherde formuliert, *formt* sie es, und ebenso eindimensional kann dann auch leicht die Handlungsanweisung ausfallen, die „Lösung", die in mehr als einem Sinn von dem Problem ausgeht. Sie zielt auf die schlichteste Geometrie. Die Kongruenz staatlicher Räume und ethnischer Zugehörigkeit, zu der die Idee des Nationalstaats heruntergekommen ist, erscheint als die sauberste Auflösung der Gleichung.

Die Karte allein wäre auch anders auslegbar, harmlos neutral, und auch das Photo an sich kaum eindeutig, nicht einmal der Inhalt der Kiste. Offenbar gilt für die Mittel visueller Darstellung, was auch für die Wörter der Umgangssprache gilt. Sie haben an sich eine unbestimmte, abstrakte, weitgespannte Bedeutung, und diese wird erst durch den Zusammenhang eng eingestellt, durch den sog. Kontext bestimmt, konkret und genau. Die Semiotiker unterscheiden am Zeichen diese seine abstrakte Möglichkeit *(type)* von seinem aktuellen Vorkommen *(token)* und dessen spezieller Nuance *(tone)* (Trabant 1989, 35). Die Schlagzeile ‚Auf dem Rücken der Schwachen‘ engt in einem ersten Schritt die Bedeutung der Karte ein, macht den abstrakten Typus *(type)* zum konkreten Zeichen *(token)* möglicher Grenzübergriffe. Den spezifischen *tone*, die Musik tut die Photographie dazu, die ihre Eindeutigkeit durch die Bildlegende erhält: „Brüchiger Waffenstillstand: Angehörige der slowenischen Bürgerwehr nutzen die Feuerpause, um sich auf das nächste Gefecht vorzubereiten.“ Der Untertitel dieses Artikels im Deutschen Sonntagsblatt vom 19. Juli 1991, ‚Serben und Kroaten kämpfen um ihre künftigen Grenzen – auf Kosten der kleinen Völker Jugoslawiens?‘, steht, wie Photographie und Landkarte, in der gleichen Zeitform der Gegenwart, die Zukunftsbedeutung hat. Die drei „Zeichen“, Text, Photo und Karte, erklären und konkretisieren einander wechselseitig, machen den jeweiligen Sinn des Zeichens eindeutig, steigern und bündeln die Botschaft zu einem Pfeil, der in die Richtung einer Lösung zielt, deren Umriß schon festliegt.

Die Photographie vor allem ist eine Zuspitzung. „Erzählen ist Auswahl“, schrieb Hans Henny Jahnn, und man könnte hinzufügen, Abbilden auch. Die Karte der ‚Völker Jugoslawiens‘ ließe sich vielfältig illustrieren, vom Photo geht vermutlich die stärkste Wirkung aus. Die beiden slowenischen Bürgerwehrleute auf der Landstraße vermitteln intensiv die Vorstellung einer Zeitbewegung mit Zunkunftsbedeutung. Der Bedeutungsumriß des Bildes ist so mehrschichtig wie das der drohenden Asylantenschlange oder des umzingelten Landes: es bebildert eine Redensart, die auch als Abstraktum gebräuchlich ist – sie kommen auf uns zu –, es dokumentiert vermutlich authentisch einen historischen Moment, und es erinnert an ein Bild, das wir schon zu kennen glauben. Es sind nicht gerade die Wasserträger Gottes, aber eben doch zwei mutige Schwache in der Nachfolge Davids, die da eine Kiste schleppen. Das Bild lädt ein zur Identifikation, vielleicht spricht es sogar unsre Hilfsbereitschaft an, und ist zumindest ein Ikonogramm, das ähnlich wie die lächelnde Mutter, die sich über eine Wiege beugt, einiges an altüberlieferter Bedeutung mit sich führt. Als Lesehilfe für die Karte gewinnt es den Charakter eines Schlagworts. Ikonisiert, umgeben von einem Hof von Gefühlen und Wertungen, hebt es an einem großen, unendlich vielartigen Gebiet ein einziges Merkmal hervor, bringt den zerfallenden Vielvölkerstaat auf einen einzigen Nenner: auf den Eindruck einer fast zwangsläufigen Bewegung in den Krieg. Was die Karte allgemein enthält, wird hier verengt zu einer konkreten Aussage – was ist konkreter als eine Munitionskiste! –; zugleich ist das Photo eine Generalisierung. Es oszilliert zwischen diesem speziellen Augenblick und der allgemeinsten Aussage.

Die beiden mutigen Underdogs schleppen die Munitionskiste nach dem rhetorischen Prinzip des *pars pro toto*, setze das Detail für das Ganze, sie sind Stellvertreter, Schlüsselfiguren der Situation. Eco erinnert in vergleichbarem Zusammenhang an die speziellere rhetorische Figur der ‚Antonomasie‘, der „Umnennung in den Stellvertreter“, die in der Werbung vorherrscht, wo z. B. ein rauchend reitender braungebrannter Lassoträger für ‚alle Männer‘ steht: „Man kann sagen, daß das Anführen des einzelnen Falles den Wert eines Exemplums, eines Autoritätsargumentes annimmt. Jedem Einzelnen geht ideell jenes logische Zeichen voraus, das *universeller Quantifikator* heißt und das das Symbol ‚x‘, dem es vorangestellt wird, als ‚alle x‘ verstehen läßt. Dieser Mechanismus stützt sich auf psychologische Identifikationsprozesse (und folglich auf außersemiotische Mechanismen). Aber der Identifikationsprozeß wird von rhetorischen Kunstgriffen ermöglicht, die das vorgelegte Einzelne konventionell als universell und exemplarisch erkennbar machen (und wir sind wieder bei einem semiotischen Mechanismus)“ (Eco 1991, 274). Vielschichtig beglaubigt und eingesetzt als Interpret einer Karte der ‚Völker Jugoslawiens‘, wird das Photo zum Generalnenner der Situation auf ‚dem Balkan‘ – ein Beispiel hochgradiger Abstraktion.

Der Text des Artikels bewegt sich völlig parallel auf der Hochbrücke von ‚Problem und Lösung' und wirkt unter der Munitionskiste zugleich explosiv: „Eine Lösung der komplizierten Verhältnisse auf dem Balkan ist schwierig." „Doch wirkliche Probleme haben die Kroaten nur mit den Serben – [...] dadurch, daß rund ein Zwölftel der Bevölkerung Kroatiens Serben sind." „So könnte am Ende eine bislang undenkbare Lösung herauskommen: Die beiden Führer Milosevic und Tudjman besiegeln wie einst Hitler und Stalin ihre Erbfeindschaft auf dem Rücken schwacher Völker."

Man sollte auf die Gegenstimmen achten, auch oder gerade dann, wenn man ihnen nicht zustimmt. Als ich im Juli 1991 Materialien für diese Studie zu sammeln begann, stieß ich eine Woche nach dem obigen nicht aus dem allgemeinen Rahmen fallenden Sontagsblattartikel in der Süddeutschen Zeitung auf den Aufsatz ‚Abschied des Träumers vom Neunten Land. Eine Wirklichkeit, die vergangen ist: Erinnerung an Slowenien', von Peter Handke (27./28. Juli 1991). Er war illustriert durch ein Bild des Sees von Bled am Fuß der Julischen Alpen.

Das war kein Bewegungsbegriff mit vorherrschendem Zukunftsaspekt, sondern ein Bild des Friedens: „Und *trotzdem* habe ich mich in meinem Leben nirgends auf der Welt so zu Hause gefühlt, wie in dem Land Slowenien", lautet die Legende. Es handelt sich um den Versuch einer Beschwörung. Der Autor läßt an Klarheit nichts zu wünschen übrig: „Und ich sehe keinen Grund, keinen einzigen – nicht einmal den sogenannten ‚großserbischen Panzerkommunismus' – für den Staat Slowenien: nichts als eine vollendete Tatsache". Man versteht, warum der Aufsatz sofort heftig umstritten war. Aber Handke machte auf etwas aufmerksam, was uns beschäftigen muß, auf die Gefahr visueller und begrifflicher Abstraktionen, der, wie er vier Jahre später schreiben wird, „gegenseitigen Bilderstarre" (Handke 1996, 50). 1991 meint er, in den vergangenen Jahren sei in Slowenien eine neue Geschichte verbreitet worden, die Sage von Mitteleuropa, ein Gespenstergerede, welches das Land in die Unwirklichkeit rücke. „Das begann einige Jahre nach dem Tod Titos, und es kommt mir jetzt vor, eine große Zahl, jedenfalls die Mehrheit, innerhalb der nördlichen Völker Jugoslawiens, habe sich den Zerfall ihres Staates von außen einreden lassen." „Ja, die neuen Grenzen in Jugoslawien: Ich sehe sie, statt nach außen, viel mehr bei jedem der jetzigen Einzelstaaten, nach innen wachsen, hinein ins jeweilige Landesinnere: wachsen als Unwirklichkeitsstreifen oder -gürtel: hineinwachsen zur Mitte ..."

Warum hat ‚Global Change' nicht mehr gewirkt? Man fühlte sich nicht konkret betroffen, es ging nicht ans Hemd, und dem bedrückenden Allgemeinen stand man hilflos mit zusammengezogenen Schultern gegenüber. Außerdem versäumte die Ausstellung, Ketten, „Sätze" zu bilden. Die nationalen Visiotype ‚Asylantenflut' und ‚Die zwei Munitionsträger' wirkten weit aufwühlender als die ökologischen vom erkrankten Planeten und dem Anstieg der Weltbevölkerung. Wenn wir einmal penibel mit den Merkmalen der globalen Visiotype auf Seite 48 f. vergleichen:

1. der Radius ist nicht global, sondern national;
2. die Datenbasis beruht auf vergleichsweise regionaler Statistik;
3. die Anschauung ist doppelt gesichert und pointiert, man ist auf dem Wege zu ‚Sätzen': durch das Piktogramm einer Landkarte, die eine Konfliktlage illustriert und durch die konkretisierende Photographie, die als Ikonogramm und Generalnenner der Situation zur Identifikation einlädt;
4. Piktogramm und Photographie stehen im aggressiven futurischen Präsens, zeigen eine lineare Bewegung an;
5. der Asylantenstrom wie das sich auflösende Jugoslawien sind Faszinationspunkte fortwährender (die Situation verschärfender) Recherche;
6. Piktogramm und noch mehr die Photographie legen den technischen Eingriff nahe: (Schließung der Grenzen oder Vernichtung des ‚Angreifers' bzw. Beginn der Feindseligkeiten);
7. Asylantenstrom und Jugoslawienkrieg sind eine Medienressource;
8. die Visiotype stellen eine Drohung dar, die mit Angstlust erlebt wird;

9. sie sind ein auf eine konkrete Lösung drängender Imperativ.

Die globalen wie die nationalen Bildbegriffe haben eine Haupteigenschaft gemeinsam: sie kulminieren in der Abstraktion.

Was ist abstrakt?

10
Abstraktion und Zweite Anschauung

„Wehrlose Dörfer werden bombardiert aus der Luft, die Einwohner hinaus aufs Land getrieben, das Vieh mit dem Maschinengewehr niedergemacht, die Hütten in Brand gesetzt mit Brandkugeln: das nennt man Befriedung *(pacification)*. Millionen Bauern werden ihrer Höfe beraubt und zur mühsamen Wanderung auf die Straßen geschickt mit nichts, als was sie tragen können: das heißt Umsiedlung der Bevölkerung oder Grenzbegradigung *(transfer of population* or *rectification of frontiers)*. Leute kommen für Jahre ins Gefängnis ohne Gerichtsverhandlung, werden mit einem Genickschuß getötet oder in arktische Holzarbeiterlager geschickt, um an Skorbut zu sterben: das wird die Eliminierung unzuverlässiger Elemente genannt *(elimination of unreliable elements)*. Derartige Phrasen braucht man, wenn man von Dingen sprechen will, ohne von ihnen ein geistiges Bild hervorzurufen" (Orwell 1946, 363).

George Orwell war Berichterstatter im Zweiten Weltkrieg und wußte, wovon er redete. Es gibt nichts Aufschlußreicheres zur Sprache der Politik als seinen Essay ‚Politics and the English Language' von 1946. Was er hier vorführt, ist der Sprung von der niederen Realität zur Höhe der Abstraktion. Die Versionen ‚Pacification', ‚Transfer of Population', ‚Rectification of Frontiers', ‚Elimination of Unreliable Elements' sind Worte von hoher Warte, die einen Vorgang bezeichnen, der zu einem Ziel hinstrebt: Zeitbewegungsbegriffe mit einem vorherrschenden Zukunftsaspekt. Sie benennen kein

Handeln, sondern ein intransitives oder gar passivisches Geschehen. Der Gebrauch des Passivs hat im Deutschen den
Vorzug, daß man sich die Benennung des Urhebers erparen
kann.

Den gleichen semantischen Grundriß wie ‚Pacification' haben die in den vier letzten Abschnitten besprochenen Bilder.
Auch der erkrankte Blaue Planet und die unaufhaltsam steigende Weltbevölkerungskurve, die endlose, finstere Asylantenschlange und die herannahenden Munitionsträger visualisieren von hoher Warte aus einen Vorgang, der zu einem
Ziel hinstrebt: Zeitbewegungsbegriffe mit einem vorherrschenden Zukunftsaspekt. Die Nennung des Urhebers kann
ausgespart werden, es *ist* ein *Vorgang*. Diese Visiotype sind
Abstraktionen; zugleich sind sie von bedrängender, faßlicher
Konkretheit. Bilder und Abstrakta wären also bedeutungs-
ähnlich, gehörten der gleichen Klasse an?

Abstraktion und Anschauung sind keine Gegensätze.
Sinnliche Objekte wie der leuchtende blaue Planet, das rote
lineare Menetekel und der gläserne Kubus des Bevölkerungswachstums, eine von Pfeilen umzingelte Landkarte, das Photo zweier Munitionskistenträger oder einer Asylantenschlange sind Beispiele generalisierender Abstraktion auf hoher
Stufe. Ich möchte von Zweiter Anschauung sprechen. Wir
leben in einer Welt der Zweiten Anschauung, die vollständig
abstrakt ist.

Es sind die Stelzen der Abstraktion, welche die Begriffe zu
imaginären Brücken werden lassen, zum fahrigen Finger,
welcher über den rauhen Boden, auf dem Menschen meist
leben müssen, hinwegfährt. Möglicherweise ist die Grausam-
keit der anschaulichen Abstraktion noch größer als die der
unanschaulichen. Der Begriff wird handlich und plausibel, er
gewinnt an populärer Überzeugungskraft. Sieht man ihn vor
Augen, als Landkarte, Kurve, Photo einer Bestie, wird er
noch leichter zur tragfähigen Brücke. Vermutlich wäre es
auch möglich, die Abstraktheit des Visiotyps nur seiner bildhaften Gestalt zu entnehmen und an ihr zu entwickeln; ich
wähle hier den Weg über den Vergleich mit der sprachlichen
Abstraktion nicht, weil er mir von meinem Fach her nahe-

liegt, sondern weil sich vier merkwürdige, schlüssige Parallelen ergeben. – Was charakterisiert die Ausdrücke ‚Befriedung', ‚Umsiedlung und Grenzbegradigung', ‚Eliminierung unzuverlässiger Elemente' an Stelle von ‚bombardieren', ‚auf die Landstraße schicken', ‚ermorden'?

1. Ein *Wechsel des Sprachtyps.* Man entfernt sich von der Ebene der niederen, häßlichen Realität und entscheidet sich für eine Ebene der Betrachtung, auf der sie in einen anderen Deutungsrahmen versetzt wird, eine veränderte Beleuchtung erhält, und für die ein eigener Sprachtyp zur Verfügung steht. Es ist die Sprache der Politik, auch der Geopolitik, die hier einritt. Sie ist distanziert, kommt sehr viel indirekter daher, sachlich und objektiv, sie klingt positiv neutral. Es ist die Textgattung fachgerechter politischer Verwaltung: ‚Umsiedlung!' – die armen Hunde am Boden verschwinden aus dem Blickfeld.

2. Zum Wechsel des Sprachtyps paßt der bevorzugte abstrakte Worttyp. ‚Transfer', ‚Umsiedlung' statt ‚brandschatzen' und ‚vertreiben' ist eine *generalisierende Abstraktion* oder *verallgemeinernde Zusammenfassung,* wie sie im politischen, ökonomischen, in jedem „friedlich strategischen Denken besonders brauchbar ist. Sie zieht sich nicht [...] vom Gegenstand zurück auf ein einzelnes abgelöstes Merkmal, sondern behält ihn als Ganzes im Auge und erreicht seine Zusammenfassung mit anderen nicht gleichartigen, aber verwandten Gegenständen, indem sie das Gemeinsame festhält und das Trennende ausschaltet. So gelangt sie zu einer höheren und evtl. fortschreitend zu weiteren noch aufwärts folgenden Erfassungsstufen. Dies Verfahren ist also ein aufsteigendes, sozusagen vertikales. Abstraktion ist hier aufsteigende Klassifikation, ihr Ergebnis fortschreitend sich erweisende ‚Einheit in der Mannigfaltigkeit' und denkbares Endziel wäre eine Hierarchie der Begriffe" (Hempel 1980, 115). Das Gemeinsame von ‚bombardieren' und ‚verjagen', ‚niedermachen' und ‚anzünden' wird auf solche Weise das, was die Römer ‚pacare' nannten: Frieden stiften. Der unangenehme konkrete Beigeschmack ist weg.

3. An die Stelle derber Tätigkeitswörter treten aus ihnen

abgeleitete Begriffe, deren Bedeutung zwischen Handlung, Vorgang und Ding spielt: ‚Grenzbegradigung‘, ‚Befriedung‘. Es gehört zu den Möglichkeiten unsrer Sprache, aus Verben jederzeit sog. ‚Verbalsubstantive‘ zu machen. Die Grammatiker sprechen von ‚Konversion‘. „Fast ein ganzer Satz kann in solchen Wörtern komprimiert sein." (Hempel 1980, 114 f.) Für den Sprachwissenschaftler Walter Porzig war dies die Basis alles Gedankenfortschritts, und er meinte, Abstraktion sei immer die *Vergegenständlichung eines Satzinhalts vom Prädikat* aus (Porzig 1930, 66 ff.). *Gallien wurde befriedet. Die Befriedung bewirkte, daß* . . . Diese alltäglich, sozusagen stündlich vorkommende Vergegenständlichung hat zuerst grammatische Konsequenzen. Was vorher Aussage war, wird als ‚Dingwort‘ verfügbar, und mit ihm können jetzt alle Operationen ausgeführt werden, die beim Substantiv möglich sind. – Es wird zu einer ‚Größe‘, mit der man nun allerdings nicht nur im Satzbau, sondern auch im Staatenbau umspringen kann.

4. Der zur Substanz erhobene, verallgemeinernd zusammenfassende Begriff hat die *Neigung, zum Handlungsträger zu werden*, z. B.: „Die ‚Befriedung‘ der baltischen Provinzen fordert eine Eliminierung reaktionärer Elemente; die dadurch ermöglichte ‚Umsiedlung‘ wird von selbst eine ‚Grenzbegradigung‘ nach sich ziehen." Auf der Hochebene, auf der das Wort sich befindet, trifft es neue Nachbarn an und beginnt mit ihnen zu agieren und zu reagieren. Das Ganze macht Sinn.

Die vier charakteristischen Züge, die an den Worten ‚Umsiedlung‘ oder ‚Befriedung‘ zu bemerken sind, lassen sich auch an den visuellen Abstraktionen beobachten.

1. *Der Wechsel in eine distanziertere, objektivere Gattung.* – Man wechselt mit diesen Veranschaulichungsinstrumenten nicht nur den Sprachtyp, sondern das Medium. Was sich ergibt, ist also ein ganz anderer Blick. Der Eindruck distanzierter Objektivität ist hier besonders ausgeprägt. Der Blaue Planet und die exponentielle Bevölkerungskurve haben eine digitale Grundlage, die Photographie war *das* neue Beweismittel des Positivismus, sie gilt auch jetzt noch, *noch*, als authentisch, und die Figur der Doppel-Helix ist die ikonische

Formel für eine wissenschaftliche Entdeckung. Was visualisiert ist, ist also erhärtet durch Daten, beglaubigt durch Lichtschrift, autorisiert durch Wissenschaft – ein Extremfall von Sachlichkeit.

Was von diesen Zeichen als Appell ausgehen kann, ob Drohung oder Verheißung, ist gerade darum so stark, weil sie den Weg über die Sachlichkeit dieses Mediums wählt. Dessen idealisierende Ästhetik erinnert an die glatte, positive Neutralität von Vokabeln wie ‚Begradigung‘ und ‚Befriedung‘. – Diesem Diskurstyp entspricht:

2. *Das Zahlenbild.* –

Zu dem Wechsel des Mediums, der ein Blickwechsel ist, stimmt die Vorliebe für das zahlenbasierte Visiotyp. Es garantiert am ehesten den verallgemeinernden, homogenisierenden Zugriff. – Das sog. Kollektivum ‚Bevölkerung‘ umfaßt, wenn wir den Begriff durch die Vorsilbe ‚Welt‘ näher bestimmen, Lappländer des hohen Nordens und Bewohner von Madras, Leute, die in Zelten wohnen und andere, die 500 Liter Wasser am Tag verbrauchen. Lassen wir das Trennende weg, schalten wir die unzählbaren Besonderheiten aus und beschränken uns auf das abstrakteste Merkmal, das alle gemeinsam haben, die Zahlhaftigkeit, so erhalten wir die unvorstellbare Größe der ‚Weltbevölkerung‘. Sie mit einer Vorstellung zu versehen, sogar mit der Vorstellung einer Bewegung in der Zeit, war die Intention der Aussteller von ‚Global Change‘. Hier ist das Abstrakteste in einer Art Umkehrbewegung wieder veranschaulicht. Von anschaulichen Größen geht eine noch stärker homogenisierende Wirkung aus als von denen der Sprache, sie wird sozusagen substanziell, stofflich, eine handliche Planungsgröße. Darin besteht ihre wirksamste Leistung:

3. *Die Verdinglichung eines Geschehens zur operablen Größe.–* Die Veranschaulichung des Bevölkerungswachstums durch ansteigende Kurven, einen sich füllenden Kubus, den Film eines weißen Überzugs der Erde ist die buchstäbliche Vergegenständlichung eines Begriffs, der zwischen Vorgang und Ding spielt – ein anschaubares, vom Verb abgeleitetes Verbalsubstantiv. In ihm ist eine Aussage, ein Urteil über die

Menschheitsentwicklung zu einem Ding geronnen, das Bewegung und Resultat zusammengreift. Ähnlich ist die Photographie der auf den Betrachter zukommenden Menschenschlange oder Munitionsträger das gefrorene Bild eines Zustandes *und* einer gerichteten Bewegung in die Zukunft.

Dieser Bewegungsbegriff mit Zukunftsaspekt erhält als visualisiertes Ding einen Henkel, wird zur handlichen Größe, die nun als Glied in einer Kette, als Bauelement und Brücke in den verschiedensten Zusammenhängen fungibel wird. Daraus resultiert:

4. *Die Erhebung zum Handlungsträger.* – „So entstehen Begriffe, die über das empirisch Einlösbare weit hinausweisen, ohne ihre politische oder soziale Tragweite einzubüßen", meinte Koselleck von den sich im 18. Jahrhundert herausbildenden ‚Historischen Grundbegriffen', die das Begreifen von Geschichte überschreiten und zum Vorgriff auf Geschichte werden (Geschichtliche Grundbegriffe, Einleitung, Bd. I, S. XVIII). Wir sprechen hier von gesellschaftlich wirksamen Bewegungsbegriffen, die eine empirische, naturwissenschaftliche Basis haben oder zu haben scheinen und eine Laborsituation spiegeln und ausbreiten, von ahistorischen Zugriffen. Daß sie als visualisierte Größen besonders geeignet sind, personifiziert, hypostasiert, zu Handlungsträgern zu werden, ist eine Vorannahme. Trifft sie zu? Was läßt sich beobachten, wenn das geschieht?

11
Bahnungsphänomene.
Semantische Einbahnstraßen
und optische Solidaritäten

Spezifischer gefragt: Wie verhalten sich die Visiotype, wenn sie auf gebahnten Straßen daherkommen und dabei zugleich eine Kette bilden?

‚Problem – Lösung' ist auf der Ebene der Wortbedeutungen eine Einbahnstraße. Hier wird durch feste Kopplung eine Schiene gelegt. Zu ‚Problem' fällt mir ‚Lösung', zu ‚Lösung' ‚Problem' ein, zwischen beiden besteht eine Affinität wie zwischen chemischen Elementen. Schon mit der Nennung eines Gliedes ist eine Bahn beschritten.

Diese beliebte Folge besteht aus zwei Größen, die einander wie die Schalen einer Waage, wie die Glieder einer Gleichung gegenüberstehen. Wir haben es mit einer Art Algebra in der Umgangssprache zu tun. Algebra ist die Lehre von den Gleichungen, heißt es im alten Brockhaus von 1864: „Sie lehrt unbekannte Größen aus gegebenen Eigenschaften derselben oder aus bekannten Größen durch Gleichungen finden, und kann daher auch als die Methode, Aufgaben durch Gleichungen aufzulösen, erklärt werden".

Die Denkfigur ist universal. Der Wissenschaft entsprungen, von Popper kanonisiert, durchsetzt sie den Alltag, oft harmlos, nebenher, ‚kein Problem', oft aber stellt diese Denkform auch Weichen und bestimmt Entscheidungen, die von eigens dazu geschaffenen Institutionen autorisiert werden. Es gibt dieser Denkfigur gegenüber eine frühe warnende Stimme. George Orwell hat 1946 bemerkt, „jeder Versuch, die Probleme des Lebens zu lösen, wie man eine Gleichung auflöst, führt nirgendwo hin (can lead nowhere)", aber gerade im politischen Bereich, den diese Stimme am dringlichsten meinte, ist sie verhallt (Orwell, New Words 1946, nach Eppler 1992, 157). Erhard Eppler hat der Figur in seinem zunehmend aktuellen Buch ‚Kavalleriepferde beim Hornsignal. Krise der Politik im Spiegel der Sprache' (1992) eine Studie gewidmet, und dabei an die großartige Analyse erinnert, die Hannah Arendt unter dem Titel ‚Die Lüge in der Politik' in der Neuen Rundschau 1972 den Pentagon-Papieren und dem Vietnamkrieg gewidmet hat. Diese Studie ist auch deshalb erinnernswert, weil in ihr der Begriff der Verwandlung der Wirklichkeit in ein Labor, in ein naturwissenschaftliches Versuchsfeld, gefaßt wird. Der Vietnamkrieg wurde hintergründig von einer Expertengruppe begleitet, die, dem Orakel in der Antike vergleichbar, die Prognose

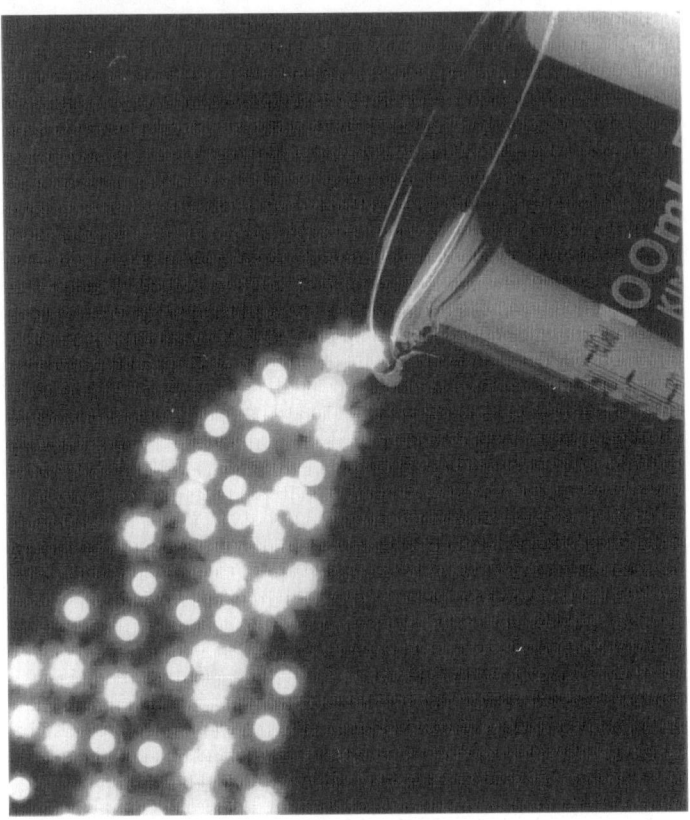

Abb. 10: Lösungen aus dem Reagenzglas. Höchst Heute 103, 27.

stellte: die sog. *problem solvers*. Für die ‚Problemlöser' existierte weder das 2000 Jahre alte noch das gegenwärtige Vietnam, sondern ein physikalisches Labor, in dem Vorhersagbarkeit galt, ein Experimentierfeld, auf dem sie in pseudomathematischer Sprache operierten (Arendt 1972, 190f.). Eppler meinte im Rückblick: „Was wäre Amerika – und noch mehr Vietnam – erspart geblieben, wenn die Verantwortlichen in Washington rechtzeitig gemerkt hätten, daß es hier nichts gab, was sich in die Formel der Problemlösung pressen ließ, daß es nichts gab, was sich im fernen Washington als Problem definieren und anschließend in Vietnam lösen ließ?" (Eppler 1992, 158).

Das Thema hier ist nicht das politische, sondern das gesellschaftliche Labor, die Problemlösung auf dem Feld bildgewordener gesellschaftlicher Abstraktionen. „Wie können die Probleme der Zukunft bewältigt werden? Lösungen aus dem Reagenzglas", fragt und antwortet ein Bild in der Zeitschrift ‚Höchst Heute' (103, 27): siehe Seite 70.

Auf einer privaten Tagung wird die holländische Tomate zum Streitfall. Ein Landwirt berichtet über die in den Niederlanden vorherrschende und demnächst gesetzlich verankerte erdelose Kultur, wo unter Glas in geschlossenen Nährlösungssystemen 8 m hohe Tomatenstauden statt 4–5 Kilogramm 40–50 Kilogramm resistenter, langfristig schnittfester Tomaten erzeugen, und erntet, ohne zu Ende sprechen zu können, heftigen Widerstand. Man glaubt genau genug zu kennen, wovon er sprechen will. Sein Standpunkt erscheint vor jeder Erörterung als idyllisch, romantisch, zurückgeblieben gegenüber der Zukunftskeule des Welthungers. Das Verheißungsbild der Zukunftstomate ruft die exponentielle Bevölkerungskurve auf den Plan, um mit ihr gemeinsam, wie in den Allegorienkämpfen des Mittelalters, der Freilandtomate den Garaus zu machen.

Es ist, als existiere hier vor aller Überlegung eine Bildverknüpfung analog den festen, erwarteten Verbindungen unter den Wörtern der Sprache. ‚Der Hirsch – röhrt', und: ‚wenn etwas röhrt, ist es ein Hirsch'. – Diesem Beispiel entsprechend können semantische Einbahnstraßen entstehen. „Wer etwas als Problem definiert, darf sich nicht wundern, wenn auf Lösungen gedrängt wird", schreibt Eppler (Eppler 1992, 159). In der Tat: über ‚Steine' ‚stolpert' man, und ‚Probleme' werden ‚gelöst'. Es spielt in alles Denken und Handeln hinein, was der Romanist Coseriu so schön als ‚Lexikalische Solidaritäten' bezeichnet hat.

Wir sprechen von Dingen alltäglicher Erfahrung, deren hirnphysiologische Erklärung seit langem auf der Tagesordnung steht. Friedrich Kainz behandelte sie in seinem Werk

71

,Über die Sprachverführung des Denkens' (1972) als *Bahnungsphänomene*. Die versehentliche Wahl eines Wortes – „unser scheidender Oberbürgermeister hat sich um ‚Wohl und Wehe' der Stadt sehr verdient gemacht"- entsteht aus Gewohnheit, so wie ein Esel, der fünfzehn Jahre an einer bestimmten Stelle des Weges nach links abgebogen ist, sich nur schwer bewegen läßt, geradeaus zu trotten. „Erwägungen dieser Art werden auch für eine Theorie der Sprachverführung wichtig. Es gibt geläufige Formeln, deren Glieder so fest miteinander verbunden sind, daß ein Teil den anderen zwangsläufig hervorruft, weil er auf diesen im Sinne einer spezifischen Erregungskonstellation wirkt, auch dann, wenn der zweite Bestandteil der Äußerungsintention widerspricht. Wenn eine Sprachgemeinschaft zur Erfassung eines Sachverhalts eine prägnante, leicht eingängige und merkbare mehrgliedrige Formel gefunden hat, so ist es nicht selten so, daß sich diese in ihrer Gesamtheit präsentiert, selbst wenn nur *ein* Glied paßt." Kainz macht darauf aufmerksam, daß die antithetischen ‚*Konsoziationen*' besonders naheliegen, bei Zwillingsformeln wie z. B. ‚Himmel und Hölle' oder ‚Wohl und Wehe'; – das Gegensatzwort sei gewissermaßen ‚vorgewärmt' (Kainz 1972, 162, 164). Warum dann nicht auch ‚Problem und Lösung', ‚Drohung und Verheißung'? Derartige Denkfiguren sind von weither vorgebahnt.

Vermutlich gilt die Regel, je höher eine Abstraktionsebene, um so leichter und beliebiger sind die begrifflichen ‚Größen' zu verbinden, um so unwirksamer die Einschränkungen von der Erfahrung her. In den ‚Plastikwörtern' habe ich ‚Größen' zu beschreiben versucht, die sich auf einer Höhe oder in einer Tiefe bewegen, in der die Bausteine einander ähnlich werden und die Möglichkeit ihrer Verfugung unendlich ist. Auf dem vertikalen Wege der Abstraktion und der Hochbahn der ‚Konsoziation' entsteht eine Eigendynamik der Sprache, für die Erhard Eppler bei Orwell die treffendsten Bilder gefunden hat (von denen er im Titel seines Buches über die Krise der Politik im Spiegel der Sprache die ‚Kavalleriepferde beim Hornsignal' verwendete): „Die Prosa besteht immer weniger aus Wörtern, die gewählt werden, weil sie eine Bedeutung haben, und immer mehr aus Phrasen, die zusammengehängt werden wie Fertigteile eines Hühnerhauses." „Da fühlt sich jemand gedrängt zu schreiben, bildet sich ein, er habe etwas Neues zu sagen, und seine Worte, wie die Kavalleriepferde beim Hornsignal, gruppieren sich automatisch nach dem bekannten öden Muster" (Orwell 1946, 339, 349; Eppler 1992, 32).

Es gibt vergleichbar eine Autodynamik der Bilder, eine Bildverführung des Denkens, und es steht zu vermuten, daß sie auf dem analogen Wege von Abstraktion und Konsoziation zustande kommt. Landkarte und Photographie können ja schon, wie sich zeigte, einen halb oder dreiviertel „Satz" bilden. Offenbar existieren auch vollständige optische „Sätze", Sequenzen, deren Glieder durch Wiederholung fest verbunden sind zu ‚optischen Solidaritäten' und eine geschlossene Aussage darstellen nach dem Muster: *Weltbevölkerungskurve – Bild eines hungernden Kindes – High Tech Gemüse.* Die Hochleistungstomate ruft auf diese Weise die Bevölkerungskurve auf den Plan und die Bevölkerungskurve die Hochleistungstomate. Die Schlüssigkeit resultiert aus der Assoziation im Wortsinn, der festen Kopplung, die diesen sprunghaften Kurzschluß zustande bringt.

Seine Logik ist unwiderleglich: mehr Menschen brauchen mehr Nahrung, eine steigende Bevölkerungskurve verlangt nach einer steigenden Nahrungsmittelkurve. Dennoch stimmt nichts. Auf der Abstraktionsebene, auf der man sich hier bewegt, wird übersehen, daß die Hollandtomate dem Welthunger gar nicht zugute kommt. Die Teilmenge der Weltbevölkerung, die von ihr profitiert, kann vor Tomaten kaum aus den Augen sehen, und für den beachtlichen Rest gilt eher das Umgekehrte: Die Ausbreitung von erdeloser Kultur oder von wenigen resistenten Hochleistungskulturen zerstört die Reste der Subsistenz in der sog. ‚Dritten Welt', enteignet, verstärkt den Zug in die Megastädte und läßt durch Verarmung die Zahl der Neugeburten zunehmen. Es gibt jedenfalls Studien, die zeigen, „daß Fruchtbarkeit im größten Teil der Welt für die meisten der eben erst Verstädterten positiv mit Unsicherheit korreliert" (‚Bevölkerung',

Duden 1993, 83). Es ist vielleicht eher der dreißig- oder vierzigfache Schatten, den unsre Ökonomie wirft, was die Bevölkerungszahl explodieren läßt.

Die gebahnte und sich rasch einstellende Verknüpfung anschaulicher Größen, ihre geläufige Logik, spricht dafür, daß es eine Verselbständigung optischer Schlußketten gibt.

12
Optische Schlußketten. Drohkurve – Stimmungsträger und Richtungsanzeiger – Verheißungsbild

Ich gebe sechs Beispiele:

1. In einem Vortrag ‚Zukunft mit Gentechnik', Januar 1994, gehalten von dem Direktor eines Max-Planck-Instituts für Züchtungsforschung, beginnt der Vortragende mit einem „kurzen Blick auf unsere gegenwärtige Lage". Er zeigt eine Abbildung, auf der die Bevölkerungsentwicklung während der letzten Jahrtausende in zwei abweichenden Kurven dargestellt ist. Die erste Kurve zeigt die tatsächliche steile Entwicklung, bedingt durch die wissenschaftlich-technische Revolution, die zweite zeigt eine flachere, sozusagen „natürliche" Entwicklung seit dem Seßhaftwerden des Menschen. „Hätte sich dieses Wachstum ohne die wissenschaftlich- technische Revolution fortgesetzt, dann wären wir erst in eintausendfünfhundert Jahren bei der jetzigen Bevölkerungsdichte angelangt – und hätten entsprechend viel Zeit, uns auf die heute so drängenden Probleme einzurichten."

Das Konzept des Vortrags, der von der Frage ausgeht: „Wie kann die Menschheit ihre eigene Zukunft sichern?", ist folgendes: Bevölkerungswachstum erzwingt eine großflächige industrialisierte Landwirtschaft mit Hochleistungssorten; diese Monokulturen sind in erhöhtem Maße anfällig für Schädlinge. Schädlinge erfordern Pflanzenschutzmittel, Herbizide belasten die Umwelt. Die Umweltbelastung wäre ver-

74

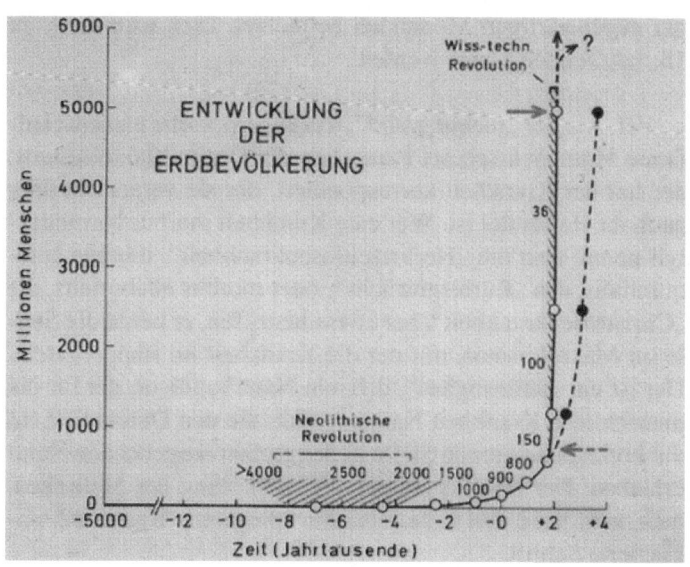

Abb. 11: Die Kurve der Bevölkerungsentwicklung. Hahlbrock 1994, 30.

Abb. 12: zwei genetisch identische Pflanzen, mit Ausnahme eines Gens für Herbizidresistenz. Hahlbrock 1994, 34.

meidbar durch Resistenzzüchtung, Resistenzzüchtung ist gentechnisch ein Kinderspiel.

Das Publikum wird an Bildern entlanggeführt, Generalnennern, welche im Schema die Einfachheit der gentechnischen Prozedur und als photographische Abbildung zerfressener und intakter Pflanzen unsere Alternative vor Augen stellen. A oder B.

Der Vortragende folgert:

Ohne Resistenzzüchtung wird es nicht möglich sein, die wachsende Menschheit zu ernähren und gleichzeitig die Biosphäre zu erhalten.

2. Im gleichen Monat und Jahr brachte ‚Die Woche' einen ganzseitigen Aufsatz mit dem Titel ‚Öko-Diktatur!'. Der Text, der die Vision einer solchen Diktatur entwirft und für unausweichlich erklärt, ist in einen optischen Rahmen eingespannt, der sprechender kaum sein könnte: ein rotes Balkendiagramm faßt die ganze Seite als rechter Winkel ein, am Fuß sind in sieben Abschnitten die letzten 7000 Jahre eingetragen, am rechten Rand steigt die Bevölkerungssäule im letzten, unserem derzeitigen Abschnitt, von einer halben Mrd. um 1500 n. Chr. bis zu sieben Mrd. im Jahre 2010. Hochgesetzt in der Mitte der Seite ein breitformatiges Farbfoto, auf dem jemand einen Autoreifen in einen schwarzen Autoreifenstrom rollt, der sich durch einen kahlgeschlagenen wüstenfarbenen Canyon windet. Im Text heißt es:

„Grünhelme statt Blauhelme? Das klingt zunächst verblüffend, ist bei näherer Betrachtung allerdings nur logisch. Wir leben inmitten einer hausgemachten ökologischen Katastrophe, die man in zehn bis zwanzig Jahren anders gar nicht angehen kann. Am Ende allen Lebens wird Politik zum Notwehrreflex. Eine weltweite Öko-Diktatur steht bevor, weil unsere auf Wachstum programmierte Gesellschaft das Blatt nicht wenden, sondern ausreizen wird."

Der Verfasser, Dirk Fleck, ist zugleich Autor des Romans ‚Go! Die Öko-Diktatur!', in dem ein Informationsminister namens Martin Heiland neue Grundgesetze, z. B. ein Bauverbot und Reiseverbot, erläßt. „Erst die Erde, dann der Mensch", lautet das Motto. GO bedeutet Global Observer, auf dem Umschlag ist ein Grünhelm in Fallschirmspringerausrüstung von hinten abgebildet.

3. Die Zeitschrift ‚Natur' zeigt in ihrer Augustnummer 1994, als Vorbereitung auf die Weltbevölkerungskonferenz in Kairo, „Wege, die Geburtenzahl human zu zügeln". Auch hier auf der ersten Doppelseite des Dossiers der uns schon bekannte rote rechte Winkel: „Die Menschenflut im Überblick." Stimmungsträger und alternativer Richtungsanzeiger: oben eine Säuglingsstation in Manila, als gläserne serielle Brutkastenfabrik, unten ein einzelnes reichgekleidetes westdeutsches Taufkind inmitten von Torten, Pillen und Schnullern.

Der einzuschlagende Weg, die Lösung: ‚Auf die Frauen kommt es an.' Das Alternativbild: Die Frau mit dem Tragling auf dem Rücken oder die Frau an der Nähmaschine. A oder B. („Wer einen Broterwerb hat, heiratet meist später.")

4. Am 18. August 1994 bringt die ‚Wochenpost' ein ‚Extra'. Titel: ‚Zeitbombe Mensch'. Vorspann: „Mit der Bevölkerungsexplosion wird die Dritte Welt nicht fertig. Das Problem ist lösbar, sagt die UIVO –". Das Winkeldiagramm faßt in diesem Fall ein Interview mit Nafis Sadik ein, der Exekutivdirektorin des UIV-Bevölkerungsfonds. Beweisstück, Stimmungsträger, Richtungsanzeiger groß in der oberen Mitte: ein Photo von über Wüstensand ins Leere wandernden ausgemergelten Menschen. Hungersnot im Sahel. Headline ist ein Satz von Frau Sadik: „Wir brauchen jährlich 17 Milliarden Dollar." – Das wäre die Lösung.

5. Die uns bekannte Bonner Ausstellung ‚Erdsicht. Global Change' vom Frühjahr 1992. An die Adresse des Regierungsviertels gerichtet, lautet die Botschaft nicht nur „Gefahr im Verzug", sondern auch: „Die kranke Erde braucht ihren Monitor". Als „Morgenröte" für das kommende Jahrtausend kommt ‚EOS' in Sicht, das ‚Earth Observation System'.

6. In der ‚Zeit' vom 21. April 1995 schreibt auf Seite 1 Gero von Randow, ‚Wider das starre Nein zur Atomkraft': „Wir hinterlassen der Nachwelt eine explodierende Bevölkerungszahl, ein auf Wachstum programmiertes Wirtschaftssystem, extrem ungleiche Verteilungsverhältnisse. Wir müssen ihr

wenigstens genügend Energietechnik bereitstellen." „Selbst in der besten aller Welten, in der sie Energie sparen und ihre Reichtümer gerecht verteilen, könnten die Menschen daher weder auf fossile Energiequellen noch auf Atomkraftwerke verzichten – so stellt es sich zumindest beim heutigen Kenntnisstand dar."

In kurzen Worten:

1. Die Bevölkerungsentwicklung macht den Einsatz der Gentechnik, insbesondere der Resistenzzüchtung, erforderlich.
2. Sie erzwingt den Übergang zum Weltstaat in der Form einer Ökodiktatur.
3. Sie wäre zu dämmen durch die Entwicklung der berufstätigen, modernen Frau.
4. Das Problem wäre zu lösen durch die Aufstockung des Budgets des UN-Bevölkerungsfonds um 17 Milliarden.
5. Es macht die Umrüstung der militärischen Satellitenaufklärung zum ökologischen Erdbeobachtungssystem notwendig.
6. Es erzwingt den Ausbau der Atomkraft.

Ein Problem – sechs Lösungsvorschläge. Meine Fragen gelten auch hier nicht dem Problem selbst, noch auch der Möglichkeit, es unter x Perspektiven anzuleuchten oder in x Richtungen auszubeuten, sondern der Bildersprache der Vermittlung. Die optische Schlußkette hat allzu auffällige gemeinsame Züge.

Am Anfang steht das Zahlenbild, das zunehmend normiert zu werden scheint. Wie sich in der Sprache die Metapher der ‚Zeitbombe Mensch', der ‚tickenden Uhr', der ‚Bevölkerungsexplosion' eingebürgert hat, ich weiß nicht, ob im Anschluß an Paul Ehrlichs ‚The Population Bomb' (1968), hat sich auch im visuellen Bereich eine Konvention herausgebildet: zunächst die exponentielle Bevölkerungskurve, und dann, aus ihr abgeleitet, das Winkeldiagramm, das den Vorteil hat, schon optisch den *Rahmen* abzugeben und die Textseite einzufassen wie ein *offenes Problem*. In ihm ist das Zahlenmaterial einprägsam verbildlicht, durchsichtig, es ist eine geniale Designeridee für etwas, das zur öffentlichen Tatsache und Institution geworden ist. Mit einem Wort: ein Logo.

Am Schluß, in der Lösung, taucht wiederum ein Logo auf, noch nicht ganz so bestimmt herausgebildet, aber es deutet sich an:

1. Der Vortrag ‚Zukunft mit Gentechnik?' verweist knapp skizzierend, mehr ist in diesem Fall nicht nötig, auf die Doppel-Helix, die Züchtungsschraube.

2. Der Aufsatz ‚Öko-Diktatur!' von Dirk Fleck steuert zu auf die Grün-Helme. – Ein paralleles Werk von Peter Gorf, die Satire ‚Der grüne Diktator', wird versandt mit dem Aufkleberstern „Demokratie? Nein Danke", „I LIKE THE GD" (= Green Dictator).

3. Das Dossier von ‚Natur' bringt das Bild der berufstätigen farbigen Frau, versehen mit Pille und Verhütungsspirale.

4. Das Interview mit der Exekutivdirektorin des UN-Bevölkerungsfonds: das Emblem des vor dem Globus tanzenden schattenhaften Riesenmenschen.

5. Als vorherrschendes Bild von EOS, des Earth Observation System, erschien das Digitalbild des Blauen Planeten.

6. Die Atomenergie kam ohne Logo aus.

In die Mitte zwischen Problem und Lösung, Anfangslogo und Schlußlogo, schiebt sich ein Katalysator. Meist ein Photo, welches die in dem Zahlenbild liegende Drohung oder die in dem Schlußbild liegende Verheißung veranschaulicht und erhärtet, dient dies Mittelglied als authentisches Beweisstück, Stimmungsträger und Richtungsanzeiger: Die Bilder der über Wüstensand auswandernden Menschen und des endlosen schwarzen Autoreifenstroms im wüstenfarbenen Canyon waren besonders einprägsame Beispiele.

Ich gehe hier so systematisch ins Detail, um auf die Existenz einer möglicherweise nicht ganz bewußten optischen oder halb optischen Denkform hinzuweisen. Ein Logo ruft ein anderes auf den Plan, das Drohbild das Bild der Verheißung. Die Verbindung, die Kette, scheint plausibel: Auf Entwicklung läßt sich nur mit Entwicklung antworten, auf die Zeitbombe Mensch nur mit der Evolution auf dem Gebiet der Tier- und Pflanzenzüchtung, der machtgesicherten Weltverantwortung, des modernen Frauentypus, des Weltbevölkerungsfonds, der Erdbeobachtungstechnik und Kernenergie.

Drohbild *Diagramm*	Beweisstück, Stimmungsträger, Richtungsanzeiger. Photographie	Verheißungsbild Emblem
(Kurve) Weltbevölkerungsanstieg (Winkel)	Pflanzenfelder – zerfressen – prächtig	Doppel-Helix
	Autoreifenstrom im kahlen Canyon	Grünhelme
	– Gläserne Säuglingsfabrik in Manila – Farbige Frau an der Nähmaschine – Europäisches Einzelkind, reich	Verhütungsspirale
	Auswandernde auf dem Sand des Sahel	Schattenhafter Riese vorm Globus (Emblem des Weltbevölkerungsfonds)
	Animationen von zehn Erdkatastrophen (Abschmelzen der Polarkappen etc.)	Blauer Planet (EOS)

Abb. 13: Ein „Satz" aus drei Visiotypen. Drohbild – Stimmungsträger – Verheißungsbild.

Das alles ist „logo", wie man einmal sagte. Ich möchte das Schlußverfahren, das hier obwaltet, Logo-Denk nennen.

Logo-Denk ist die automatische und durch eine schlichte einlinige Logik begünstigte Reproduktion eingeprägter fester Bildverknüpfungen, optischer Solidaritäten. Es ist, wenn ich so sagen darf, ortlos: folgt seiner Schiene, schaut nicht nach rechts und links und vor allem nicht nach unten. Würde es das tun, würde ihm fraglich, ob es nicht einem Irrtum aufsitzt. Optische Schlußketten sind allem Anschein nach noch irreführender als semantische Einbahnstraßen. Wir haben bisher *eine* solche Kette dingfest gemacht, die Bevölkerungsexplosionskette. Ihre drei Elemente, Drohkurve (A) – Stimmungsbild und Richtungsanzeiger (B) – Verheißungsbild (C), sind zu Bildkürzeln geronnene Bewegungsbegriffe. Wie sieht das Schlußverfahren aus, wie arbeitet die Schlußkette?

Die Elemente, die ‚Größen‘, werden als einheitlich und homogen vorausgesetzt – eine äußerst wirksame Unterstellung.

Es gibt jetzt zwei Schlußverfahren, bei denen eigentlich nicht von Logik die Rede sein kann, sondern von schlichten mechanischen Vorstellungen: sie liegen auf der Bahn einlinigen mechanischen Reagierens.

1. Wenn *eine* Kurve bedrohlich steigt, muß man mit einer steigenden Gegenkurve antworten.

2. Wenn eine Kurve bedrohlich steigt, muß man sie stoppen.

Der Vortrag ‚Zukunft mit Gentechnik?‘ und der Aufsatz ‚Wider das starre Nein zur Atomkraft‘ gehören zum Typ 1. Wenn die Bevölkerungskurve steigt, müssen auch die Kurven der Nahrungsmittel und des Energieverbrauchs steigen. Ein scheinbar unwiderlegbarer Schluß.

Am Beispiel der holländischen Tomate läßt sich aber abnehmen, daß hier mindestens zwei Denkfehler vorliegen können:

– die Umkehrung könnte zutreffen. Die weltweit gesteigerte hochtechnische Produktion von Energie und Gemüse wirkt sich direkt als Anstieg der Bevölkerung aus; oder

– diese Hochtechnik fördert grandios die Teilmenge der Weltbevölkerung, die sie eingeführt hat, handhabt und die von dieser Technik abhängig ist, und indirekt wirkt sie sich als Verarmung anderer Weltteile und als Bevölkerungsanstieg aus.

Hier stimmt das Verfahren nicht. Man spielt ‚Schaukelbalken‘ oder ‚Kommunizierende Röhren‘ auf der falschen Ebene, operiert in einem hochkomplexen Milieu mit Gleichungen, die, nach dem einfachsten Prinzip angelegt, mit globalen Visiotypen umspringen wie ein Sextaner auf der Grundstufe Algebra mit seinen ‚Größen‘. Gulliver wundert sich im Land der Laputier, daß ihre Astronomen sich gleichzeitig so angelegentlich für Politik interessieren. „Den gleichen Hang habe ich auch bei den meisten Mathematikern bemerkt, die ich in

Europa kennengelernt habe, obgleich ich niemals auch nur die geringste Ähnlichkeit zwischen den beiden Wissenschaften entdecken konnte, es sei denn, daß diese Leute glauben, da der kleinste Kreis ebenso viele Grade wie der größte habe, so verlange auch die Einrichtung und Leitung der Welt keine größeren Fähigkeiten als die Handhabung und Drehung eines Globus" (Swift 1982, 240; Gullivers Reisen, Teil III, Kap. 2).

Die Lösung 2, der Vorschlag, die steigende Bevölkerungskurve durch den Typus der modernen berufstätigen Frau und die Verhütungsspirale zu „brechen", zu stoppen, beruht auf einer nicht weniger plausiblen, simplen Rechnung. Ob sie stichhaltiger ist?

Aber nicht die Stichhaltigkeit der Schluß*ketten* möchten oder können wir hier erörtern, sondern allenfalls Zweifel anmelden, ob das Schluß*verfahren* stimmen und die Rechnung aufgehen *kann*. Barbara Duden hat in ihrem Essay ‚Der Frauenleib als öffentlicher Ort' den Begriff der ‚misplaced concreteness' eingeführt (Duden 1991, 30 f.). Ich halte ihn für weittragend, und er ist hier einschlägig. Ist denn, wo mit abstrakten Universalgrößen hantiert wird, auf der Ebene der Zweiten Anschauung, die schlichte Alltagslogik überhaupt brauchbar und zulässig? Wäre sie nicht nur dann denkbar, wenn man den eigenen Standort zum Ausgangspunkt einer homogenen Laborsituation erklärt, wo man mit überschaubaren Elementen umgeht? Ist das Abstraktionsniveau, auf dem man sich hier bewegt, der Abstand von der sozialen Wirklichkeit nicht von der Art, daß der plausible Schluß, die simple Rechnung, mehr Menschen brauchen mehr Energie, purer Schein wird, weil man plötzlich auf die Ebene der kruden Realität herabgesunken ist und nun eine hochabstrakte Gleichung mit zwei unbekannten Größen nach dem Muster $4 = 2 + 2$ lösen will?

Es fällt schwer, angesichts unsrer sechs optischen Schlußketten nicht an die Pariser Lagebesprechung von 1636 zu denken, an den fahrigen Finger des Kardinalsekretärs auf der Landkarte und das Wort Bernhards von Weimar: „Herr Pater, Ihr Finger aber ist keine Brücke!"

13
Kleine Gesellschaftsalgebra
mit visualisierten Größen

Vor uns Laien spielt sich alltäglich ein sonderbares Schauspiel ab: nicht die von Jochmann befürchtete Staats-Algebra, sondern eine Gesellschaftsalgebra mit anschaulichen Größen. Wir lesen einen Aufsatz über den Umbau des kleinsten der neuen Bundesländer, Sachsen-Anhalt. ‚Deutschlands drekkigstes Industrierevier soll zum Öko-Modell werden'. Eine Graphik zeigt zwei gegenläufige Kurven: die Zahl der Erwerbstätigen sinkt seit 1989 um mehr als ein Drittel (640.000), das Bruttoinlandsprodukt steigt seit 1991 um ein Fünftel (8 Milliarden). Durch eine leichte Manipulation erscheinen die roten gegenläufigen Linien als klappsymmetrisch.

Die Graphik ist beispielhaft. Der alltägliche Datenanfall konkretisiert sich in Pfeilen, die in sehr verschiedene Richtungen zeigen. Hier die effektive Rationalisierung der Industrieunternehmen, dort der Abbau von Arbeitsplätzen. Hier die Erhöhung ökologischer Auflagen, dort die Abwanderung der Industrie. Hier die Ozonwerte, dort die Entlassungen bei Mercedes. Eins scheint das andere aufzuheben, und der Wald der Pfeile wird umgebogen in Unterhaltung.

Wie das Gesicht Hans Castorps in Thomas Manns „Zauberberg" beim Gespräch hin und her wandert, als folge er einem Tischtennisball, so wird unser Auge Tag für Tag in eine andere extreme Richtung gezogen.

Das Tagebuch einer Woche im Oktober 1995 fällt etwa so aus:

Am *Montag* lesen wir, die Zahl der Autos in Deutschland werde bis 2020 von 40 Millionen auf maximal 50 Millionen anwachsen (Shell-Studie).

Am *Dienstag* erfahren wir, der deutsche Autoverkehr drohe zu kollabieren, wenn keine Lösungen gefunden werden (Der Forschungsminister). Gleichzeitig: Im nächsten Jahrhundert werde die Temperatur um 1,5 bis 4,5 Grad Celsius steigen, der Meeresspiegel sich um einen halben Meter erhö-

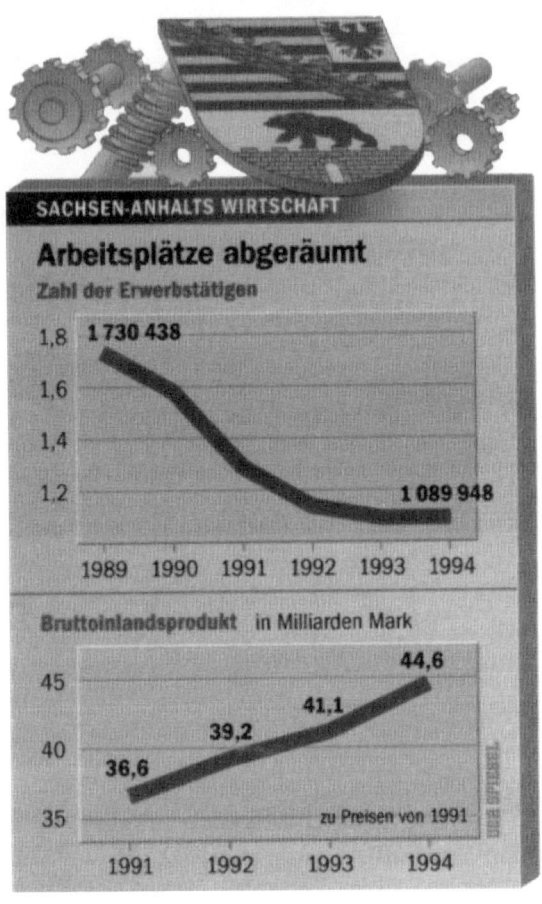

Abb. 14: Gegenläufige Kurven. Der Wald der Pfeile. Der Spiegel 39, 1995, 161.

hen, Flußmündungen, des Rheins oder der Rhone z. B., würden unbewohnbar. Hauptursache seien die Treibhausgase (dpa).

Am *Mittwoch* heißt es, die deutsche Wirtschaft wachse langsam und entwickle sich positiv.

Am *Donnerstag*: Der gegenwärtige weltweite Bestand an Personenwagen von 500 Millionen werde sich bis 2030 um mehr als das Vierfache erhöhen, der Autoverkehr werde fast die Hälfte der Welterdölreserven verbrauchen (60 Mrd. Tonnen), sein Beitrag zum Treibhauseffekt sich verdoppeln (Heidelberger Umwelt- und Prognose-Institut. AP).

Am *Freitag*: Kein Aufschwung am Arbeitsmarkt. VW hat durch die Einführung der Vier-Tage-Woche (mit Lohnverzicht) zwar 30000 Arbeitsplätze retten können, wird aber bis 1998 weitere 30000 Plätze bei gesteigerter Produktion wegrationalisieren.

Samstag: Ein Freiburger Politikwissenschaftler sucht mit einer Klage gegen das Land Schutz vor den Abgasen, die der Ausgang des für Freiburg geplanten Transittunnels vor seinem Küchenfenster erzeugen würde (BZ).

Die folgende Woche:

Montag: Der Ministerpräsident Baden-Württembergs erklärt die ökologisch begründete Erhöhung der Benzin- und Ölsteuer für „Blödsinn", weil derartige Umweltauflagen zur Abwanderung von Unternehmen führen. („Deshalb haben wir doch das Swatch-Auto nicht bei uns") ...

Der Wald der Pfeile –!

Häufiger stellt sich das Bild des Teufelskreises ein.

Die optischen Schlußketten, von denen im vorigen Abschnitt (12) die Rede war, ließen sich teilweise von links nach rechts und von rechts nach links lesen. In beiden Fällen ergab sich ein Sinn. Erweitern und lokalisieren wir die Beispiele:

6. Steigender Energieverbrauch im Dreieckland ‚Basel – Straßburg – Freiburg' *(Kurve)* – in Freiburg gehen die Lichter aus *(Photo)* – KKW Wyhl *(Logo)*.

7. Steigender Kfz-Verkehr im Dreieckland *(Kurve)* – Stau und Verzweiflung im Nadelöhr Ebnet vor Freiburg *(Photo)* – Schwarzwaldautobahn durch Freiburg *(Modell)*.

Hier drängt sich die Umkehrung der Schlußkette auf:

6. Nach dem Bau eines Kernkraftwerks in Wyhl hätte der viel zu hoch veranschlagte Energieverbrauch im Dreieckland hochgetrieben werden müssen.

7. Der Bau einer vierspurigen Autobahn durch Freiburg und das Höllental *wird* den Verkehr sprunghaft anheben. –

Straßenbau erhöht den Verkehr. Deshalb kaufen Automobilkonzerne Verkehrssysteme vollständig auf.

Das Verfahren, das wir hier vorführen, erinnert an gewisse Praktiken der ‚konkreten Poesie', die man auch die ‚experimentelle' nennt, nur, daß das Experiment hier in der Wirklichkeit stattfindet. Wenn unsere *Permutationen* immer wieder Sinn ergeben, so hängt das mit der Abstraktionshöhe zusammen. Auf einem gewissen Niveau stellt sich der Schein einer Logik ein, und die Reihenfolge der Faktoren wird – wenn nicht geradezu beliebig, so doch beweglich. Behalten wir die Frage im Auge, ob die logische Linie auch umkehrbar ist und ersetzen das Element 1 der im vorigen Abschnitt behandelten Schlußkette, die ‚Weltbevölkerung', z. B. durch die ‚Klimaveränderung', dann erhalten wir:

1. Die Klimaveränderung macht die Gentechnik notwendig, denn die Erwärmung der Biosphäre fordert eine energiearme Tier- und Pflanzenproduktion.
2. Sie zwingt zur Ökodiktatur (da die Biosphäre auf dem Spiel steht).
3. plus 4. Sie macht Bevölkerungspolitik zur Pflicht,
5. verlangt nach vollständiger Erdüberwachung,
6. zwingt zum Gebrauch der Kernkraft,
7. legt die Drosselung des Verkehrs nahe.

An die Stelle der Klimakurve, welche als Lösung die sieben Gegenkurven hervorruft, könnte jetzt die Versiegelung des Bodens treten:

1. Die Versiegelung des Bodens wird durch Gentechnik aufgewogen, das Ansteigen der Meere:
2. Das Ansteigen der Meere zwingt zur Ökodiktatur, die Nachtbeleuchtung des Planeten:
3. plus 4. Die Energieverschwendung legt Bevölkerungspolitik nahe, die Rodung des Regenwaldes:
5. Die Rodung des Regenwaldes zwingt zur Erdobservation, die Versteppung:
6. Die Versteppung spricht für Kernenergie, die Vergiftung von Boden, Wasser, Luft:
7. Die Vergiftung der Elemente zwingt zur Drosselung des Verkehrs.

Das Bild des Gleichgewichts, des Ausbalancierens, das hier zugrunde liegt, scheint dem Kalten Krieg entlehnt zu sein. Al Gore nimmt in seinem Buch ‚Wege zum Gleichgewicht. Ein Marshallplan für die Erde' ausdrücklich auf militärische Kategorien Bezug (1992, 43 f. englisch: „Earth in the Balance – Ecology and Human Spirit". London 1992).

Die globalen Balancen können die abenteuerlichsten Dimensionen annehmen: Während der amerikanische Präsident Reagan sich mit dem ‚Krieg der Sterne' befaßte, mit dem Plan, auf die sowjetischen Langstreckenraketen mit einem atomaren Luftschild zu antworten, schlägt der Japaner Tetsuo Noya im Rahmen eines Geo- Engineering vor: „Es sollte ein geostationärer Sonnenschirm über den Kontinenten installiert werden, den Satelliten aktiv gespannt halten. Er hätte die Funktion, die Erde vor unerwünschten Strahlenkomponenten abzuschirmen" (Krupp 1996, 331).

Was in der Hochrüstung geschah, die Symmetrie des Sichaufschaukelns, will sich auf dem Schauplatz der Erde wiederholen: Denn, wie gesagt, ein ‚Problem' verlangt nach einer ‚Lösung', aber die ‚Lösung' kann auch das ‚Problem' steigern: Die Versiegelung des Bodens wird durch Gentechnik aufgewogen, aber die Gentechnik erlaubt auch eine weitere Versiegelung des Bodens, die Klimaveränderung erzwingt die Ökodiktatur, aber die Ökodiktatur managt auch die Klimaveränderung … Fast immer ergibt sich eine Art Sinn. Das sicherste und erhellendste Beispiel für diesen Zirkel oder diese symmetrische Steigerung ist, daß der Ausbau der Straßen den Verkehr erleichtert und zugleich erhöht. Wo ein Weg gebahnt ist, wird er eben auch befahren.

Diese Wirkung kann auch auf indirekterem Wege zustande kommen, das Karussel hat dann Zwischenglieder. Arbeiten wir für einen Augenblick mit den Größen ‚Wirtschaftswachstum', ‚Innovative Technik', ‚Arbeitslosigkeit', ‚ökologische Politik', ‚Standortgewinn und -verlust':
‚Wirtschaftswachstum' bedeutet ‚innovative Technik',
‚innovative Technik' ‚Arbeitslosigkeit',
‚Arbeitslosigkeit' zwingt zur Anwerbung neuer Investoren, zu ‚Standortgewinn',

neue ‚Investitionen' belasten die ‚Umwelt',
‚Umweltauflagen' lassen die Industrie abwandern, führen zu ‚Standortverlust',
dieser bedeutet neue ‚Arbeitslosigkeit',
‚Arbeitslosigkeit' zwingt zur Herabsetzung ‚ökologischer Auflagen' und ermöglicht so ‚Standortgewinn' und neues ‚Wirtschaftswachstum'.

Fünf andere Größen, ‚Bevölkerungswachstum', ‚Biosphäre', ‚Biodiversität', ‚Nord-Süd-Schere', ‚Technischer Fortschritt' ordnen sich z. B. zu dieser Reihe:
‚Technischer Fortschritt' begünstigt ‚Bevölkerungswachstum',
‚Bevölkerungswachstum' verändert die ‚Biosphäre' und vernichtet die ‚Biodiversität',
dieser Raubbau zwingt zu perfekterem ‚technischem Fortschritt',
‚Hightech' läßt Arm und Reich, Nord und Süd auseinanderdriften (‚Nord-Süd-Schere'),
die vom Norden verursachte Verarmung läßt dem Süden die Gefährdung von ‚Biosphäre' und ‚Biodiversität' als zweitrangig erscheinen und den ‚technischen Fortschritt' als einzige Lösung.

Kurz: Die Erhaltung des Systems erzwingt die Erhaltung des Systems. „Hier trägt sich etwas in sich selber", wenn auch ich einmal Heidegger zitieren darf. „Der Satz vom Grund (der besagt, daß nichts ohne Grund sei) ist der Grund der Sätze." Das System ist tautologisch.

Es ist die Geschichte des Fahrrades, das umfällt, wenn der Fahrer nicht durch Treten dafür sorgt, daß es weiterfährt.

Die Beschleunigung ist eingebaut. Alle Visiotype, von denen wir gesprochen haben, sind Variable mit starkem Zukunftsindex. Daher folgt das algebraische Spiel einer schlichten einsinnigen Logik. Die visualisierten Zeitbegriffe, die hier auf hoher Abstraktionsstufe zu handlichen Größen geworden sind – ‚Nord-Süd- Schere'! – schaffen, weil sie als homogene Einheiten angenommen werden, den Zustand, dessen Logik sie zu beschreiben scheinen. Sie erhalten damit und beschleunigen den Bewegungszustand. Eben die Annahme, daß sie homogene Einheiten seien, hat zur Folge, daß sie den Zustand, den sie beschreiben, hervorbringen. Da sie sich auf sehr heterogene Phänomene beziehen, sind sie zunächst ja nur Postulate der Homogenität. Als visualisierte Zeitbegriffe wiederum, und das sind sie alle, als vergegenständlichte Bewegung in die Zukunft, sind sie dehnungsfähige Größen, Variable, und enthalten von daher den Index, der ihnen erlaubt, das eingebaute Postulat der *Homogenität* und *Entwicklung* einzuholen. Wenn mit solchen variablen ‚Größen' Gleichungen aufgemacht werden, kausale Ketten, wenn mit ihnen geplant und gerechnet wird, erzeugen sie den Zustand, dessen Logik sie – im doppelten Sinn – vorgeben. Dann schaffen sie, was sie „abbilden".

Als Zuschauer des Waldes der Pfeile und der Teufelskreise, jener Gesellschaftsalgebra, die eher ein Gesellschaftsabrakadabra zu sein scheint, antwortet man auf die unterschiedlichste Weise: mit bedrückenden Ohnmachtsgefühlen oder vergnügtem Zynismus, Achselzucken, Rückzug, Zweifel, Abneigung gegen die alltägliche Apokalypse, mit dem Trost der Chaostheorie und Autopoiesis, dem Versuch, etwas im kleinen Raum Richtiges zu tun.

Der Karren läuft.

14
Wenn die Ausdrücke nicht stimmen

„Das Magazin ist gefüllt und aller Welt geöfnet, aus dem der gemeinste Menschenverstand Licht und Wahrheit schöpfen kann – warum sind derer so wenige, welche daraus schöpfen?" schrieb Schiller am 11. November 1793 an Friedrich Christian von Augustenburg, fuhr aber fort: „Das Zeitalter ist aufgeklärt, damit will ich sagen, die Kenntnisse sind wirklich gefunden und ausgestellt, welche unsre Begriffe berichtigen könnten. Eine gesündere Philosophie hat die Wahnbegriffe unterwühlt, worauf der Aberglaube seinen Schattenthron erbaute – warum steht dieser Thron noch jetzt? Eine beßere

Moral hat unsre Politik, unsre Legislation, unser Staatsrecht gemustert, und das Barbarische in unsern Gewohnheiten, das Mangelhafte in unsern Gesetzen, das Ungereimte in unsern Konvenienzen und Sitten aufgedeckt – woran liegt es, daß wir nichts desto weniger noch Barbaren sind."

Schiller sah die Hindernisse nur noch in der natürlichen Trägheit des Geistes und der Feigheit des Herzens und empfahl, um die Entschlußkraft auf den Weg zu bringen, die Öffnung der Herzen durch ästhetische Erziehung.

Man würde sich vermutlich leicht einigen, daß eine Parallele irreführend wäre. Schwierig und aufschlußreicher wäre die Frage, warum sie falsch wäre. Stimmt die Unterstellung, daß das Zeitalter aufgeklärt ist? Es fehlt nicht an guten Vorschlägen, noch weniger an Analysen. Aber existieren berichtigte Begriffe, oder werden wir eher paralysiert von Wahnbegriffen, und hält uns ein überaltertes Begriffsnetz im Bann? Ist, auf der Ebene der Begriffe, ,Weltbevölkerung' wahrer und vernünftiger als ,Volksdemokratie', ,Wirtschaftswachstum' brauchbarer als ,Fünfjahresplan', ,Arbeitslosigkeit' einsichtiger und intelligenter als ,Arbeiterklasse' (der in der DDR auch die ,Volksarmee' zugehörte)? Was garantiert, daß die zahlengestützten und anschaulichen, handlichen Variablen mit Zukunftsindex, die am geläufigsten sind, ,Weltbevölkerung' – ,Wirtschaftswachstum' – ,Arbeitslosigkeit', indem sie von hoher Warte aus homogene Realitäten abzubilden scheinen, nicht in erster Linie Bauelemente einer unsinnigen Marschrichtung sind? Nur, daß sie uns in Atem halten? Daß diese imagologischen Räder sich drehen?

Auf die Frage: Was würden Sie tun, wenn Ihnen die Macht übergeben würde? läßt der Schriftsteller Robert Musil seinen Mann ohne Eigenschaften antworten: „Es bliebe mir nichts anderes übrig, als die Wirklichkeit abzuschaffen."

Könnte es nicht sein, daß die Hauptleistung der anschaulichen Größen, von denen wir hier sprechen, eine Entwirklichung ist, nicht als ein Akt der Verschwörung der „Macht", sondern als etwas, das sich einfach so ergeben hat?

Brauchen wir nicht einen Übersetzer, der die Begriffe so verdolmetscht und auseinanderlegt, daß sie aus Größen bestehen, mit denen sich rechnen läßt, ohne daß eine Schein-logik entsteht?

Eine Instanz, die Begriffe ‚zersetzt' und ihre Teile auf die Größe zurückschneidet, welche die niedere Realität, in der Menschen meist leben müssen, durchschaubar werden läßt? Vielleicht sogar eine, welche die Größen auffände, mit denen sich anders leben, regieren und haushalten ließe?

Hinter derartige Mammutfragen treten wir hier etliche Meilen zurück und fragen nüchtern:

Wie bilden sich auf der Ebene der Zweiten Anschauung Schlüsselbegriffe? Schlüsselbilder des Alltags?

Wie entstehen da Konventionen, und wie werden sie zur Norm?

Sind sie Instrumente der Abbildung oder Gestaltung?

Musils Frage ist im Jahre 485 oder 484 v. Chr. einem Chinesen vorgelegt worden, dem Meister Kung Futse, als ihm nach langen Wanderungen auf dem Weg in seinen Heimat-staat im Lande We die Möglichkeit geboten wurde, seine Lehre in die Tat umzusetzen:

„Dsï Lu sprach: ‚Der Fürst von We wartet auf den Meister, um die Regierung auszuüben. Was würde der Meister zuerst in Angriff nehmen?' Der Meister sprach: ‚Sicherlich die Rich-tigstellung der Begriffe.' Dsï Lu sprach: ‚*Darum* sollte es sich handeln? Da hat der Meister weit gefehlt! Warum denn deren Richtigstellung?' Der Meister sprach: ‚Wie roh du bist, Lu! Der Edle läßt das, was er nicht versteht, sozusagen beiseite. Wenn die Begriffe nicht richtig sind, so stimmen die Worte nicht; stimmen die Worte nicht, so kommen die Werke nicht zustande; kommen die Werke nicht zustande, so gedeiht Mo-ral und Kunst nicht; gedeiht Moral und Kunst nicht, so tref-fen die Strafen nicht; treffen die Strafen nicht, so weiß das Volk nicht, wohin Hand und Fuß setzen. Darum sorge der Edle, daß er seine Begriffe unter allen Umständen zu Worte bringen kann und seine Worte unter allen Umständen zu Ta-ten machen kann. Der Edle duldet nicht, daß in seinen Wor-ten irgend etwas in Unordnung ist. Das ist es, worauf alles ankommt'" (Kung Futse 1914/1945, 135).

Ein Gespräch in weiter Ferne. Konfuzius war der Auffassung, eine intakte Politik hänge ab von der Einhaltung der Riten, die an Stelle geschriebener Gesetze als gelebte Normen existierten, als ein Takt, welcher in der zeremoniös geregelten Rangordnung zum Ausdruck kam und in der Musik, deren Ordnungen dem Gesetz des Kosmos zu gehorchen suchten. Eine verschobene Begriffswelt könne die ganze Ordnung aus dem Lot bringen.

Das Letztere ist vielleicht übertragbar. Ist aber von verschobenen ‚Begriffen‘ oder ‚Bezeichnungen‘ die Rede? Von Konzepten oder Ausdrücken und Ideogrammen? Nach der lange wirksamen Übersetzung von Wilhelm heißt es in einer neueren von Ernst Schwarz: „Unbedingt die Bezeichnungen richtigstellen.“ „Sind die Bezeichnungen nicht richtiggestellt, so entspricht, was man sagt, nicht den Tatsachen. Entspricht, was man sagt, nicht den Tatsachen, so werden die Handlungen der Regierung ohne Erfolg bleiben. Bleiben die Handlungen der Regierung ohne Erfolg, so verlieren die Normen der Riten und die Ritualmusik ihre Wirkkraft. Verlieren die Riten und die Ritualmusik ihre Wirkkraft,so werden Züchtigungen und Strafen ohne Maß erteilt. Werden Züchtigungen und Strafen ohne Maß erteilt, so weiß das Volk nicht mehr aus noch ein. Darum bezeichnet der edle Mensch die Dinge so, daß er zu Recht davon reden und daß er das, wovon er redet, auch zu Recht durchführen kann. Denn der edle Mensch gestattet sich in allem, was er sagt, keinerlei Leichtfertigkeit“ (Konfuzius 1985/1995, 91 f.).

Was stimmt nicht?

Zwischenspiel I

Charakterloser Spiegel der Natur?

Die Natur hört auf die unterschiedlichsten Namen. – Damit ist nicht gemeint, daß sie wie ein leerer Schirm jede Vorstellung abbildet, die wir darauf werfen. Gemeint ist der Reichtum der Aspekte, den sie darzubieten scheint, je nachdem, von welcher Seite ich komme, welche Seite ich aufschlage.

Stelle ich mir vor, daß die Naturdinge Zeichen sind, in denen Gott eine geheime Botschaft verschlüsselt hat, so werden sie diaphan im Hinblick auf ein unsichtbares Reich. Die Lilie mit den weißen Blütenblättern und goldenen Staubfäden verweist im Mittelalter auf Maria, die den Gottessohn umschließt.

Trete ich der Natur als Mathematiker gegenüber, so reagiert sie mit Mathematisierbarkeit und geht in ästhetischen Gleichungen auf. „Nach unserer bisherigen Erfahrung sind wir nämlich zum Vertrauen berechtigt, daß die Natur die Realisierung des mathematisch denkbar Einfachsten ist" (Einstein).

Rufe ich hinein, sie sei ein ‚bellum omnium contra omnes‘, ein Kampf aller gegen alle, so hallt es zurück: ‚omnium contra omnes‘.

Unterstelle ich ihr, ihre Ordnung sei statisch räumlich von Ewigkeit her geschaffen, so bestätigt sie es, und stelle ich fest, sie habe sich entlang einer Zeitreihe entwickelt und lasse sich weiter entwickeln, so antwortet sie mit kaum zu hemmender Evolutionierbarkeit.

Der Mensch des Mittelalters erkennt in ihr die unverrückbare Ständeordnung des Feudalismus wieder, dem Kind des liberalen Zeitalters ermöglicht sie das Schlagwort: Konkurrenzdruck ist das Vehikel der Aufwärtsentwicklung ... „Struggle for Life!"

Sie erscheint als nahezu charakterlos, zumindest als passiv; gewiß, sie antwortet nicht sofort, wenn einer ruft, es kann lange dauern, bis sie sich bequemt. Vielleicht wartet sie ab, bis ein passenderes Wort kommt, oder sie bleibt überhaupt stumm?

Aber die Zahl ihrer möglichen Antworten ist groß, und deren Art sehr verschieden.

Wer von ihr Vorhersagbarkeit verlangt, vor dem steht sie stramm – sofern sie sich nicht entzieht.

Ist also doch etwas an der Lehre der Antike und des Mittelalters, daß der Mensch als Mikrokosmos ein Spiegel des Makrokosmos sei, daß er von allem, was es im All gibt, etwas in sich enthalte? Hat die Natur darum so viele Seiten, weil er selbst so vielseitig ist, ist ihr darum nichts Menschliches fremd? Oder bleibt sie gerade, durch eine Kluft getrennt, ein unerreichbares An sich – aus immer neuen Zusammenbrüchen sich zu einer nicht vorausberechenbaren Ordnung aufraffend ...

Nur, warum gibt sie dann so oft klein bei und reagiert vorhersagbar? Woher der Erfolg der neuzeitlichen Naturwissenschaften?

Spricht das nicht für Einsteins Annahme: Es gäbe eine prästabilierte Harmonie zwischen den menschlichen Erkenntnisorganen, den Möglichkeiten unsres Geistes, und der Natur?

Muß man diesen ‚Mittelweg‘ zur Wahrheit nicht doch in Erwägung ziehen?

Die Frage ist alt.

Die frühen Griechen kannten etwas von jener gründlichen Skepsis. Das Wort ‚Der Mensch ist das Maß aller Dinge‘ war keine Anmaßung, sondern erkenntnistheoretische Einsicht, es meinte, alles Erkannte hat das Maß des Erkennenden.

„Die in Libyen denken die Götter/Schwarz sich von Haut und die Nase gestumpft; und der Thrakier denkt sie/Röthlichen Haars und mit bläulichem Aug‘; wenn der Stier, wenn der Löwe/Hände besäße, sich Bilder von seinen Göttern zu machen,/Würde der Stier sie als Stier und der Leu sie als Leuen sich bilden", meinte Xenophanes, den man auch den

‚Sturmvogel der Aufklärung' genannt hat (Droysen 1868, 376 f.; Capelle 1968, 121).

In der frühen Neuzeit hallt es wider bei Nikolaus von Cues. „Es ist der Geist, aus dem die Grenze und das Maß aller Dinge hervorgeht" (Idiota de mente I).

„Si leo faciem tibi (sc. Deo) attribueret, non nisi leoninam judicaret. Et bos boviam, et aquila aquilinam. O Domine quam admirabilis est facies tua; quam si juvenis concipere vellet juvenilem fingeret. Et vir virilem. Et senex senilem" (De visione Dei, VDIII 115).

„Wenn der Löwe Dir (Herr) ein Angesicht gäbe, würde er es nur als löwenhaftes zuerkennen. Und ein Ochse nach Art des Ochsen, ein Adler adlerhaft. O Herr, wie wunderbar ist Dein Angesicht; wenn ein Jüngling es begreifen wollte, würde er es als jünglingshaftes erfinden. Und ein Mann mannhaft. Und ein Greis nach Greisenart".

Was bedeutet das für den Erkennenden, der sich hineinspiegelt in Gott und Natur:

Wer in der Natur eine Welt durch Gott versiegelter Dinge sieht, verharrt der vor ihr als kontemplativer Zeichenleser, gewissermaßen ein – Philologe?

Wer sie als blutige Arena sieht, wird der zum Gladiator, der kein Pardon gibt?

Und wer sie als digitale Kette liest, zum stimmlosen Rechner?

Wirkt der Spiegel so zurück, daß sein Bildner zum Bild des Bildes wird, das er sich bildet?

So scheint es. Wie aber, wenn Natur ihren eigenen Kopf hätte und etwas ganz anderes wäre als ein Spiegel. Wenn wir uns täuschen?

Gelegentlich sieht es ja so aus, als ob sie zum Gegenzug ansetze und die Rechnung aufmache, – als ob sie begonnen habe, Nein zu sagen, und mache spielend aus uns, was wir aus ihr.

„Der Kampf gegen die globalen Umweltprobleme kann als ein Verteidigungskrieg gegen den Angriff der Natur angesehen werden, und wie in jedem Krieg ist der Angriff die beste Verteidigung", schreiben die Japaner Kei Takeuchi und Noya

Tetsuo und entwerfen im Jahr 1992 ‚Eine neue Globalstrategie zur Bewältigung des Treibhauseffekts' (nach Krupp 1996). ‚Verteidigungskrieg'? ‚Gegenangriff'? ‚Globalstrategie'?

Die Welt hängt davon ab, welches Bild wir uns von ihr machen, und wir davon, welches Gesicht sie daraufhin uns zukehrt.

Es steht auf unsres Messers Schneide.

III Idole des Marktes.
Visuelle und sprachliche
Zwischenwelt

„Es gibt auch Idole, welche eine Folge
der gegenseitigen Berührung und Gemeinschaft des menschlichen Ge-
schlechts sind, und die ich wegen des
Verkehrs und der Verbindung der Menschen die Idole des Marktes nenne.
Denn die Menschen gesellen sich zu einander vermittelst der Rede; aber die
Worte werden den Dingen nach der Auffassung der Menge beigelegt; deshalb
behindert die schlechte und törichte Benennung den Geist in merkwürdiger
Weise. Auch die Definitionen, womit
die Gelehrten sich manchmal zu schützen pflegen, bessern die Sache keineswegs. Denn die Worte verleiten die
Menschen zu zahllosen leeren Streitig-
keiten und Erdichtungen."

Francis Bacon, Neues Organon.

„Besonders fesselt mich das Thema »ka-
nonischer Bilder«, das heißt der allgemein akzeptierten, zur Norm gewordenen Bildinhalte, die einem stillschwei-
genden Übereinkommen zufolge zur
Veranschaulichung der Schlüsselbegriffe
unseres Gesellschafts- und Geistesle-
bens verwendet werden. Nichts ist uns
weniger bewußt und übt deshalb durch
seine unterschwellige Wirkung mehr
Einfluß aus als ein allgemein bekanntes,
weit verbreitetes Bild für einen visuel-

len Gegenstand, den man theoretisch
auf Hunderte von Arten visuell verdeutlichen könnte, und das unter Umständen mit ganz anderen philosophischen
Konsequenzen."

Stephen Jay Gould, Leitern und Kegel.

15
Orion und Big Bang oder:
die visuelle Zwischenwelt

Kanonische Bilder ähneln den bemalten Fensterscheiben eines Hauses, durch die seine Bewohner die Welt lieber wahrnehmen als indem sie einfach nach draußen gehen. Sie erleichtern das „Sehen". Sie machen aber nicht nur etwas sichtbar, sie sind überdies wirksam. Ungezählte diffuse Eindrücke sind an den Fensterscheiben auf eine Figur gebracht, an ein Visiotyp geheftet, und dieses gewinnt nun eine gewisse Selbständigkeit. Man vergißt, daß es nur eine begrenzte Sichtung und Sicht beinhaltet, und verwechselt das Bild mit der Sache. Es erlangt die Trägheit einer einmal geschaffenen Institution, wird zum Blickpräger, in dem nicht nur bisherige Wahrnehmungen zusammengefaßt, sondern auch gegenwärtige gebahnt und zukünftige vorweggenommen sind. Grundsätzlich wäre es jederzeit in Zweifel zu ziehen, aber bekanntlich ist es gar nicht so üblich, einfach aus dem Haus zu gehen, es erscheint sogar oft fast als unmöglich, und zumindest ist, wenn man mit den Wörtern vergleicht, ein Visiotyp zu hintergehen, schwerer. Davon wird noch die Rede sein. Es gibt eine Bildprägung des Verstehens. Erst machen wir einander und uns ein Bild, und dann sind wir in ihm gefangen und handeln nach seiner Maßgabe. Die kanonischen Bilder verraten einiges über die Gegenwart. Daß sie als Kristallisationspunkte, als Schlüsselreize des Zeitbewußtseins erscheinen können, braucht kaum noch bewiesen zu werden.

Man sollte für die Medien den Namen ‚Zwischenwelt' einführen. Der Ausdruck stammt von dem Sprachwissenschaftler Leo Weisgerber, der in seinen vier Bänden ‚Vom Weltbild der deutschen Sprache' den *einen* Gedanken ausgearbeitet hat, daß die bestehende Welt, wenn sie uns zugänglich werden soll, „eine Zwischenschicht durchqueren muß, in der sie selbst eine neue Daseinsform gewinnt" (Weisgerber 1953[2], 35). Sein schönstes Beispiel ist der Sternenhimmel. Der Orion ist nicht vorgegeben. Von seinen bekanntesten

Lichtern ist der Stern *Beteigeuze*, die linke ‚Achsel des Jägers‘, 270 Lichtjahre von der Erde entfernt, *Rigel*, der rechte
Fußstern, dagegen 540 Lichtjahre. Wir fassen sie zusammen
zu einem Bild, was auch aus anderen Gründen nicht zwingend ist, so sehr es sich dem bloßen Auge aufzudrängen
scheint. Am germanischen Sternenhimmel gab es ganz andere Bilder, keinen Orion, vielmehr waren dort die einpräg-
samen Mittelsterne, der schiefe ‚Gürtel‘ des Jägers Orion,
herausgehoben als die ‚Fischer‘. Und während in Europa
eine Auswahl von 48 Sternbildern einigermaßen geläufig ist,
wie sie die antike Astronomie verzeichnet und meist nach
Gestalten der griechischen Mythologie benannt hat, haben
die Chinesen seit dem 3. Jahrhundert unserer Zeitrechnung
283 Sternbilder auseinandergehalten, deren Ordnung von
der unseren abweicht, ohne daß dafür nur der andere irdische Blickwinkel verantwortlich wäre. Der Sternenhimmel
ist nicht einfach vorgängig gegliedert. Den *Orion* gibt es
nicht, er existiert *für uns*, ist die aus irdischer Sicht von einer
Menschengruppe zu bestimmter Zeit gewonnene *gedankliche
Größe*.

Der Zusammengriff dieses Sternbildes wird durch den Namen ‚Orion‘ befestigt. Hier gilt die engste Verquickung und
Umkehrbeziehung. Überall, wo uns Sprachliches begegnet,
ist auch eine geistige Zwischenwelt zu durchqueren, und wo
immer gedankliche Größen angetroffen werden, sind diese
namentlich artikuliert, überliefert und fixiert. Sprache ist in
Weisgerbers Augen keineswegs nur ‚Mittel‘ in dem Sinn des
gleichgültigen Instruments, des Transporteurs, sie ist selbst
etwas, ein ‚Zwischenglied‘, das durch Wissensordnungen
und überlieferte Sehweisen gegittert ist. In seiner schärfsten
Formulierung ein ‚Zugriff‘, der einen Weltausschnitt umreißt
und prägt.

Man müßte neben der sprachlichen, was Weisgerber noch
nicht tut, die *visuelle Zwischenwelt* ins Visier nehmen. Denn
mit dem Gestirn unsrer Winternächte verbindet sich ja nicht
nur der Name des nach seinem Tode an das Firmament ver-
setzten riesenhaften Jägers, sondern gelegentlich auch sein
Bild. Eben durch den zeichnerischen Umriß Orions, mit Kö-

cher und Bogen, kristallisiert die Vorstellung zu ihrer einprägsamsten Gestalt.

So anregend Weisgerbers Begriff der ‚Zwischenwelt' ist, so reizvoll etliche Beispiele sind in seinem Werk, das bis Mitte der sechziger Jahre von der germanistischen Sprachwissenschaft kanonisiert und danach von der modernen Linguistik tabuisiert wurde, die Blickrichtung meiner Arbeit kommt aus der entgegengesetzten Ecke und unterscheidet sich in dreierlei Hinsicht:

1. In Weisgerbers Lehre vom ‚Weltbild der Sprachen' spukt noch sehr viel nationalromantischer Erkenntnisenthusiasmus: die Idee der ‚Volksgeister', welche wie individuelle Subjekte die Welt unterschiedlich anschauen und gliedern. Der Gedanke ‚muttersprachlicher Weltbilder' ist nur begrenzt tragfähig. Sprachen erweisen sich immer wieder als aus ungezählten geschichtlichen Elementen zusammengeschustert. Das heutige sprachliche und visuelle Medium, das hier gerade an seiner Gegenwartsoberfläche interessiert, ist in hohem Grad international bestimmt. Für die visuellen Zeichen gilt das selbstverständlich. Unser Thema ist eine wissenschaftlich und technisch, ökonomisch, politisch und sozial geprägte Zwischenwelt.

2. Am Ursprung, in Wilhelm von Humboldts Wort von den verschiedenen Sprachen als ebenso vielen ‚Weltansichten' (Humboldt 1820, 20), wird die Idee einer dynamischen inneren Form der Sprache ausgedrückt. Die Zwischenwelt ist beweglich. In Weisgerbers ‚Weltbild' wird sie verdinglicht, verholzt sie allzusehr zum festen Gerüst. *Die nationale Sprache*, zum Subjekt erhoben, erscheint als determinierende Macht. Ich unterstelle weder einen Sprachdeterminismus noch einen Bilddeterminismus. Es gibt aber eine entschiedene Wechselwirkung zwischen den Köpfen und den von ihnen geschaffenen Zeichen. Dafür finden sich gerade bei Humboldt subtile dialektische Formulierungen. Diese ‚Wechselwirkung' wird umso ungleichgewichtiger, umso einseitiger, je mächtiger die Definitoren der sprachlichen und visuellen Zeichenwelten sind.

3. Francis Bacon nennt im ‚Neuen Organon' von 1620 unter

101

den Schranken und Behinderungen des menschlichen Erkennens vier Typen von Begriffsbildung: die *Idole des Stammes'*, die in der menschlichen Natur und Ausstattung ihren Grund haben, die *Idole der Höhle*, die den einzelnen in seiner je eigenen Grotte einengen, die *Idole oder falschen Begriffe*, die ihm durch Überlieferung eingeprägt sind und ihn immer wieder einholen, und die *Idole des Marktes*, die auf dem Wege von Übereinkunft und Ausgleich entstehen. Er meint in der letzten Gruppe das Geschwätz auf dem Marktplatz als Ort der Behinderung, noch nicht den Weltmarkt, und er nimmt die Wissenschaften audrücklich *nicht* aus, wenn er von der Prägung durch die falschen *Bilder der Überlieferung und des Marktes*, von den irreführenden Konventionen des vergangenen und gegenwärtigen Diskurses spricht (Bacon 1902, 57 f.).

Weisgerber entwirft ein ähnliches Schema, auch für ihn sind 1. die *menschliche Grundausstattung*, 2. die *individuelle Erfahrung* und 3. die *an einzelne Gruppen gebundenen Ordnungen* Filter auf dem Weg zur Welt, aber er nimmt, wie sein historisch interessantes Schaubild zeigt, die Naturwissenschaften von der Einschränkung durch individuelle Erfahrung und gruppengebundene Normen aus und huldigt dem von Husserl gründlich bezweifelten *Naturalismus*. Den *Orion* gibt es nicht, müßte man schließen, er ist ein Zugriff des alten Europa auf die Welt, aber der *Big Bang*, durch den das Universum entstand, der *Urknall* ist Realität. Es gibt einen Nebenweg von der menschlichen Grundbedingung direkt zur Sache, das Tor heißt *wissenschaftliche Erfassung'*, das erreichbare Ziel *sachlich begründete Ordnungen'* (der Text ist nicht ganz so eindeutig): s. Abb. 15, Seite 103.

An dieser Stelle hat in den dreißiger Jahren eine Revolution eingesetzt: mit Husserls Spätwerk *Die Krisis der europäischen Wissenschaft und die Transzendentale Phänomenologie'* (1935/1962), Ludwik Flecks gleichzeitigem Hauptwerk (1935), Heideggers Vortrag *Die Zeit des Weltbildes'* (1938/1980).

Die eigentlich umstürzende Erkenntniskritik der vergangenen Jahrzehnte war nicht Thomas S. Kuhns *The Structure of Scientific Revolutions'* (1962/1967), ein Werk, das Fleck weitreichende Anregungen verdankt und ihn auf die schla-

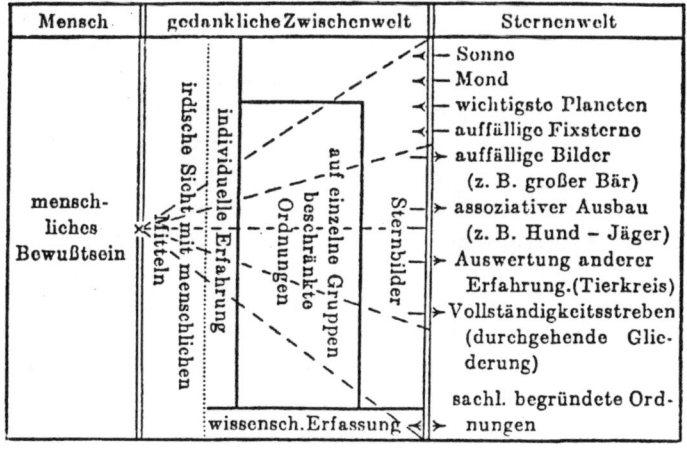

Abb. 15: Die wissenschaftliche Umgehung der Zwischenwelt. Weisgerber II, 1950, 16.

gende Formel vom historischen Paradigmenwechsel brachte, vermutlich auf Dauer auch nicht Foucault, sondern die verspätet durch Kuhns Hinweis berühmt gewordene, geschichtlich und begrifflich äußerst präzise Schrift des Bakteriologen Ludwik Fleck: ‚Enstehung und Entwicklung einer wissenschaftlichen Tatsache. Einführung in die Lehre vom Denkstil und vom Denkkollektiv.' Basel 1935. Für diesen im galizischen Lwów geborenen Sohn jüdisch-polnischer Eltern wird der gemeinschaftliche epochale ‚Denkstil' zum Hauptgegenstand seiner Erkenntnistheorie, zum zentralen Vermittler zwischen Subjekt und Objekt. „Jede Erkenntnistheorie, die diese gemeinschaftliche Natur der Erkenntnistätigkeit nicht grundsätzlich und einzelhaft ins Kalkül stellt, ist trivial", heißt es dort, und später, pointiert: „Auf diese Weise sind die drei Komponenten der Erkenntnistätigkeit untrennbar miteinander verbunden. *Zwischen dem Subjekt und dem Objekt gibt es ein Drittes, die Gemeinschaft. Es ist kreativ wie das Subjekt, widerspenstig wie das Objekt und gefährlich wie eine Elementargewalt*" (Fleck 1983, 178 f.).

Was Weisgerber aus der wissenschaftlichen Erkenntnistätigkeit als prägende Instanz nahezu ausklammerte, nur *hier* ausschloß, die Gemeinschaft und ihren epochenspezifischen Denkstil, macht Fleck zu seinem Hauptgegenstand. Die Wissenschaft verfügt nach ihm nicht über die Nebentür zur ‚sachlich begründeten Ordnung'. Seine Fallstudie zur Auffassung der Syphilis vom ausgehenden 15. bis zum beginnenden 20. Jahrhundert läßt erkennen, wie diese sich in vier epochalen Ausprägungen jeweils als grundverschiedene Tatsache darstellt. Er beobachtet die historische Gebundenheit, das Epochenspezifische von Denkstilen. Wenigstens drei Viertel und vielleicht die Gesamtheit alles Wissenschaftsinhaltes, meint er, seien von der Seite des Subjekts oder der Gemeinschaft her erklärbar. Für ihn existiert also weder der ‚Big Bang' noch der ‚Orion', beide sind eine „aus irdischer Sicht von einer Menschengruppe zu bestimmter Zeit gewonnene *gedankliche Größe*". Wenn ein Forscherteam, eine wissenschaftliche Gemeinschaft, eine Öffentlichkeit, eine ganze Epoche in Blickrichtung und Blickweise derart übereingekommen sind, daß sie einen Gegenstand auf die gleiche Weise sehen, erhält dieser den Status einer *Tatsache*. Tatsachen sind Geltungen.

Fleck hört meist Wand an Wand mit der Sprache auf, gelegentlich gehen seine Beobachtungen zum ‚Denkstil' aber ein Stückchen weiter in Richtung auf Sprachliches. Noch interessanter ist, daß er das Visuelle einbezieht. Er bemerkt z. B. an der Wissenschaft der Neuzeit einen historisch geprägten Wahrnehmungsstil, die Trägheit des einmal Eingeführten, einen Überhang von Geschichte. Auch als man längst anatomisch seziert, werden die männlichen und weiblichen Geschlechtsorgane, einer antiken Theorie entsprechend, völlig analog abgebildet, man bildet ab, was den herrschenden Anschauungen entspricht – trotz aller Rechte eines widersprechenden Augenscheins. „In der Naturwissenschaft gibt es gleichwie in der Kunst und im Leben keine andere Naturtreue als die Kulturtreue" (Fleck 1980, 48; vgl. 47).

Man hat diesen Standpunkt seit den frühen achtziger Jahren betont, ihn in ungezählten Studien ausgearbeitet und gelegentlich übertrieben ernst genommen. Die weiblichen Eierstöcke, hörte ich kürzlich, seien eine „Erfindung" des 17. Jahrhunderts.

Fleck war kein Dogmatiker, sondern ein Skeptiker. Für diese Untersuchung bedeutet sein Zugang *eine* Perspektive, *einen* Aspekt der Sache. Er ist für mich aus folgendem Grund von besonderer Bedeutung: die Frage, ob die Naturwissenschaften einen objektiven Zutritt zur „Wirklichkeit" haben, ist eine Sache, eine andere ist ihr öffentliches Bild. An ihm ist der geschichtliche Augenblick, der Zeitgeist und die Gesellschaft, die Mode, zweifellos erheblich beteiligt, und zwar, je öffentlicher, um so durchschlagender. Es ist der Vorzug Flecks, daß er die sukzessive soziale Normung der ‚Tatsachen' präzis zum Thema macht. Die Visiotype, von denen wir sprechen, sind nicht zuletzt Ausdruck und Prägestock einer Öffentlichkeit.

16
Die Entstehung eines kanonischen Bildes.
Ludwig Flecks Dreischritt
von der Hypothese zur öffentlichen Tatsache
und die Veranschaulichungsstufen
des Stammbaums der Evolution

Im Herbst 1995 erschien in New York ein etwas beunruhigendes Buch zweier amerikanischer Professorinnen mit dem Thema: das Gen, der entschlüsselte Erbinformationsträger, als kulturelles Icon. Die beiden Verfasserinnen bemühen sehr unterschiedliches Material, um das öffentliche Bild der ‚DNS' oder, wie man dort sagt, der ‚DNA' zu zeichnen. Sie berücksichtigen Witze und Cartoons, Comics, Zeitungen und Fernsehfeatures, Romane, Interviews und Artikel berühmter Wissenschaftler wie der Entdecker der Doppel-Helix Crick und Watson. Das Bild, das sich ihnen auf diese Weise zusammensetzt, hat u. a. folgende Elemente:

– Die entschlüsselte DNS ist umgeben von einem Nimbus,

sie erscheint als heiliger, unsterblicher Text, den die Staffette der Körpergenerationen durch die Geschichte trägt. Der Molekülfaden wird zum sakralen geschichtlichen Subjekt erhoben (3. Kapitel);

– er bestimmt fast allein familiäre Zugehörigkeit, ist das konstituierende Band. Der DNA-Baum wird erfunden (4. Kapitel);

– die Komposition der Gene determiniert die Persönlichkeit. Die DNA war Elvis Presleys Schicksal.
„Some girls are born smart.
Some girls are born beautiful.
Some girls are born killers" (S. 86).
„Addicted to the bottle? It may be in your genes" (S. 92).
Nur biologische Kontrolle kann die Probleme der Zukunft lösen (5. Kapitel).

– Der biologische Essentialismus, wie die Autorinnen Dorothy Nelkin und M. Susan Lindee diese Vorstellung nennen, daß die Erbsubstanz Identität begründet, erläutert und rechtfertigt soziale Unterschiede (6. Kapitel). Um abzukürzen:

– Er ermöglicht eine Prognose, Gesundheit und Verhalten des Menschen betreffend.

– Das Genom wird zum Text, der eine Naturordnung des Menschen vorschreiben könnte.

Dorothy Nelkin und Susan Lindee machen darauf aufmerksam, daß die soziale und politische Konsequenz aus dieser Gentheorie nicht eindeutig ist. Ähnlich, wie man es beim Darwinismus beobachtet hat, ist sie verschieden auslegbar, gibt es einen Interpretationsspielraum.

Dennoch scheint sich das Spektrum von Möglichkeiten in einer Hauptrichtung zu verschieben: Verbesserung des Genpools der Zukunft – Genpolitik. „The gene pool is in serious trouble, you know. [...] If something isn't done, the next generation won't be fit to cope with the world" (S. 174). Das Buch hat ein sprechendes Titelblatt: siehe Abb. 16, Seite 107.

Aus einer aufgereckten Hand steigt die wendeltreppenartig gedrehte Leiter der Doppel-Helix in den Himmel, in ihrem Hintergrund bilden Wolken eine Menschengestalt, deren

Abb. 16: Das Mysterium der Doppel-Helix. Titelblatt von Nelkin/Lindee 1995.

Kopf nimbusartig von Wolkenkränzen umgeben ist. Auf dem Teller der Hand platzt ein Stern, von dem Wolkenkopf gehen ebenfalls Lichtspeichen aus. Charismatische Hand, Himmelsleiter und Strahlenkranz: – die Helix ist umgeben von allen Insignien des Heils und der Verheißung.

Das Bild faßt einiges zusammen von dem, was den ungezählten Quellen zufolge zum öffentlichen Begriff gehört. Wie entsteht ein solches kulturelles Icon oder, wie ich sagen würde, universelles Visiotyp?

Was hier vor sich geht, ist offenbar ein Funktionswechsel vom Wissenschaftswerkzeug zum Sozialwerkzeug. „In one sense, the gene ist a biological structure, the unit of heredity, a sequence [...] that, by specifying the composition of a protein, carries information that helps to form living cells [...] But it has also become a cultural icon, a symbol, almost a magical force." „Both a scientific concept and a powerful social symbol, the gene has many powers" (S. 2).

Was geschieht bei dem Übergang vom sachaufschließenden wissenschaftlichen Begriff zur anerkannten Tatsache und Mythe, die den öffentlichen Horizont absteckt und die Gesellschaft bindet? Wie wird aus einer wissenschaftlichen eine soziale Bedeutung? Lassen sich typische Stadien feststellen? Gibt es Beispiele, wo wir einen Stufenweg verfolgen können?

Zu diesem Thema gibt es eine bemerkenswerte Theorie:

1. Ludwik Flecks Dreischritt von der wissenschaftlichen Hypothese zur öffentlichen Tatsache.

Wenn eine Gruppe in Blickrichtung und Blickweise derart überein gekommen ist, daß sie einen ‚Gegenstand' auf die gleiche Weise ausgrenzt und an ihm dieselben Merkmale wahrnimmt, dann hält sie diesen Gegenstand für eine Tatsache. Erweitert sich eine solche Gruppe zu einer historischen Gemeinschaft, dann wird der Gegenstand zur epochalen Tatsache. Dies der in Abschnitt 15 erwähnte Kern der sozialgeschichtlichen Erkenntnistheorie Ludwik Flecks, 1935 vorgeführt am Fallbeispiel der Syphilis, ihrem Wandel vom Ende des 15. bis zum Beginn des 20. Jahrhunderts.

Ich lasse hier Flecks Annahme einer nicht einzugrenzenden Geschichtlichkeit dieses Krankheitsbildes auf sich beruhen und greife drei für mich überprüfbare Begriffe auf, in denen er die moderne Laufbahn wissenschaftlicher Tatsa-

chen zu fassen sucht. Er schildert sie dreistufig. Am Beginn
steht die ‚esoterische' Wissenschaft, wie sie sich zuerst meist
in kleinen Zeitschriftenaufsätzen meldet. Er nennt sie ‚vorläufig', ‚unsicher', ‚persönlich gefärbt', ‚unzertrennlich mit
der Person des Verfassers verbunden', ‚fragmentarisch', ‚zufällig', vorsichtig in der Sprache, welche mühsam ausgear-
beitete, lose Avisos eines Denkwiderstands zur Darstellung
bringt (Fleck 1980, 156 f.) – wir haben es also mit kleinen
vorauslaufenden Depeschenbooten und Aufklärungsschiffen
zu tun. Von Veranschaulichung ist nicht die Rede. Nichts von
dem, was Fleck als esoterische, als Zeitschriftenwissenschaft
beschreibt, lädt ein zum Gebrauch von Veranschaulichungsmitteln – es sei denn, im Sinn von Behelfskrücken.

Aus diesen Vorstößen in okkupierte Gewässer wird auf
dem Wege „intrakollektiver" Gedankenwanderung zunächst
die ‚Handbuchwissenschaft'. Dies ist die zweite Stufe. „Versteht man unter Tatsachen Feststehendes, Bewiesenes, so ist
sie nur in der Handbuchwissenschaft vorhanden: vorher, im
Stadium des losen Widerstandsavisos der Zeitschriftenwissenschaft, ist sie eigentlich Anlage der Tatsache" (164). Nun
also dem einer größeren Denkgemeinschaft Akzeptablen ein-
gemeindet, ist sie ‚stilgemäß', ‚objektiv' und ‚unpersönlich'.
Was in der Zeitschriftenwissenschaft noch unsicher floatete,
ist hier durch kritische Auswahl und geordnete Zusammenstellung zum farbigen Steinchen in einem Mosaik geworden.
Es hat Solidität erlangt. Der Plan, der die Auswahl fürs
Handbuch bestimmt, bildet dann die Richtlinie späterer Forschung, entscheidet über Grundbegriffe und Methode und
den Rang der Forscher (158). Wir befinden uns im Raum des
Allgemeingültigen und Kollektiven: „aus dem vorläufigen
Widerstandsaviso wird ein Denkzwang, der bestimmt, was
nicht anders gedacht werden kann, was vernachlässigt oder
nicht wahrgenommen wird, und wo umgekehrt mit doppelter Schärfe zu suchen ist: die Bereitschaft für gerichtetes
Wahrnehmen verdichtet und gestaltet sich" (163).

Bei der ‚Handbuchwissenschaft' ist entschieden von Wahr-
nehmungskonventionen und auch schon von Anschaulichkeit die Rede. Mikroskopische Schnitte zu ‚lesen', muß der

Anfänger erst lernen; aber auch das Gesehene zu vermitteln, ist ohne Konventionen anschaulicher Darstellung kaum möglich. Fleck spricht von „Anschaulichkeit in geschlossenen Systemen" (189).

Die dritte Stufe in diesen kontinuierlichen Übergängen von der esoterischen zur exoterischen Wissenschaft ist die Populärwissenschaft. Fleck anerkennt ihre grundlegende Bedeutung in der Moderne, da sie den größten Teil der Wissensgebiete eines jeden Menschen versorge, des Wissenschaftlers wie des Praktikers. Dies verwickelte Gebilde habe als erkenntnistheoretisches Problem ersten Ranges zu gelten.

„Charakteristisch für eine populäre Darstellung ist der Wegfall der Einzelheiten und hauptsächlich der streitenden Meinungen, wodurch eine künstliche Vereinfachung erzielt wird. Sodann die künstlerisch angenehme, lebendige, anschauliche Ausführung. Endlich die apodiktische Wertung, das einfache Gutheißen oder Ablehnen gewisser Standpunkte. Vereinfachte, anschauliche und apodiktische Wissenschaft – das sind die wichtigsten Merkmale exoterischen Wissens. *An Stelle des spezifischen Denkzwangs der Beweise, der erst in mühsamer Arbeit herauszufinden ist, entsteht durch Vereinfachung und Wertung ein anschauliches Bild* (149).

Er sieht es als direkte Brücke zur öffentlichen Meinung und zur ‚Weltanschauung': diese sei ihr Ziel und Gipfel und komme als gefühlsbetonte Auswahl populären Wissens verschiedener Gebiete zustande. Gehört schon zur Handbuchwissenschaft ein Moment der Anschaulichkeit, so erlangt die Hypothese in der populären Bebilderung ihre unumstößliche Tatsachennatur: „im Stadium des alltäglichen, populären Wissens ist sie schon zu Fleisch geworden: sie wird zum unmittelbar wahrnehmbaren Dinge, zur Wirklichkeit" (164).

Es ist die Entschiedenheit der Begriffe dieses Bakteriologen, ihre Klarheit und empirische Sauberkeit, die mich zu der Frage verlockt hat, ob es zu diesen drei Verwandlungsstufen der Wissenschaft nicht Äquivalente in der Sprache und im Typus der Veranschaulichung gäbe, die man herauspräparieren könnte. Wir finden bei ihm in diesem Zusammenhang nur Andeutungen. Aber die Stadien gibt es, wir werden sie auf dem Gebiet der Veranschaulichung unterscheiden, und was die Sprache angeht, so läßt sich die Dreistufigkeit ebenso leicht beobachten. Die Andeutungen lassen es bereits vermuten; um sie etwas systematischer zu fassen: Zur ‚esoterischen Wissenschaft' nach Flecks Definition gehört die Sprache der fragenden und hypothetischen Erweiterung des gegebenen Horizonts: die Frage selbst und der Konjunktiv und überhaupt jene Formen der Sprache, durch die wir den Sicherheitsgrad einer Aussage einschränken, der Bedingungssatz: „ich nehme an, daß ...", „es scheint möglich, daß ...", „vielleicht", „mit hoher Wahrscheinlichkeit", „wenn A X wäre, wäre dann B –?"

Der Handbuchwissenschaft, ihrer Sachbezogenheit, der Klarheit und Exaktheit ihrer Unterscheidungen, dem Prinzip der Ökonomie entsprechen ihre Mittel: ein durchsichtiger, meist deduktiver, vom allgemeinen Resultat ausgehender und zum Spezielleren voranschreitender Aufbau, definierte Sprachzeichen und vereinbarte Symbole, objektiv charakterisierende Adjektive und sachlich orientierende Substantive, informationsverdichtende Mittel wie der Gebrauch mehrgliedriger Wortzusammensetzungen, ‚blasse' funktionalisierte Verben, kurz: die Sprache objektiver, emotionsloser und parteiloser Neutralität.

Auch die ‚Populärwissenschaft', als Areal von Gefühl und Wertung, Sicherheit, Anschaulichkeit und Lebendigkeit, ist unverändert erkennbar. Ihre Mittel: das besitzanzeigende Fürwort, stellungnehmende Eigenschaftswörter und Hauptwörter, die von einem Assoziationshof von Gefühlen und Wertungen umgeben sind, rhythmische und lautliche Anlehnung an Bekanntes, Gängiges, das Autoritätenzitat, eine Bildersprache von einer mit dem Popularitätsgrad zunehmenden Handgreiflichkeit, und die kleinen, schrägen semantischen Regelverletzungen – „unser Planet", „leider", „alptraumhaft", „Wunder", „Im Anfang war der Wasserstoff", „die Wissenschaft", „Träume sind Sicherheitsventile", „kleine grüne Sklaven". Wissenschaft wird zur Geschichte im Sinn eines Hindernislaufs zur Entdeckung einer Tatsache, die fraglos ist, zur Entschlüsselung eines Geheimnisses.

Läßt sich dieser Stufengang, auf sprachlichem und visuellem Gebiet, an einem Beispiel beobachten? – Mir scheint, daß der Stammbaum der Evolution alle Anforderungen einer solchen Karriere auf verblüffend genaue Weise erfüllt.

2. Der Stammbaum des Menschen

Darwin hat seine Evolutionslehre in jahrzehntelanger, die Materialien wälzender Arbeit entwickelt. Seine Vorstellung vom ‚Ursprung der Arten‘ findet ihren frühen Niederschlag in einer Skizze seiner Tagebücher:

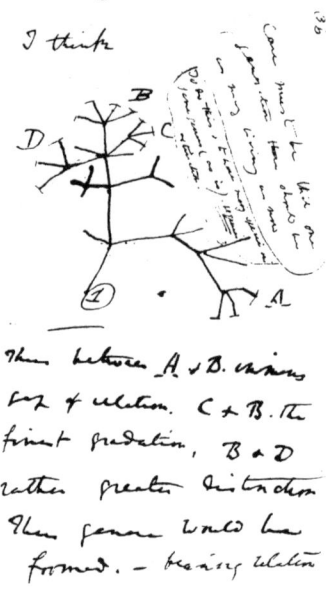

Abb. 17: Darwin, Hypothetische Skizze der Evolution. 1. Tagebuch, S. 36, nach Robin 1992, 160. Über dem Diagramm steht „I think“, unten „Thus between A & B immens gap of relation, C & B the finest gradation, B & D rather greater distinction. Thus genera would be formed. –“ Am Rand: „Can must be that one generation than should have as many living as now.“ Übersetzt: „So also zwischen A & B ungeheure Lücke an Beziehung, C & B die feinste Abstufung, B & D eher größerer Unterschied. So könnten sich Gattungen bilden. –“ „Es muß so sein, daß eine Generation so viele Lebewesen haben sollte wie jetzt.“

Man erkennt eine vorsichtig tastende, sich konkretisierende Idee. Berühmt ist sein Notat: „Der Baum des Lebens sollte vielleicht Korallenstock des Lebens genannt werden, Basis der Zweige abgestorben, so daß Übergänge nicht zu sehen sind" (Hemleben 1979, 94). Die flüchtige Skizze ist von hypothetischen Überlegungen umgeben; es ist eine Denkkrükke. Solche Skizzen sind sehr reizvoll. Man wohnt der Entstehung einer Idee von Weltwirkung bei.

Darwins Hauptwerk ‚Über die Entstehung der Arten durch natürliche Zuchtwahl' (1859) liegt ein Schema bei, das vielleicht als Musterfall einer bereits stabilen Hypothese in Gestalt einer Graphik gelten kann:

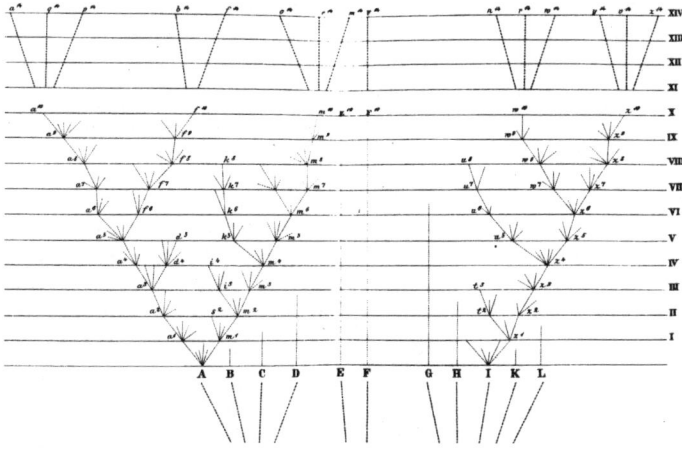

Abb. 18: Charles Darwin, Hypothetisches Schema der Evolution. Darwin ^{9}1899.

Die Skizze ist von unten nach oben zu lesen. Eine Ausgangsgruppe von Organismen (A bis L) unterliegt einer Skala von Modifikationen in XIV Stufen. Alles in dieser Graphik ist abstrakt und hypothetisch: Der Beginn der Schöpfung ist offen; man setzt zu einem weit späteren Zeitpunkt ein. Die von der Ausgangsgruppe ausgehenden punktierten Linien stellen grundsätzliche Möglichkeiten vor Augen. Nur die Buchstaben A, F und I führen bis zur Gegenwartslinie (XIV),

113

und zwar auf je verschiedene Weise. Alle übrigen bleiben in vorausgehenden Epochen stecken.

Die Skizze ist abstrakt und universell, sie meint keine bestimmte Klasse von Organismen; die Endphase ist so unbestimmt wie der Anfang. Was ein Biologe kritisch anmerkte, es sei eine „reine Denklinie", ist von heute her gesehen ihr Vorzug: sie erscheint als geniale Skizze einer Hypothese, die sich als haltbarer herausstellte als das suggestive Bild des Stammbaums (Illies 1983, 105; Ax 1984). Dem Typus entspricht, wo Darwin das Schema am Ende des 4. Kapitels erläutert, exakt seine Sprache naturwissenschaftlicher Versuchsanordnung, der rein hypothetischen Denkinhalte und angenommenen Bedingungsverhältnisse: „Gesetzt, es bezeichnen die Buchstaben A bis L die Arten einer in ihrem Vaterlande großen Gattung [...] Es sei nun A eine gemeine, weit verbreitete Art [...] so wird angenommen [...]" (Darwin 1859/1899, 134 f.). Sprache und Stil der Graphik sind deckungsgleich.

Am Schluß des Kapitels 4 führt Darwin, an einer wohl folgenreichen Stelle, das Bild des Baumes ein. Schaut man aber genau zu, so entwickelt er es auf eine Weise, die sich nicht in eine Zeichnung umsetzen ließe. Diese würde zur ‚unmöglichen Figur'. Darwin sieht in der sprachlichen Figur des Baums den jetzigen Zustand und, was man nicht sieht, seine Jahr für Jahr gewandelte Vorgeschichte, die gegenwärtige grüne Oberfläche und die in den Schichten der Zeit vorausgegangene, abgestorbene, nur im Stamm und einigen stärkeren Zweigen erhaltene Gestaltenfolge. Er verbindet das Bild der zyklischen Wiederkehr der Jahreszeiten und das der linearen Erdgeschichte, Kreislauf und Linie, reversible und irreversible Zeit in einer einzigen Vorstellung. Was herauskommt, ist kein Bild eines Stammbaums, sondern ein sprachliches Gleichnis, das sich allenfalls durch einen Film darstellen ließe: als Bild des Zyklus der Jahreszeiten, der Auseinandersetzungen in ihnen und der durch sie hindurch nacheinander bewirkten linearen Veränderungen und Verzweigungen: „Wie Knospen durch Wachsthum neue Knospen hervorbringen und, wie auch diese wieder, wenn sie kräftig sind, sich nach allen Seiten ausbreiten und viele schwächere Zweige überwachsen, so ist es, wie ich glaube, durch Zeugung mit dem großen Baume des Lebens ergangen, der mit seinen todten und abgebrochenen Ästen die Erdrinde erfüllt, und mit seinen herrlichen noch immer weiter theilenden Verzweigungen ihre Oberfläche bekleidet" (Darwin 1859/1899, 152 f.).

Das ist ein durch die Metapher vom Baum des Lebens inspirierter Geschichtsentwurf. Die Stelle läßt erkennen, wie weit und beweglich der Spielraum der Sprache ist, wie fein ihr Vermögen, einen hochgradig abstrakten und komplexen Sachverhalt zu fassen, wie wenig sie festlegt. Ein entsprechender visualisierter Baum wäre kaum konstruierbar und müßte sich fortwährend bewegen.

Die Stammbaumtheorie hatte schon Fuß gefaßt in der Vergleichenden Sprachwissenschaft. August Schleicher stellte sie seit 1846 graphisch dar und arbeitete, nachdem er mit Darwins Theorie bekannt gemacht worden war, mit seinem Jenaer Kollegen und Freund Ernst Haeckel auf diesem Gebiet zusammen. Haeckel veröffentlichte in seiner Anthropogenie (1874[2]) zwei Stammbäume, einen der ‚Säugethiere‘ und einen der ‚indogermanischen Sprachen‘, in nahezu klappsymmetrischer Gestalt: siehe Abb. 19, Seite 116.

Das ist keine ‚reine Denklinie‘ mehr, keine Hypothese, sondern eine sichere Sache, ein graphisches Bild der Abstammung. Der Stammbaum wird zur in die Fläche geklappten Realität. Der Strich ist fest, die Figur übersichtlich geometrisch, es ist ein gesicherter Stammbaum, der in ein Lehrbuch oder Handbuch passen könnte; er geht aber ein Stück über diesen Rahmen hinaus. Die stilisierte Symmetrie der beiden Stammbäume ist Behauptung.

Damit kongruiert die Sprache. Sie ist nicht mehr hypothetisch, sondern unpersönlich, objektiv, und geht ein wenig weiter. Die Ausbildung der verschiedenen Sprachzweige, die sich aus der gemeinsamen Wurzel der indogermanischen Ursprache entwickelt hätten, sei, heißt es in diesen gemeinwissenschaftlichen Vorträgen Haeckels, „vollständig" der Entwicklung der größeren und kleineren Gruppen von Wirbel-

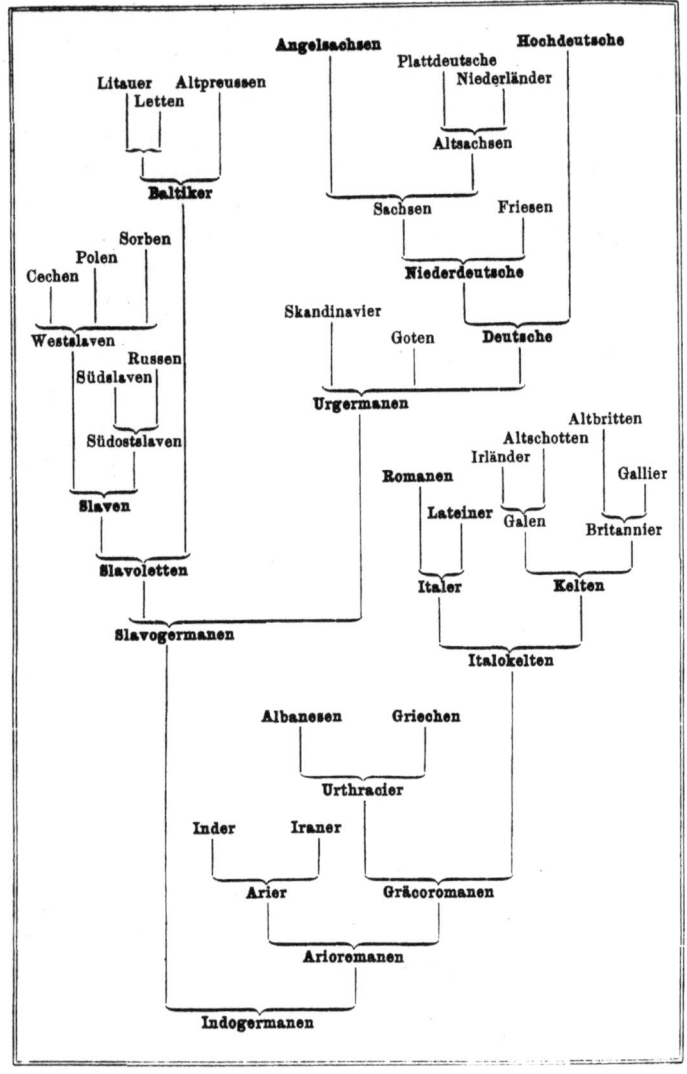

Abb. 19: Haeckel, Der lehrbuchfähige Stammbaum. [2]1874, 360, 493.

tieren analog, die sich aus einem Urwirbeltier entwickelt hätten (Haeckel 1874§, 360). „Vollständig"? – Der Stammbaum befindet sich im fließenden Übergang zwischen einer lehrbuchfähigen Tatsache zu ihrer öffentlichen Behauptung, zur persönlich gefärbten apodiktischen Versicherung. Der „festen Überzeugung" im Fall der Wirbeltiere entspricht die „unerschütterliche" im Fall der Sprachen (362). Die Vermutung, am Anfang des Lebens hätten einfachste Organismen gestanden, die er ‚Moneren' nannte, versieht Haeckel mit einem *muß* und leitet sie ein: „Darauf giebt es nur eine Antwort" (366 f., vgl. 383).

Damit sind wir bei der vollständigen Fleischwerdung der Metapher vom ‚Baum des Lebens' angelangt: siehe Abb. 20, Seite 118.

Aus dem zarten theoretischen Zweiglein in Darwins Tagebuch ist ein Baumstamm geworden, eine Wirklichkeit von solider Wucht, die Theorie der Abstammung steht buchstäblich da als Wintereiche. Das suggestive Bild hatte eine lang anhaltende Überzeugungskraft, es schien von einer unumstößlichen Tatsache zu sprechen.

Dabei gilt hier wohl der Satz: Je sicherer die öffentliche Tatsache, umso mehr entschwindet ihr wissenschaftlicher zugunsten des sozialen Gehalts. Stephen Jay Gould hat das Bild der Evolutionsleiter vor kurzem scharf kritisiert: „Besonders schwerwiegend und tief verwurzelt ist die falsche Vorstellung, Evolution sei gleichbedeutend mit einem inhärenten und vorhersagbaren Fortschritt, einem stetigen Aufstieg zum Höhe- und Endpunkt Mensch" (1996, 48, vgl. 57). Darwin habe diese Vorstellung *nicht* geteilt, Haeckels Lebensbaum sei eine irreführende Darstellung (S. 50, 67 ff.). Wenn wir es uns anschauen:

Das Bild suggeriert eine lineare Aufwärtsentwicklung von dem breiten Fuß der *Moneren* bis zum Gipfel des *Menschen*, die heute existierenden rezenten Tiergruppen scheinen einem einzigen, stufenweise aufsteigenden Entwicklungsstamm zu dieser Krone anzugehören – die Vielstrahligkeit möglicher Entwicklungen in jeder Richtung wird ignoriert, die Zufälle und Lücken des Wissens werden geschlossen durch das sta-

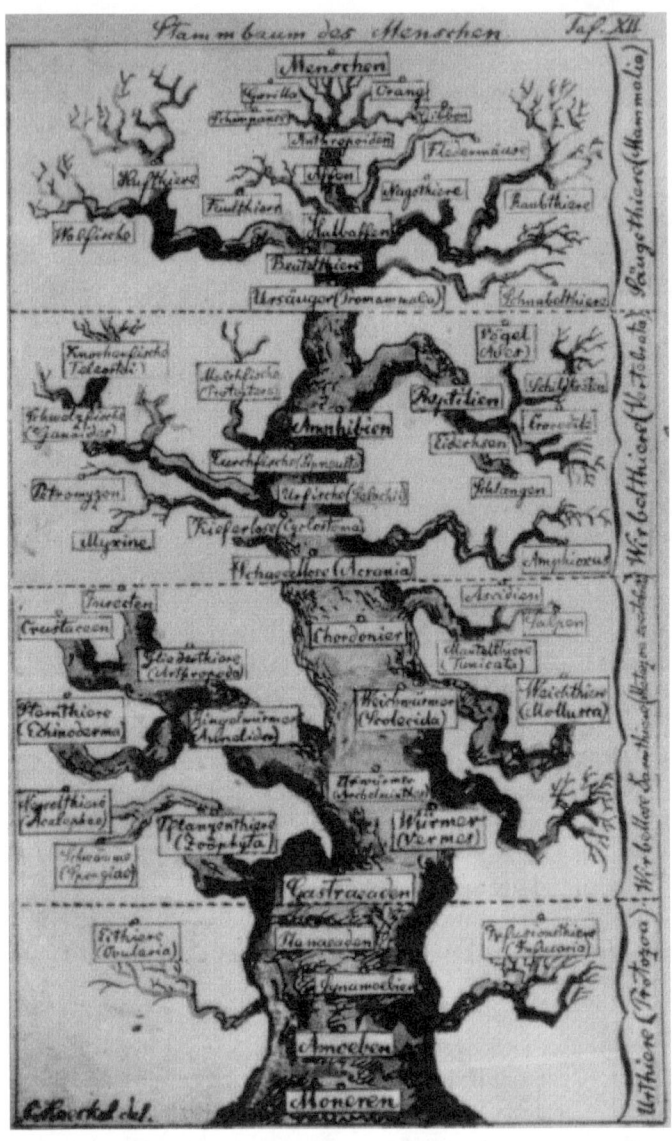

Abb. 20: Haeckel, Das kanonische Bild der Evolutionseiche. [2]1874, 497. (Haeckels Druckvorlage)

bile plausible Bild der Ontogenese eines Baums. Für Hans Werner Ingensiep wird die Sprengkraft der Darwinschen Theorie durch das traditionelle Baumbild geradezu unterlaufen. Darwins Konzept erlaube eigentlich nicht mehr jenes hierarchische Bild der Unterschiede zwischen Pflanze, Tier, Mensch, das der alte idealistisch teleologisch aufstrebende Baum wieder herstellt (Ingensiep, gesprächsweise).

Das „kanonische Bild", um Gould noch einmal zu zitieren (S. 47), hat starke weltanschauliche Qualität: als sichtbarer Beweis einer natürlichen, von unten nach oben verlaufenden Schöpfungsgeschichte, als Identifizierung von Veränderung in der Zeit mit Fortschritt und als Gotha, als Adelsnachweis der Sieger auf dem Weg nach oben.

2. Der Sprachenbaum

Wie schon erwähnt, hatte die Stammbaumtheorie in der Sprachwissenschaft schon Fuß gefaßt, als sie in der Biologie entwickelt wurde. August Schleicher stellt sie seit 1853 graphisch dar. 1859, im Jahr des Erscheinens von Darwins Hauptwerk, schloß Schleicher sein Werk ‚Die Deutsche Sprache' ab. Darin findet sich ein hypothetisches Schema des Sprachenbaums, das im Typus an Darwins gleichzeitige Zeichnung erinnert:

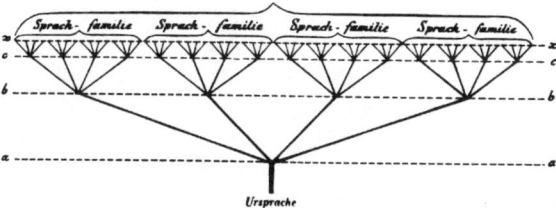

Die Linien aa. bb, cc u. s. f. sollen die Zeitabschnitte darstellen, in welchen die Sprachtheilungen Statt fanden, von denen wir hier annehmen. daß sie auch in den schon getrennten Theilen einer Sprachsippe stets zugleich vor sich giengen. Was unterhalb aa liegt. ist die Periode der Ursprache; diese Ursprache veränderte sich allmählich in den verschiedenen Theilen ihres Gebietes so, daß zur Zeit aa vier verschiedene Sprachkörper aus ihr erwachsen sind; bei Zeitraum zwischen aa und bb ist alle der der Grundsprachen der vier Familien dieses Sprachstammes (dieß allmähliche Entstehen können wir nicht füglich bildlich anschaulich machen), von denen eine jede im Zeitabschnitte bb abermals einer solchen Viertheilung unterliegt, wodurch alle nunmehr Enkelsprachen der Grundsprachen entstehen, während die vorige Spaltung die Tochtersprachen der Grundsprache zur Folge hatte. Der Zeitraum von bb zu cc ist alle der der noch nicht weiter gespaltenen Sprachen jeder der vier Sprachfamilien. Der abermalige Spaltungsproceß aller dieser Enkelsprachen bei cc bringt die Mannigfaltigkeiten von Sprachen oder Mundarten hervor, welche in die Gegenwart xx herein ragen.

Abb. 21: August Schleicher, Hypothetisches Schema der Sprachentwicklung. Schleicher 1860, 28.

119

„Umstehende schematische Zeichnung, welche diese Verhältnisse in idealer Regelmäßigkeit darstellt, mag diese Thei-
lung anschaulich machen", schreibt Schleicher. „In der Wirklichkeit kommen so regelmäßige Entwicklungen natürlich
nicht vor; die einzelnen Sprachäste entwickeln sich verschieden [...]" (Schleicher 1860, 27). – Die Verzweigung ist bei ihm
vollkommen symmetrisch dargestellt, der Stamm der rekon-
struierten Ursprache, in der Schleicher übrigens eine Fabel
dichtete, fächert sich viermal vierfach auf. Während Darwins
hypothetische Skizze als Denkhilfe erscheint, als Suchgerät,
haben wir hier ein idealtypisches Schema, das den Extrakt
der Idee illustriert.

Gedrängt von Haeckel, der ihn sofort mit Darwin bekannt
machte, hat Schleicher 1863 in einem Offenen Sendschreiben
an Haeckel ‚Die Darwinsche Theorie und die Sprachwissenschaft' einander gegenübergestellt: zwei Beobachtungswis-
senschaften und Gesetzeswissenschaften, von denen objektiv,
unpersönlich, im zeitlose Sachverhalte bezeichnenden Präsens des Naturwissenschaftlers die Rede ist: „Die Sprachen
sind Naturorganismen, die, ohne vom Willen des Menschen
bestimmbar zu sein, entstunden, nach bestimmten Gesetzen
wuchsen und sich entwickelten und wiederum altern und
absterben; [...]" (Schleicher 1863, 6 f.).

Gewißheit wird zum Tenor in Schleichers Sendschreiben.
Zu diesem Duktus paßt auch hier ein Stammbaum der indogermanischen Sprachsippe, „wie er nach unserem Dafür-
halten als Bild des allmählichen Entstehens derselben aufzustellen ist", keine Hypothese, sondern ein Abbild der Wirklichkeit. Auf dem Baumdiagramm läßt sich das Deutsche,
Grundsprache Deutsch, bis zum ersten Verzweigungspunkt
der indogermanischen Ursprache zurückverfolgen. Wenn
das kein Indiz für Hochadel ist!

„In der gegenwärtigen Lebensperiode der Menschheit sind
vor allem die Sprachen indogermanischen Stammes die Sieger im Kampfe ums Dasein; sie sind in fortwährender Ausbreitung begriffen und haben bereits zahlreichen andern
Sprachen den Boden entzogen" (Schleicher 1863, 28).

Dafür, daß nicht nur der Baum des Lebens, sondern auch

der Sprachenbaum zum Gotha wird, zum gesicherten Adelsnachweis, gibt auch eine Darstellung des ‚Afrikaans' ein Beispiel. Die damals ausgebaute, aber gelegentlich immer noch
als „Hottentotstaal" verunglimpfte Sprache Südafrikas erhält
eine starke, tief herabreichende Wurzel (Toit 1891, Deumert
1993), und nachdem die Theorie des *einen* Sprachbaums in
der neueren Linguistik wieder aufgelebt ist, begegnen wir ihr
auf der Titelseite der Zeitschrift ‚Spektrum der Wissenschaft'
1991 in einer tropischen Version von Haeckels Wintereiche –
als öffentlicher Tatsache und Mythe:

Abb. 22: Der Sprachbaum. Spektrum der Wissenschaft 6, 1991.

Kurz: es gibt charakteristische Stufen der Veranschaulichung. Ein auf den einzelnen Stufen typischer Bildstil geht dabei mit einem analogen Sprachstil einher.

Der Dreischritt ist, versteht sich, nicht so ganz streng eingehalten, es gibt Übergänge, wie ja auch der Übergang von der wissenschaftlichen in die soziale Bedeutung kontinuierlich geschieht. Was bedeutet er? Wie stellt er sich am Beispiel der Doppel-Helix dar? – Es spricht einiges dafür, daß Flecks System von 1935 für die Gegenwart nur noch teilweise stimmt.

17
Die Doppel-Helix als Himmelsleiter.
Was stimmt nicht:
das Zeichen oder der Begriff?

Der Stufenweg der Doppel-Helix von einer Laboridee zur öffentlichen Tatsache und zum globalen Visiotyp ist dem des Stammbaums vergleichbar, mit zwei bemerkenswerten Abweichungen.

Einige frühe Skizzen bezeichnen zunächst entscheidende Augenblicke der Hypothesenbildung. Die erste, ‚A Hypothetical Scheme' vom November 1952, betrifft die Beziehung zwischen Nukleinsäuren (DNS-RNS) und Proteinen, die zweite, aus einem Brief Watsons an Max Delbrück vom 12. März 1953, dokumentiert die Entdeckung der Ordnungsstruktur des die Erbinformation tragenden Molekülfadens. „Das ist schließlich und endlich nur eine Annahme", schreibt Watson. „Selbst wenn sie falsch sein sollte, halte ich sie für interessant" (Watson 1973, 182 f.).

Die nächste Stufe zeigt den Übergang der vorläufigen, probeweisen Annahme zur stabilen Hypothese. Crick und Watson ließen von den Mechanikern ihres Labors in Cambridge ein Modell der Doppel-Helix bauen, in Überlebensgröße, vor dem sie mit neugierigen Kollegen ihre aufsehenerregende

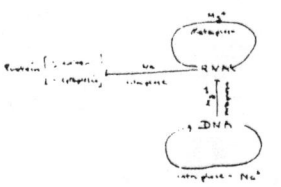

Abb. 23: Die ersten Ideen über die Beziehung von DNS und RNS zu den Proteinen. Watson 1973, 122.

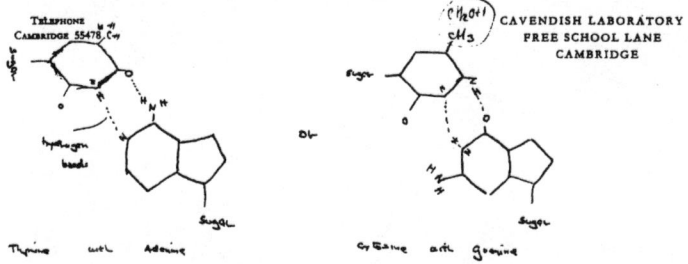

UNIVERSITY OF CAMBRIDGE   DEPARTMENT OF PHYSICS

CAVENDISH LABORATORY
FREE SCHOOL LANE
CAMBRIDGE

Abb. 24: Symmetrische Verbindungen im DNA-Molekül. Aus einem Brief Watsons an Max Delbrück vom 12. März 1953. Robin 1992, 221.

Hypothese diskutierten. Man erkennt eine gewisse Fragilität, das Modell dient der Klärung und Illustration.

Interessant ist, daß schon die erste Publikation in der Zeitschrift ‚Nature' vom April 1953 jenes stabile Modell enthält, das zugleich in den Lehrbüchern und in der Öffentlichkeit Platz finden konnte.

Dieses Modell, das heute, ästhetisch und elegant, durchsichtig im doppelten Sinn, stabil und beinahe handlich als doppelt gebänderte Wendeltreppe dem öffentlichen Bewußtsein eingeprägt ist, ist zugleich Hypothese und definitives Modell.

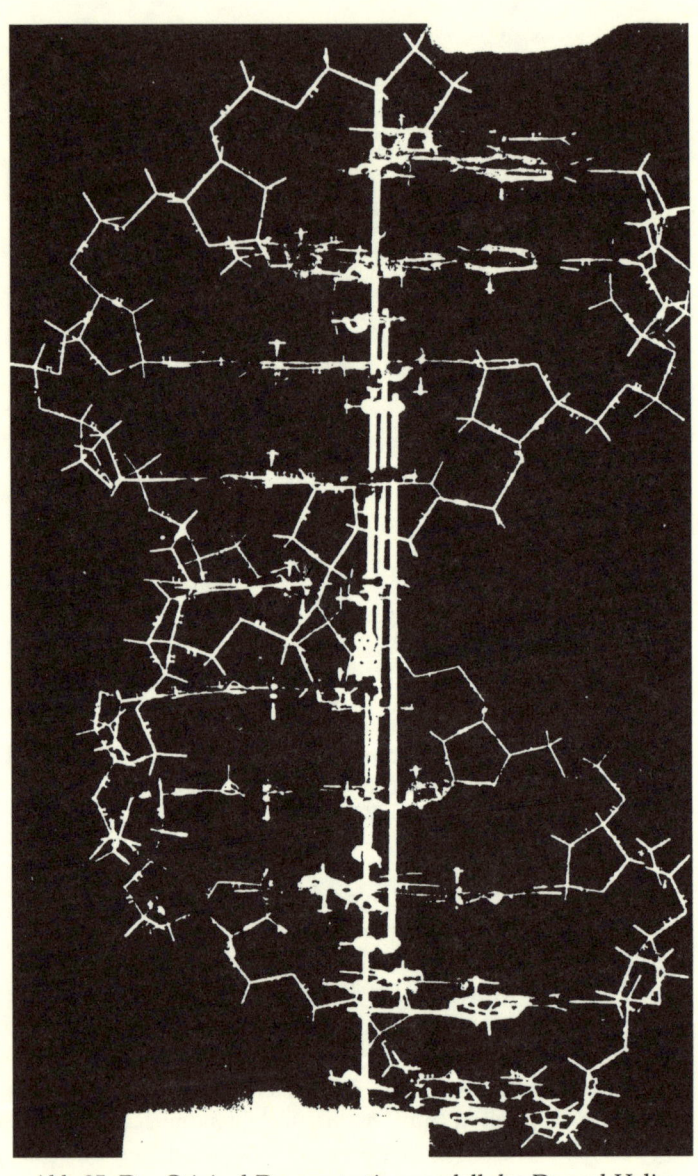

Abb. 25: Das Original-Demonstrationsmodell der Doppel-Helix.
Watson 1973, 161.

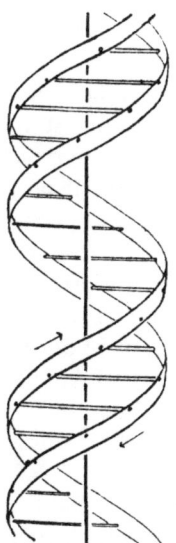

This figure is purely
diagrammatic. The two
ribbons symbolize the
two phosphate—sugar
chains, and the hori-
zontal rods the pairs of
bases holding the chains
together. The vertical
line marks the fibre axis

Abb. 26: Die erste öffentliche Darstellung der DNS. Crick/Watson
1953, 737.

Würde man nach dem Design gehen, so werden hier die
Grenzen zum Handbuch und zur Öffentlichkeit vom ersten
Moment an überschritten. Die beiden Urheber wußten, daß
die Figur um die Welt gehen würde und der Nobelpreis auf
sie wartete. – Zugleich beharren sie auf dem hypothetischen
Stil: „This figure ist purely diagrammatic." Der Aufsatz beginnt: „We wish to suggest a structure […]."

Wir könnten durch eine ganze Skala von Abbildungen zeigen, wie aus der von Anfang an lehrbuchhaft sicheren Darstellung der DNS, für die auch die reißverschlußartig vorge-
stellte Auftrennung und Wiederverbindung, die Replikation,
beispielhaft wäre, eine anschauliche öffentliche Darstellung
hervorgeht, z. B. das bunte Kalottenmodell auf dem Um-

schlag von Watsons deutscher Geschichte der Doppel-Helix (Watson, Rowohlt 1973), das auf eine Darstellung Manfred Eigens zurückgeht und ans Flohspiel erinnert.

Die Endgestalt des Emblems ist auch hier von unerschütterlich positiver Ausstrahlung und Sicherheit. Ihr Radius umfaßt nicht nur die wissenschaftliche Wahrheit, sondern auch die Wahrheit des Lebens. Und es könnte auch hier der gleiche Satz gelten wie bei Haeckels Stammbaum: je sicherer die öffentliche Tatsache, umso entfernter der ursprüngliche wissenschaftliche Gehalt. Abb. 27, Seite 127:

Diese Wendeltreppe ist nicht der Vorschlag einer „Struktur für das Salz der Desoxyribonukleinsäure (DNS)", die „neue Merkmale von beachtlichem biologischem Interesse" hat (Watson 1973, 172; 1968, 222), keine fragile Annahme über einen im Mikrobereich angesiedelten naturwissenschaftlichen Sachverhalt, sondern eine farbenfrohe, stabile Himmelsleiter des Fortschritts, auf deren Stufen junge Experten im weißen Kittel DNA-Sequenzen lesen. Aus der die Bauform eines Molekülfadens erhellenden hypothetischen geometrischen Figur ist ein anschaulicher beschreitbarer Zeitbewegungsbegriff mit vorherrschendem Zukunftsaspekt geworden, ein Bauelement der Menschheitsgeschichte. „Spirale des Lebens entschlüsselt", oder, wie es bei Fleck heißt: „Vereinfachte, anschauliche und apodiktische Wissenschaft". Ein vollständiger Bedeutungswandel ist eingetreten, der weiter geht als seinerzeit noch von Fleck umschrieben.

Die Aggregatzustände von Wissenschaft, die er unterschied, – Hypothese, Handbuchwissenschaft, Populärwissenschaft – heben sich übrigens im visuellen Bereich manchmal schärfer gegeneinander ab als in dem der Sprache. Allerdings zeigt sich am Beispiel der Helix, daß der Übergang von der Hypothese zum Lehrbuchmodell und zu dem der Populärwissenschaft undeutlich werden oder verschwinden kann, und daß wir für die neuere und jüngste Zeit noch eine eigene, letzte Transformationsstufe der Wissenschaft einführen müßten: die des *globalen Visiotyps*, das wir auch *kulturelles Icon*, *Emblem*, *Symbol* oder *Idol* nennen könnten. Es hat sogar den Anschein, als habe dieses universelle Visiotyp die Ten-

126

Abb. 27: Die Spirale des Lebens. BAYER Magazin 1/1994.

denz, an den Beginn des Wissenschaftsprozesses gerückt zu werden und gelenkt Karriere zu machen.

Seit Ludwik Flecks sozialgeschichtliche Theorie der Erkenntnis in Thomas S. Kuhns Version mit Hilfe der schlagenden Begriffe ‚Wissenschaftsparadigma' und ‚Paradigmenwechsel' zum Welterfolg geworden ist, gibt es immer wieder

Versuche der Wissenschaftler oder ihrer Designer, in diesen historischen Goldrahmen einzutreten und brüllend ein neues Paradigma oder epochales Ereignis zu verkünden, indem sie es an ein visuelles Zeichen heften: die *Chaostheorie* an selbstähnliche Figuren, an die ‚Fraktalen' Mandelbrots, eine neue Geschichte des Universums an über dpa weitergegebene farbige Bilder einer Sterngeburtswolke, die das ‚Hubble-Weltraumteleskop' am 18. und 28. Dezember 1995 auf seiner Expedition aufgenommen hatte: Dieser Blick in die „Kinderstube des Alls" war mit der Nachricht verbunden, daß das Alter des Universums um einige Milliarden Jahre umdatiert werden müsse, von 15 bis 20 auf nur 8 Milliarden (dpa Januar 1996). Man könnte hier vielleicht auch, wie mir auf einem Berner Kolloquium ‚Darstellungsformen der Wissenschaften im Kontrast' (14. 02.–17. 02. 1996) Jürg Niederhauser vorschlug, an das in den letzten Jahren wiederkehrende Bild des schwebenden Magneten denken. Er ist das Symbol für eine erhoffte neue Technik, die „Supraleitung" (kurz: Strom ohne jeglichen Widerstand), hinter der eine Entdeckung der Physiker Georg Bednoz und Alex Müller steht.

Wenn die Definition der Naturwissenschaften zutrifft, „Science is fundable research", die Rustum Roy, Kristallphysiker und langjähriger Leiter des STS-Program der Pen State University (USA) gerne gab, dann gibt es für die gelegentliche Umkehrung der Abfolge: für das stabile Visiotyp, einen Weltmarkt der Bilder am Beginn wissenschaftlichen Tuns, massive Gründe. Keine Frage, Forschung ist heute über weite Strecken ein hochindustrialisierter, von Designern begleiteter Produktions- und Fabrikationsvorgang und von der übrigen Ökonomie kaum zu unterscheiden.

Die oben gezeigte Himmelsleiter des Fortschritts scheint als visueller Typ dem, was ich in der Sprache ‚Plastikwort' genannt habe, überraschend ähnlich zu sein. Auf visuellem Gebiet läßt sich aber nun noch viel deutlicher als auf dem sprachlichen zeigen, worauf die Theorie der Plastikwörter hinauswollte: mit dem Funktionswechsel, den das Zeichen beim Übergang von einem wissenschaftlichen Aggregatzustand in den nächsten erfährt, geht ein Wandel einher, der auf der letzten öffentlichen Stufe eine vorwiegend soziale Bedeutung hervorbringt.

Der Vorgang beherrscht die Sprachgeschichte der Neuzeit, er begibt sich nach dem Modell von ‚Übertragung und Rückübertragung'. Darwins ‚Struggle for Life' ist eine *Übertragung* aus der gesellschaftlichen Sphäre in die Biologie, der Begriff wird in der Biologie präzisiert, kanonisiert und beginnt, nach seiner *Rückübertragung* in die Gesellschaft, hier eine steile Karriere. Das Modell ist ein verallgemeinerbarer, weitreichender Schlüssel zur Geschichte der Neuzeit. Die Wissenschaft hat, seit sie volkssprachlich geworden ist, generell die Neigung, Begriffe der allgemeinen Umgangssprache an sich zu ziehen, sie hier zum Terminus umzuprägen, mit präziser Bedeutung zu füllen und sie, wenn sie zu Schlüsselbegriffen geworden sind, wieder in die allgemeine Umgangssprache zu entlassen, wo sie dann, gründlich verwandelt, eine enorme Wirkung entfalten können. ‚Natürliche Zuchtwahl', ‚Entwicklung', ‚Energie' und ‚Information' wären Beispiele. Solche Schlüsselbegriffe sind die vielleicht breiteste Brücke zwischen Naturwissenschaft und Alltagswelt: man könnte sie ‚Rückwanderer' und ‚Brückenwörter' nennen. Die gemeinsame Sprache verklammert zwei grundverschiedene Sphären und verdeckt für den oberflächlichen Blick die Kluft, die sie trennt, mehr noch: sie koppelt und schweißt die Sphären zusammen. Das Vokabular erzeugt einen bloßen Schein von Ähnlichkeit. Tatsächlich findet auf der Brücke der verbindenden Sprache eine Verwandlung und Verkehrung statt. Der naturwissenschaftlich geprägte Begriff ersteht in der gesellschaftlichen Welt als ein herrschsüchtiger Wechselbalg, und diese steht da als ein spiegelverkehrtes Labor. Die Sprache spiegelt den Vorgang, täuscht über ihn hinweg und bereitet ihn vor.

Wie aber bildet sich der Vorgang auf dem Gebiet der visuellen Zeichen ab? In einem Punkt anders. An der visuellen Darstellung der Schlüsselbegriffe wie z. B. des ‚Stammbaums der Evolution' oder der ‚Doppel-Helix' wird, wenn sie in die Alltagswelt auswandern, die Veränderung sofort an der äußeren Gestalt erkennbar. Umso deutlicher ist diese ein Spiegel des Wandels und trägt dazu bei, die Konzepte zu universalen bildhaften Größen, zu Visiotypen mit Weltwirkung zu erheben.

Und dabei könnte sich Übertragung und Rückübertragung noch einmal wiederholen. Das Bild hat nämlich besonders dann eine Chance, wenn es zu einem alten Bildervorrat der Gemeinschaft gehört: ein Fossil aus einer älteren Schicht, ein Wunsch- und Angstbild, das in ihr längst verankert ist. Der Baum des Lebens und der Stammbaum, die Spirale und die Himmelsleiter, die bedrohliche Schlange und steigende Flut wären solche Bilder. Man begegnet ihnen an ungezählten Stellen. Ludwik Fleck hat die eindrucksvolle Theorie der ‚Praeideen‘ entwickelt, der ‚Urideen‘, die sich in fruchtbaren Augenblicken des Erkennens einstellen, die immer wieder durchschlagen und einer Erkenntnis die Richtung vorgeben (Fleck 1980, 35 ff.). Es gibt nicht nur Praeideen, es gibt auch Praeidole. Auch sie werden in die Wissenschaft entlehnt und kehren mit verstärkter Macht zurück, um den Alltag als öffentliche Mythe zu überschatten.

Sie stehen nicht unbedingt am Anfang. Ist nicht die Verwandtschaft von Kekulés Benzolring mit dem Ourobóros, dem alten Symbol der sich in den Schwanz beißenden Schlange, von Kekulé selbst hergestellt worden? Dieter Möhn hat in seinem grundlegenden Aufsatz ‚Fach- und Gemeinsprache‘, wo er von dem Bemühen der modernen Wissenschaften um Modelle und Muster spricht, auf dieses Beispiel hingewiesen und dabei an die ‚Chymische Hochzeit‘ (Frankfurt 1625) erinnert, wo der Vorgang wiedergegeben werde als „Parabola, darin die gantze Kunst begriffen ist" (S. 61; Möhn 1968, 348).

Heinz Kretzenbacher (Melbourne) hat diesen Fall auf dem erwähnten Berner Kolloquium noch einmal aufgegriffen und das eben über ‚Praeidole‘ Vorgetragene um einen verblüffenden Beweis erweitert: Kekulé hat die Beziehung zum Schwanzbeißer erst 25 Jahre nach der Entdeckung des Benzolrings hergestellt, und zwar 1890 beim Benzolfest in Berlin. Dabei scheint es ihm auch um die Absicherung seiner Priorität gegangen zu sein. Im Vortrag vor seinen Fachkollegen gab Kekulé dem Bild der ‚Kette' den Vorzug und warnte davor, mit der Annahme von Ringen Mißbrauch zu treiben (Kekulé 1929, 769; nach Kretzenbacher). Im öffentlichen Vortrag, seiner „Dankrede" auf dem „Benzolfest", erzählt er eine charmante autobiographische Sage, die das Gegenteil besagt. Die Idee zur Strukturtheorie sei ihm auf einer Omnibusreise durch London gekommen. Er saß an Deck: „Ich versank in Träumereien. Da gaukelten vor meinen Augen die Atome. Ich hatte sie immer in Bewegung gesehen, jene kleinen Wesen, aber es war mir nie gelungen, die Art ihrer Bewegung zu erlauschen. Heute sah ich, wie vielfach zwei kleinere sich zu Pärchen zusammenfügten; wie grössere zwei kleine umfassten, noch grössere drei und selbst vier der kleinen festhielten, und wie sich alles in wirbelndem Reigen drehte. Ich sah, wie grössere eine Reihe bildeten und nur an den Enden der Kette noch kleinere mitschleppten. Ich sah, was Altmeister *Kopp*, mein hochverehrter Lehrer und Freund, in seiner ‚Molekularwelt' uns in so reizender Weise schildert; aber ich sah es lange vor ihm. Der Ruf des Conducteurs: ‚Clapham road' erweckte mich aus meinen Träumereien, aber ich verbrachte einen Theil der Nacht, um wenigstens Skizzen jener Traumgebilde zu Papier zu bringen. So entstand die Structurtheorie."

Ähnlich sei es ihm mit der Benzoltheorie ergangen, diesmal in einem Junggesellenzimmer in Gent:

„Ich drehte den Stuhl nach dem Kamin und versank in Halbschlaf. Wieder gaukelten die Atome vor meinen Augen. Kleinere Gruppen hielten sich diesmal bescheiden im Hintergrund. Mein geistiges Auge, durch wiederholte Gesichte ähnlicher Art geschärft, unterschied jetzt grössere Gebilde von mannigfacher Gestaltung. Lange Reihen, vielfach dichter zusammengefügt; Alles in Bewegung, schlangenartig sich windend und drehend. Und siehe, was war das? Eine der Schlangen erfasste den eigenen Schwanz und höhnisch wirbelte das Gebilde vor meinen Augen. Wie durch einen Blitzstrahl erwachte ich; auch diesmal verbrachte ich den Rest der Nacht um die Consequenzen der Hypothese auszuarbeiten.

Lernen wir träumen, meine Herren ..." (Kekulé 1890, 1304-
1307, mit Auslassungen, nach Heinz Kretzenbacher). Ein treffenderer Beweis für das hier Gemeinte ist schwer vorstellbar.

Was sich an sozialer Interpretation an das Praeidol anlagert, wenn es als wissenschaftlich kanonisiertes Bild in die Gesellschaft zurückkehrt, kann recht verschieden ausfallen. Das Buch ‚The DNA Mystique', von dem wir ausgingen, ist dafür ein merkwürdiges Dokument. Der biologische Essentialismus, den Nelkin und Lindee in den USA beobachten, die Vorstellung also, daß die Erbsubstanz Identität begründe, erläutert und rechtfertigt soziale Unterschiede zwischen Schwarz und Weiß, Mann und Frau, und erklärt das angebliche Verhaltensstereotyp von Homosexuellen oder Afroamerikanern aus dem Imperativ ihrer Natur. „We are all victims" (S. 135). Die genetische Substanzlehre entlastet die Gemeinschaft, Staat und Gesellschaft, von Verantwortung: Armut, Kriminalität, die Fehlentwicklung eines Kindes haben primäre Ursachen in den Genen und *nicht* im Elternhaus, in sozialen und ökonomischen Bedingungen.

Kurz: das Gen ermöglicht und untermauert eine Sozialtheorie, die so ziemlich das genaue Gegenteil von dem darstellt, was 1967/1968 in Schwang kam. Damals hieß es mit vergleichbarer dogmatischer Sicherheit: 70 Prozent Umwelt, 30 Prozent Vererbung. Man sah die Lösung in Pädagogik und Sozialreformen. Dafür heißt es jetzt: die biologische Substanz bestimmt Körpergestalt, Sozialgestalt und Kulturgestalt. Es ist überhaupt „die Seele". – Die Lösung liege im Abschied vom Sozialen und in biologischer Kontrolle.

Man sieht:

Der Weg von der Hypothese zur Tatsache läßt sich auf dem Gebiet der Visualisierung besonders gut beobachten.

Die drei von Fleck unterschiedenen Stufen lassen sich sprachlich dingfest machen und kehren in der visuellen Darstellung wieder.

Es gibt eine weitgehende Deckungsgleichheit zwischen Sprachstil und Bildstil.

Der Umformungsprozeß ist ein Kontinuum. Man könnte

die drei Typen Flecks, die Zeitschriftenwissenschaft, Handbuchwissenschaft, Populärwissenschaft, ergänzen um die *hypothetische Skizze* am Anfang und das *universelle Visiotyp* am Schluß.

Faßt man diese Stufen als Sozialformen der Wissenschaft
auf, so erkennt man, daß sich der Inhalt des Begriffs ‚sozial'
schrittweise verändert:

- die *hypothetische Skizze* ist eine Denkkrücke des Autors für
  den Autor,
- das *hypothetische Schema* ist ein Vorschlag für eine Erkennt-
  nisgemeinschaft,
- die *Lehrbuchzeichnung* dient der Überlieferung und Absicherung für eine Wissensgemeinschaft und der Integration
  in ein Lehrgebäude,
- die *populäre Veranschaulichung* verändert Inhalt und Radius
  des Begriffs ‚sozial' vollständig; sie schließt sich an die Bilderwelt der Allgemeinheit an und transformiert den wissenschaftlichen Inhalt in ein Instrument pädagogischer,
  ökonomischer, technischer Organisation der Gesellschaft,
- das *universelle Visiotyp* ist ein wirksamer Kristallisations-
  punkt der Wissenschaft als allgemeiner Norm.

Lutz Danneberg stellte in Bern die Frage: „Was ist genau
gemeint mit dem öffentlichen Idol? Ist der wissenschaftliche
Gehalt verfälscht, verändert, oder ist das Wort falsch, das
Zeichen, wegen des ihm Angelagerten?"

Ich vermute, beides. Beides läßt sich aber auch nicht trennen, weil im Fall des Visiotyps die visuelle Gestalt auf die
Bedeutung verweist und andererseits die Bedeutung die Gestalt hervorbringt.

Die Figur des Stammbaums ist, wenn man von der Evolution der Arten oder der Sprachen spricht, irreführend. Das
läßt sich von der Bauform der Doppel-Helix offenbar nicht
sagen. Sie hat einen hohen Erklärungswert.

Wohl aber suggeriert *ihre öffentliche visuelle Gestalt* Eigen-
schaften, die zweifelhaft sind oder irreführend sein können.
Sie enthält ein vielseitiges Identifikationsangebot. Um einige
Züge zu nennen:

Ihre schöne Ordnung, die elegante geometrische Ästhetik
der Figur beruht auf einer Idealisierung.

Ihre archaische Form läßt sie als Teil eines alten Bildervorrats erscheinen und gemeindet sie auch dadurch dem allgemeinen Bewußtsein ein – vielleicht ist aber dieser bruchlose Anschluß an Vergangenes unbegründet?

Ihre Stabilität, z. B. als betretbare feste und farbenfrohe Wendeltreppe, erweckt einen starken Eindruck wissenschaftlicher und, in nahtlosem Übergang, gesellschaftlicher Sicherheit.

Sie nährt durch die Art der luftigen, durchsichtigen, plausiblen Konstruktion das Vertrauen, die Technik, der Mechanismus sei vollständig durchschaut und leicht zu handhaben.

Die konkrete Handlichkeit der ein universales Gebiet übergreifenden Chiffre macht sie zur ‚Größe' in gewagten Rechenoperationen, die mehr mit schlichter Algebra als mit sozialen Maßen zu tun haben.

Aus dem Schlüssel zu einer Mikrostruktur ist ein Zeitbewegungsbegriff mit vorherrschendem Zukunftsaspekt geworden, ein Instrument der Mobilisierung und Organisation der Gesellschaft.

Die ikonographischen Traditionen, an die sich die Helix andockt, Himmelsleiter, Nimbus, die inspirierende Hand von oben oder die charismatische Schöpferhand, die an ihr werkelt, versetzt sie in einen kultischen Rang.

Spricht dies nicht dafür, daß das als wissenschaftlich verstandene Zeichen überdehnt ist? Daß es durch die Aspekte sozialer Bedeutung, für die es nun auch steht, etwas Schillerndes und Schielendes bekommt, weil es nun zugleich wissenschaftliche Autorität für etwas in Anspruch nimmt, was im Ursprung nicht gemeint war? Ein Übergriff? Eine legierte Münze?

Man könnte auch versuchen, von den *Konzepten* auszugehen, die sich eine bestimmte Gestalt des Zeichens suchen:

Die Helix als ‚Schlüssel zum Geheimnis des Lebens' phosphoresziert, wird in magisches Licht getaucht.

Als unendliches Projekt der Natur wie des sie nachahmenden Forschers wird sie immer wieder mit Symbolen der Unendlichkeit, des gestirnten Alls z. B., assoziiert.

Als verheißungsvolle oder, aus anderem Blickwinkel, als

drohende Ressource sieht man sie von Bildern einfachster Technik und ungezählter Anwendungen umgeben.

Muß der Gehalt nicht verändert, verfälscht werden, wenn ein wissenschaftliches Konzept, in öffentlichkeitswirksamer Scheinsicherheit, sich unversehens in einen gesellschaftlichen Zugriff verwandelt hat? Wird sein Inhalt nicht brüchig, wenn in ihm der Blick für eine Autonomie des Sozialen nicht vorkommt?

Ob wir das visuelle Zeichen oder das mit ihm verbundene Konzept anschauen: geht die Richtung nicht jeweils dahin, daß ein Wissenschaftswerkzeug mit einem Sozialwerkzeug verwechselt und legiert wird?

Wir müssen uns näher mit der Natur des visuellen Zeichens und den Typen der Veranschaulichung beschäftigen.

18
Figuren, Zahlenbilder, Instrumentenbilder.
Typen der Veranschaulichung

Die Auswanderer aus den Labors, die uns als Visiotype vor Augen stehen, sind recht verschiedener Herkunft und Machart. Ich unterscheide drei Klassen, für die als kulminierende Beispiele die Doppel-Helix, die exponentielle Bevölkerungskurve und der Blaue Planet stehen könnten, und nenne sie Figuren, Zahlenbilder und Instrumentenbilder. Basis der Unterscheidung ist die Technik, mit deren Hilfe das Bild erzeugt wird.

Um an die Visualisierungen der Doppel-Helix zu erinnern: wir begegnen ihr als *Figur* schon in der Zeitschrift ‚Nature‘ von 1953. Wir treffen sie als *Zahlenbild* an, wenn z. B. auf der Tafel einer Ausstellung vor dunkelblauem Sternenhimmel ein zwei Meter langer gelber Schlauch die Länge der DNS in einer menschlichen Zelle symbolisiert. Und wir finden sie als *Instrumentenbild* vergleichsweise spät, 1989, in der nicht unbestrittenen ‚Photographie‘ des Lawrence Berkeley Laboratory, das mit Hilfe eines Tunnelmikroskops das Innere von

Drüsenzellen eines Kalbs als wolkenartig aufsteigendes Gebilde sichtbar machte, in denen man die Sprossen der DNS-
Leiter zu erkennen glaubte (Robin 1992, Abb. 224).

Figuren

Die erste Gruppe umfaßt also Zeichnungen oder räumli-
che Modelle von menschlicher Hand; man könnte von Ma-
nuskopie reden. Gemeint sind zunächst, im älteren Sinn von
Abbildungen,
Zeichnungen, dann aber auch
Skizzen
Schemata
Grundrisse und *Baupläne*
Strukturzeichnungen
Figuren
Modelle, die manuell hergestellt werden.

Unser Denken ist eine Nebelwolke, hat de Saussure behauptet, ein Tappen im diffusen Ungewissen, wenn es sich
ins Unbekannte vorwagt (Saussure 1967, 133). Wir sind darauf angewiesen, daß wir etwas sehen, wenn wir etwas denken, daß es eine Gestalt annimmt. Deshalb greift, wer eine
neue Hypothese bildet, oft als erstes zu einer Metapher oder
einer Skizze. Sie ist eine Leiter ins Ungewisse; daß ihre Wahl
zufällig sei, glaube ich nicht. Sie ahnt etwas. Sie stabilisiert
sich, wenn sie sich bewährt.

Zeichnungen, Skizzen, Schemata sind solche Anhaltspunkte, solche Krücken des Auffassens. Sie zielen auf die
Bauart, machen eine Struktur und Lagebeziehung kenntlich,
helfen einen Plan erkennen. In der Manuskopie kommt das
menschliche Subjekt bzw. die in ihm wirksame Gemeinschaft
stark zur Geltung, prägt sich entschieden darin aus. Es entwirft eine Ordnung seines Gegenstandes. Die oben angeführ-
te Reihe ist so gemeint, daß von den sieben Typen die ‚Zeichnung' dem Abbild oder der Nachahmung des Gegenstandes
am nächsten kommt und die ‚Figur', das ‚Modell' sich am
weitesten davon entfernen.

Wenn man versuchen möchte, die Leistungen einer Figur
wie Freuds Zeichnung der Persönlichkeitsstruktur (vgl. Ab-

schnitt 5) oder die der Doppel-Helix schematisch festzuhalten, so ergeben sich etwa folgende Gesichtspunkte:

1. Die Figur verräumlicht, d. h. sie verdeutlicht Lagebeziehungen.
2. Sie veranschaulicht, d. h. sie ermöglicht das Festhalten einer Bauart durch optische Anhaltspunkte.
3. Sie erlaubt Synopse, rasche Zusammenschau.
4. Sie wählt aus, abstrahiert.
5. Sie hebt eine wesentliche Bauform hervor, strukturiert und reduziert.
6. Sie objektiviert, und zwar im doppelten Sinn: sie erhebt etwas Vorgestelltes zum anschaubaren Ding und erweckt gerade dadurch den Eindruck größerer „Objektivität".
7. Sie gibt den Anstoß, über die bisher erkannte Bauform hinauszugehen. Von ihr selbst gehen Denkanregungen aus.
8. Sie macht handliche Erkenntnis, Erkenntnis handlich.
9. Sie prägt sich dem Gedächtnis ein.
10. Sie gewinnt als globales Zeichen die Trägheit einer Institution.

Die Reihe ließe sich fortsetzen ...

Zahlenbilder

Die zweite Gruppe der Veranschaulichungsmittel beruht von vornherein auf einer abstrakten Grundlage, auf der Basis von Zahlen und Meßdaten. Wenn man eine einheitliche Benennung sucht, könnte man von Digitaloskopie sprechen. Sie ist das A und O zahlreicher Disziplinen. Statistik und ihre Visualisierung ist in manchen Wissenschaftszweigen zur vorherrschenden Form der Mitteilung geworden.

Wenn es Alkuin, den irischen Bischof und Großbeichtiger Karls des Großen, auf einen modernen Naturwissenschaftlerkongreß verschlagen würde, würde er glauben, einer rätselhaften religiösen Veranstaltung beizuwohnen. Im abgedunkelten Raum legt, vor dem Halbrund einer stillen Hörerschaft, ein Einzelner Folie um Folie, Blatt um Blatt auf einen leuchtenden Altartisch, und über ihm an der Stirn des Saals erscheint auf einer Leinwand Bild um Bild: ein von Ziffer und Schrift umgebenes Ikonogramm, dem der Vortragende in dienender Sprache, im objektiven Stil leise einige Erläuterungen hinzufügt. Was bedeuten die Hieroglyphen? Vielleicht wäre der heilige Mann ein wenig enttäuscht von dem Radius der Botschaft. Ein kurzer Dialog zwischen dem Sprecher und einzelnen Hörern, welche die Hand heben und aufgerufen werden, beendet die Handlung. – Sie wird nach kurzer Pause wiederholt, nach gleicher Agenda. Fast schon ein Zahlendienst.

Der Eindruck des Ritualisierten ist begründet. Es herrscht Methodenzwang. Zahlenbilder sind die abgekürzte Form eines Arguments und Beweises: das Resultat mit Sockel. Es gibt hier ausgeprägte Konventionen der Vermittlung, einen Satz von Möglichkeiten, der sich herausgebildet hat, ein Formular der Darstellung. Dabei tritt aber (man könnte meinen im Unterschied zu den technisch erzeugten ‚Instrumentenbildern') der Mensch deutlich dazwischen, sei es als Konvention der Gemeinschaft oder als einzelnes Subjekt. Er wird erkennbar als Übersetzer des Datenmaterials, als sein Interpret, Ordner und Darsteller. Zahlendiagramme mustern die Wirklichkeit im doppelten Sinn, im Sinn des musternden Beobachters wie der von ihm hervorgebrachten Musterung. Wie groß der Spielraum des einzelnen ist, wie stark sich die Normen einer ‚scientific community' durchsetzen, wenn auf diese Weise zweimal gemustert wird, muß hier offen bleiben.

Inzwischen hat sich längst die technische Transformation des Datenmaterials eingestellt. Sie ist kinderleicht geworden. Ein Tastendruck am Computer stellt ein Diagramm, ein zweiter eine Variante her. – Vermutlich wird dabei eher die ritualisierte Konvention als der Freiheitsspielraum gefördert.

Die Leistungen dieses Visiotyps, auch hier vorläufig, skizzenhaft:

1. Das Diagramm ist platzsparend, im Vergleich zu seitenlangen Tabellenkolonnen.
2. Es ist übersichtlich, aber auch reduziert auf einen begrenzten Fragerahmen,
3. informationsdicht.

4. Es erlaubt einen raschen Zugriff auf signifikante Daten, deren Vergleichswert es sichtbar macht,
5. entlastet von der Notwendigkeit, alle Details zur Kenntnis zu nehmen, und tendiert zur Eindeutigkeit der Aussage,
6. ermöglicht Synopse heterogenen Materials, den ‚Totaleindruck',
7. hat die Objektivität eines Dings.
8. Es wird oft die Form eines Interpretationsmusters annehmen, einer Kompromißlösung aus Autonomie und Konvention,
9. prägt sich dem Gedächtnis ein usf.

Instrumentenbilder

Von der dritten Gruppe, den Instrumentenbildern und der zu ihnen führenden Mechanoskopie kann nicht die Rede sein, ohne an die neuartigen Schlüsselarbeiten zum Emblem des ‚Blauen Planeten' von Wolfgang Sachs und zum Idol des ‚Foetus im Uterus' von Barbara Duden zu erinnern. – Mir kommt es hier aber nur auf eine auffallende Parallele zum Veranschaulichungstyp der Figuren und Zahlenbilder an.

Mit Mechanoskopie oder Schirmtechniken sind jene Techniken gemeint, die mechanisch und, wie es scheinen könnte, ohne menschliches Dazwischentreten optische, akustische, elektronische etc. Impulse auffangen und auf einem Schirm sichtbar machen, sie transformieren in ein Bild oder eine graphische Information. Die Übersetzung durch die menschliche Hand, den ordnenden Geist, fällt auf den ersten Blick weg.

In diesen Zusammenhang gehören unter anderem Fernrohr, Mikroskop, Photographie, Röntgen, Echolot, Radartechniken, Raster- Elektronenmikroskop, Sonartechnik.

Das meistgebrauchte Bild für diese Technik ist: sie verlängere die menschlichen Sinne, sie erweitere mit Hilfe eines geschärften, in schwindelerregende Fernen reichenden Auges und Ohrs und Tastsinns den Mesokosmos, zu dessen Wahrnehmung uns unsere Sinnesausstattung verurteilt, überschreite und hintergehe seine Grenzen: eine Art Prothese.

Da die Wahrnehmungsmittel Objekte sind und die Übertragung der Eindrücke auf den Schirm mechanisch vor sich
geht, neigen wir zu der Ansicht, hier sei die Abbildung ‚objektiv', eine realistische Spiegelung des Objekts – auch wenn
man erst lernen muß, das Bild oder die graphische Information zu entziffern. Das Modell, nach dem hier Aufnahme des
Objekts und Wiedergabe vor sich gehen, ist der Spiegel.

Aber die alte Frage ‚Liegt die Wahrheit in uns oder in den
Dingen?' drängt sich hier bei näherem Zusehen nicht weniger auf als bei den Sehleistungen der Hand. Die Instrumentenbilder sind, so objektiv sie uns vor Augen stehen und
durch ein dingliches Sehinstrumentarium vermittelt sind, ja
so unabhängig nicht. Ich komme darauf zurück.

Es gehört zu den Revolutionen der Wissenschaftsgeschichte, daß das Schirmbild, die ‚Photographie' im buchstäblichen
und dann im erweiterten Sinn, zum Bezugspunkt des Forschers wird. Indem das Veranschaulichungsmittel, d. h. die
Technik wie ihr Resultat, zum Forschungsgegenstand geworden ist, hat für den modernen Naturwissenschaftler eine
grundsätzliche Verschiebung stattgefunden. Das ‚Medium'
hat sich in einem doppelten Sinn vor die Wirklichkeit gescho-
ben, nicht nur als ihr Mittler, sondern auch als ihr einzig
greifbarer und scheinbar objektiver Reflex.

Die Instrumentenbilder selbst sind die Botschaft. Sie sind
in ungezählten Blickrichtungen, zusammen mit dem sie her-
vorbringenden künstlichen Auge, der Mittler zwischen
Mensch und Gegenstand und treten zugleich an die Stelle
des sog. Referenten, setzen sich in gewissem Sinne an die
Stelle des Gegenstandes. – Als Produkte technischer Aufnahme und Aufzeichnung gelten sie zwar als pure Spiegel, sub-
jektunabhängig, genießen sie als Produkte mechanischer
Transformation das Ansehen unangreifbarer Objektivität.
Wie aber, wenn sie erst durch das Setting die gewünschte
Gestalt annehmen? Wenn schon das technische Aufnahme-
gerät Züge des forschenden Subjektes hat? Wenn in dem Prozeß der Datenverarbeitung der organisierende Forscher und
Techniker immer bedeutsamer wird? (vgl. Christoph Hoffmann 1991)

Um auch den Typus und die Leistungen der Mechanoskopie fragmentarisch festzuhalten:

1. Das ‚Sehen' wird mechanisch, eine Technik des Auffangens
   von Impulsen;
2. es verläßt den Mesokosmos, tastet sich vor in eine sinnenferne Unendlichkeit im Mikrokosmos oder Makrokosmos.
3. Die aufgefangenen Impulse haben zunächst keineswegs
   den Charakter einer Spiegelung des Gegenstandes; sie
   sind vieldeutig und für den Laien undeutbar.
4. Die Impulse werden, nicht ohne Zutun des Forschers und
   Technikers, mechanisch, rechnerisch transformiert in ein
   ‚Bild', in eine graphische Information auf einem Schirm,
   die zunächst nur für den Experten lesbar und deutbar ist.
5. Sie wird durch einen zweiten Prozeß der Datenverarbeitung ‚animiert', ihr wird irdisches Leben eingehaucht, sie
   wird mit anderen Worten an ein dem Laien bekanntes Bild
   angelehnt.
6. Der Laie sieht also eine dinggewordene Metapher, die auf
   einer u. U. ausgebreiteten, punktgenauen Datengrundlage
   beruht.
7. Man sieht etwas, das man kennt, und ist geneigt, diesen
   anheimelnden Schein für ein Spiegelbild des Gegenstandes zu halten.
8. Als solcher prägt er sich dem Gedächtnis ein.
9. Er eignet sich dazu, zum globalen Visiotyp zu werden, usf.

Die Figur der Doppel-Helix, das Zahlenbild der Bevölkerungsexplosion, das Satellitenbild des erkrankten Planeten
haben mehr gemeinsam als erwartet:

Abstraktion ist jeweils der Ursprung jener Schlüsselreize
der Zweiten Anschauung, die uns zur Natur geworden ist.
Da sie eine digitale Grundlage gemeinsam haben, werden die
Grenzen zwischen den Visualisierungstypen, ihren Zeichen,
fließend. An ihrer prägenden anschaulichen Gestalt sind der
Forscher und die das Bild aufnehmende Gemeinschaft erheblich beteiligt.

In welcher Weise gilt das Letztere auch für Instrumente
und Instrumentenbilder?

19
Das Fliegenauge.
Vom Index zum Icon

Wer heute einem Gegenstand die Haut abzieht, sieht unter der Oberfläche Zahlenreihen krabbeln. Wer in die Fernen dringt, auch. Die Zahlenkolonnen sind Stellvertreter für Impulse, die aus der Unendlichkeit der kleinen und der großen Welt aufgefangen sind. Ihr Empfang ist eigentlich kein Sehen, die Sichtbarkeit ist ein Ergebnis späterer mehrstufiger Transformation.

Im Keller des Botanischen Instituts in Bonn hat mir sein Direktor, Professor Wilhelm Barthlott, sein Raster-Elektronenmikroskop gezeigt. Bei seinem Vortrag vor der Mainzer Akademie hatte ich mich über seine fabelhaft genauen Aufnahmen der Oberfläche von Pflanzenblättern gewundert, die er – bei 50 000facher Vergrößerung – vorgelegt hatte. Die pilzähnlichen oder bizarr pagodenartigen Wachsschichtstrukturen wirkten, als seien es Photographien. Der Akademiepräsident nannte sie ‚Täuschungen'.

Im ersten Raum steht ein älteres Modell dieser „teuren mikroskopischen Spielzeuge". Hier befindet sich auch ein kleines Gerät, auf dem die vorgetrockneten Präparate, die vollständig trocken sein müssen, vergoldet werden. Auf eine Metallscheibe geklebt, werden sie eingeschlossen in den Golddampftopf und, nachdem dieser luftleer gepumpt ist, von Golddampf durchwirkt, der sich auf den Präparaten in winzigen Atomen absetzt. Nicht weil das Gold reflektiert, sondern weil es leitfähig ist, elektroleitfähig, geschieht das. – Andere Objekte werden mit Kohlenstaub überzogen.

Wir gehen ins nächste Zimmer, zum Raster-Mikroskop. Das Pflanzenteil, festgeklebt auf dem Metallplättchen, goldbestäubt, wird nun auf einer Platte, dem Beobachtungsstand, festgeschraubt, eine lange Metallflasche darüber gestülpt, geräuschvoll vakuiert, bis auf ein winzigstes Minimum leer gepumpt.

Nun wird das Teilchen beschossen: von einem Elektronenstrahl, einem Elektronenbündel, das breiter und feiner einzustellen ist, betastet. Dabei kann ich den Beobachtungsstand mechanisch höher, tiefer stellen, kippen, verschieben – nach vorn und hinten manipulieren. Das Oberflächenmuster zeigt sich nun auf dem Bildschirm vor dem Mechaniker, kann wieder übertragen werden auf den Monitor, durch einen Photoapparat von einem unter der Tischplatte angebrachten zweiten Bildschirm abphotographiert und durch sofortige Photokopie in schlechter Qualität abgebildet werden.

Wir sehen eine Blattoberfläche, ihre Wachsbeschichtung, in Bänderstrukturen. Das Bild ist zunächst, ohne Eingriff, flimmernd, schwimmend. Es rauscht. Das Rauschen kommt dadurch zustande, daß der Elektronenstrahl – wie durch das Loch einer sich drehenden Scheibe über den Gegenstand mit ungeheurer Geschwindigkeit geführt, ihn lichtschnell berührend – ihn nicht gleichmäßig deckend, dicht abtastet, Lücken hat: so daß man Strukturen sieht, aber unscharf, schwimmend. Nun kann man das Abtasten wiederholen, und die Bilder, per Rechner, übereinanderlegen: dabei wird das Rauschen verringert, zum Verschwinden gebracht, und von oben nach unten sieht man, als würde das Unscharfe herausgekämmt, ein scharfes feststehendes Bild entstehen, mit dem sich arbeiten läßt.

Die Vergrößerungen zeigen in Stufen verschiedene Muster, Bilder. Ab 80000 gelingt keine Auflösung mehr. Es ist eine „tote Vergrößerung". Ab einer Vergrößerung, die an den Bereich der großen Moleküle heranreicht, sagen die Bilder dem Morphologen nichts mehr. Der Mikromorphologe gerät hier an eine Grenze. Inzwischen gibt es das Tunnelmikroskop, seit einigen Jahren, das in den atomaren Bereich hineinreicht.

Jetzt wird das Objekt ausgetauscht, ein vergoldeter Fliegenkopf gewählt, festgesteckt, angeschraubt. Rauschend die Luft evakuiert.

Ich sehe den Kopf in 18facher Vergrößerung, das Facettenauge in 50facher: die Musterung des Auges. Herr Barthlott bittet, ich möge mich umdrehen, er verspricht eine Abenteuerfahrt. Ich drehe mich um, sie stellen das Bild mittlerweile scharf über den Rechner ein, und nun unternehmen wir eine

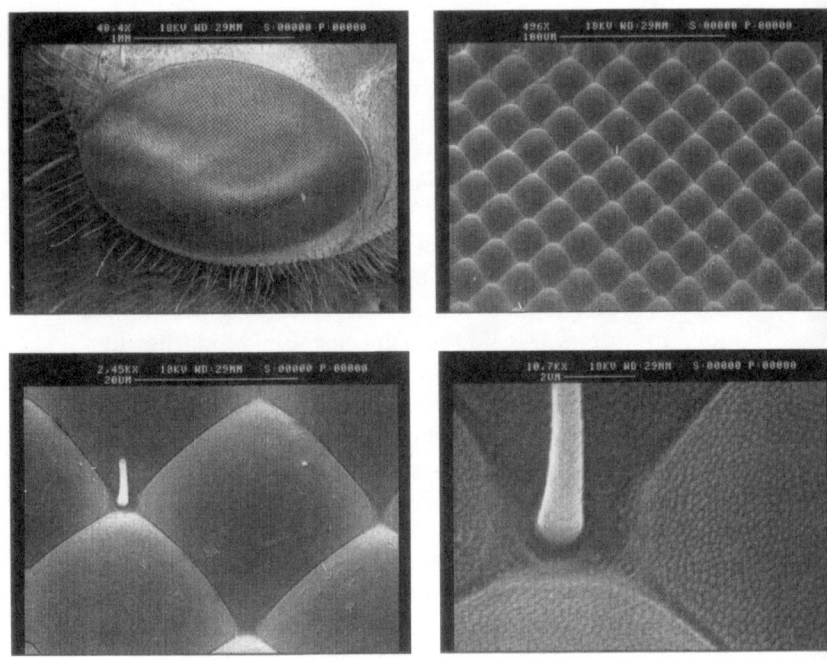

Abb. 28: Das Fliegenauge in 50facher, 500facher, 2500facher, 10 000facher Vergrößerung (Wilhelm Barthlott, Bonn. Botanisches Institut der Universität).

Weltraumfahrt in die Mikrowelt, ein Handgriff befördert mich, rückt mich durch große Entfernungen an den Gegenstand heran, von ihm weg, beides im selben Augenblick.

Ich sehe das Fliegenauge in 48facher Vergrößerung, dann das Facettennetz in 500facher. Hier bemerke ich ein weißes Härchen, das Fliegenauge ist behaart. Bei zweieinhalbtausendfacher Vergrößerung steht schon deutlich im plastischen Netzkissen der Facette ein weißes Haar. Bei 10 000facher Vergrößerung sehe ich das weiße Haar aus einer Grube steigen, es ist streifig, und die bis dahin glatten Facettenkaros sind von kleinen Rundhöfen strukturiert.

Es ist paradox: je näher das Auge kommt, umso weiter rückt es in die Ferne, ich sehe es in immer neuen, veränder-

144

ten ‚Ordnungsdimensionen'; dies das Wort Barthlotts. Seltsamer Eindruck von Ent-Fernung. Der Boden fährt einem unter den Füßen weg bei den in Springstufen erfahrenen Ordnungsfiguren der Natur. Nein, zum Gegenstand morphologischer Beschreibung mache man diese Stufen nicht – zu fern.

Obwohl er in Heidelberg jahrelang an einem solchen Gerät gearbeitet habe, könne er dieses nicht mehr bedienen; daran sei sein Mitarbeiter seit ein paar Jahren eingearbeitet. Es ist eine Art Cockpitarbeit.

Welcher Art sind die Zeichen, die das Auge auf dem Weg über die sich ausdehnende und institutionalisierende Zwischenwelt der Instrumente erreichen? Man hat es offenbar mit mehreren Arten von Zeichen zu tun.

Peirce, der Inaugurator der modernen Zeichentheorie, auf den auch schon das „semiotische Dreieck" zurückgeht, mit dessen Hilfe man sich die Natur des sprachlichen Zeichens verdeutlicht, hat für die sichtbare Seite des Zeichens, seine ‚Gestalt', die er ‚Repraesentamen' nennt, eine weitere nicht weniger wirksame Unterscheidung getroffen. Das Zeichen kann, seiner Erscheinungsform und deren Beziehung zum Objekt nach, *Index*, *Symbol* und *Icon* sein:

Index ist es, wenn es in einer realen, auch kausalen Beziehung zum Objekt steht, es anzeigt: wie Rauch das Feuer, Flecken auf der Haut die Masern, ein Wegweiser die Richtung. Man könnte auch von ‚Symptom' sprechen.

Symbol ist es, wenn es willkürlicher Stellvertreter des Objekts ist, also weder in einer physischen Beziehung zu ihm steht noch es irgendwie widerspiegelt: als Zahlen- oder Buchstabenreihe z. B.

Icon ist es auf Grund von Ähnlichkeit, einer Beziehung des Abbildens.

Wie hat man sich die Zeichenprozedur vorzustellen, wenn aus dem Auffangen gewisser Impulse ein Bild wird? Um den semiotischen Prozeß im einzelnen zu beschreiben, müßte man den technischen genauer kennen und darstellen; hier kommt es vor allem auf die Elemente an: Alle drei Aspekte des sichtbaren ‚Repraesentamen' scheinen beteiligt und der

Prozeß verläuft grundsätzlich vom Index zum Icon, führt von der Rezeption echoartiger Eindrücke über Stufen symbolischer Verarbeitung zum Icon und, wenn es sich dazu eignet, zum populären Bild. Das gleiche gilt von ‚Figuren' wie der Doppel-Helix, in denen molekulare Strukturen dargestellt werden, oder von einem ‚Zahlenbild' wie dem mit Styroporkugeln sich füllenden gläsernen Weltbevölkerungskubus. Figuren, Zahlenbilder, Instrumentenbilder lassen noch einmal erkennen, in welchem Grade ihre wirksamsten öffentlichen Vertreter, die globalen Visiotype, über der abstraktesten Datengrundlage auf einer Ebene der Zweiten Anschauung angesiedelt sind.

Man erfährt z. B., daß ein Teleskop folgendes exotische Phänomen im Weltraum registriert, ohne es schon in dieser Konturenschärfe darzustellen:

Abb. 29: Ein astrophysikalisches Phänomen. Kaufmann/Smarr 1993, 74.

Eine Gruppe von Astrophysikern kommt auf den Gedanken, daß es sich bei diesem Arrangement um den Zusammenstoß zweier Galaxien handele, von zwei Sternenhaufen in der Größenordnung von 100 Milliarden Sternen. Sie lassen einen Supercomputer, dem sie die Eckdaten der Naturgesetze

146

eingeben, einen solchen ‚Crash' errechnen und in ein Bild umsetzen, ihn „simulieren", und halten drei Erscheinungsbilder in Abständen von 125 Millionen und zweimal 375 Millionen Jahren fest:

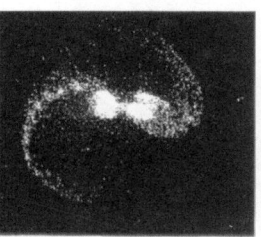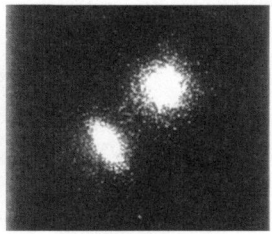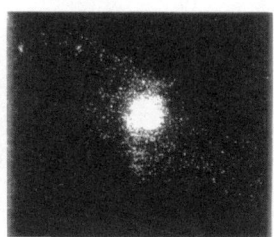

Abb. 30: Erkennung des Phänomens durch Computersimulation.
Kaufmann/Smarr 1993, 75.

Sie stellen fest, daß die Bilder 2 und 3 eine bemerkenswerte Ähnlichkeit mit dem beobachteten exotischen Phänomen haben, das erst damit zum Icon wird, zum Bild eines Zusammenstoßes zweier Galaxien, und vielleicht auch erst jetzt durch Beseitigung des ‚Rauschens' konturenscharf eingestellt wird. Das Beispiel findet sich in dem Werk von William J. Kaufmann III und Larry L. Smarr, Supercomputing and the Transformation of Science (New York 1993).

Das ‚Icon', als Abbildung verstanden, wird konturenscharf nicht nur durch die Präzision und Reichweite der Instrumente, sondern auch auf Grund einer ‚Theorie', was wörtlich ‚Schau' heißt. So wie Goethe sich auf seiner dritten geologischen Reise durch den Harz im Sommer 1784 eines Zeichners bediente, des Direktors der Zeichenakademie in Weimar, Melchior Krauss, einer ‚Hand', die nicht nur abbildete, sondern auch die Theorie seines Auftraggebers konturiert herausarbeitete – Krauss zeichnete am Beispiel der damals allgemein als ‚Urgestein' der Welt angenommenen Granitfelsen Goethes Theorie, daß sich in ihrer regelmäßigen, zwischen Rechteck und Rhombus schwankenden Zerklüftung der chemische Vorgang der ‚Kristallisation' wiederhole, und arbeitete dabei so genau, daß sich heute die Stelle auffinden läßt,

147

auf der er gestanden haben muß –, so ist auch der moderne Techniker und Designer im Cockpit der Weltrauminstrumente die ‚Hand', der ‚Amanuensis' seines Chefs. Der jeweilige technische Standard, das Informationsdesign einer Epoche, eines Jahrzehnts, hat Anteil an dem Bild.

20
Das Instrument als Frage und Zwischenwelt

Vermutlich hat Albrecht Dürer nicht geahnt, was er nach heutigen Begriffen dargestellt hat, als er, um in seiner ‚Underweysung der Messung' das perspektivische Verfahren zu illustrieren, den Holzschnitt ‚Der Zeichner des liegenden Weibes' verfertigte. Auf der linken Seite in ziemlicher Freiheit hingegossen die schöne, üppige nackte Frau, ihr Hintergrund eine vor der offenen Mauer angedeutete anmutige Hügellandschaft, auf der rechten Seite in starrer Haltung der *Zeichner*, das Auge am Peilstab, die orientierende Linke und die den Federhalter haltende Rechte auf einem quadratisch gemusterten Zeichenbogen, sein Hintergrund ein stachliges Kugelgewächs vor einer waagerechten Linie des Horizonts. Zwischen beiden das ‚Mittel', der Zeichenrahmen, ein quadratisch gemustertes und durchsichtiges Gitter, durch das der Zeichner das Sujet fixiert, um es auf den Bogen zu übertragen. In der Mitte also dieses Instrument als Vermittler zwischen Subjekt und Objekt:

Abb. 31: Albrecht Dürer: Der Zeichner des liegenden Weibes. Underweysung der Messung, Nürnberg 1538, Holzschnitt.

148

Wilhelm Kutschmann hat der Zeichnung eine genaue Interpretation gewidmet: „Der Zeichner hat das Gitter zu visieren; nur der Blick durch das Gitter liefert ihm ein eindeutig definiertes ‚Objekt'. Dabei darf sein Blick sich nicht auf die Erfassung von ‚Form' oder ‚Gestalt' einlassen, darf sich nicht von einer Wahrnehmung des Ganzen ablenken lassen, vielmehr hat er sein Gegenüber in eine Reihe visierter Punkte zu zerlegen, es Punkt für Punkt durchzumustern und auf seiner Zeichnung zu reproduzieren" (Kutschmann 1986, 22).

Es ist kaum möglich, dieses Mittel und Medium der Exaktheit für ein Nichts zu halten. Wer ein Objekt auf solche Weise mustert, mustert es. Was als Handlung von dem festgestellten Auge ausgeht, wird sich, je mehr das vermittelnde Gitter dem Bewußtsein des Zeichners entschwindet, als Geometrisierung seines Sujets niederschlagen (so sehr es dem Künstler Dürer darum zu tun war, die Geometrie des Objekts unauffällig zu belassen; vgl. Hoppe-Sailer 1986, 198).

Ob es erlaubt ist, in dieser Darstellung des Zeichenrahmens eine frühe Philosophie der Instrumente zu sehen? Das Instrument, das schon im Sprachgebrauch mit der Vorstellung des ‚nur' verbunden wird, d. h. *nur* ein Instrument zu sein, ein durchsichtiges Mittel zur objektiven Erfassung des Gegenstandes, hat diesen Ruf erst seit der frühen Neuzeit, genauer gesagt: in dieser Epoche werden Instrumente hergestellt, die aus guten Gründen das Ansehen gewinnen, präziser, objektiver und weiterreichend zu sein als der menschliche Sinn. Galileo Galileis Fernrohr markiert hier eine Wende. Ob das Instrument aber damit aus der Geschichte herausfällt?

Konrad von Megenberg, der Regensburger Domherr, der um 1350 ein ‚Buch der Natur' und eine Astronomie verfaßte, übersetzte das griechische Wort ‚horizein' mit ‚ougenender', für ihn war der Horizont ‚der den Radius des menschlichen Auges Endigende und Einschließende'. Das klingt fast schon neuzeitlich. Mit dem neuzeitlichen Instrument ist von Anfang an der Gedanke verbunden, daß die menschlichen Sinne den Raum des Sichtbaren nicht auszumessen vermögen, daß sie zu kurz sind. Es erhebt den Anspruch auf eine gläserne

Durchsichtigkeit des Konstruktionsprinzips der Natur, konzipiert das Prinzip einer Durchsichtigkeit der Welt und eröffnet damit den anscheinend unendlichen, vor dem Erkennenden zurückweichenden Raum der Neuzeit. Zwischen Fernrohr und Jupiter, dem ‚Instrument' auf der einen und der ‚Außenwelt' auf der anderen Seite wird eine Vorstellung, ein Konzept erkennbar, das mit der Konstruktion des Apparates verbunden war. Engelhard Weigl (1990, 9–36) hat seine Theorie beschrieben: Der neue Wahrnehmungsrahmen ist ein Universale. Er verlängert die zu kurzen Sinnesorgane und durchdringt die durchsichtige Welt, ist objektiver und präziser als der menschliche Sinn und unterwirft sich den Gesetzen der Natur. Als ein Besteck, das die Natur als universal und homogen auffaßt und den Menschen dabei nicht ausnimmt, verringert er den Abstand zwischen Beobachter und Objekt oder bringt ihn zum Verschwinden.

Steht aber nun eine ahistorische Theorie außerhalb der Geschichte? Oder sind nicht auch die universalen Instrumente, wie die Begriffe und Bilder der neuzeitlichen Naturwissenschaft, Dokumente einer gedanklichen Zwischenwelt, an deren Bildung ein epochaler gemeinschaftlicher Denkstil erheblichen Anteil hat: ein Vorgriff, ein Besteck der Wirklichkeitsherstellung? Das Instrument ist in doppeltem Sinn ein ‚Vorsatz', materielle *und* intellektuelle Prothese, es stellt eine Erwartung dar, eine Frage.

Der Vergleich mit der sprachwissenschaftlichen Beschreibung der Frage scheint mir aufschlußreich. Diese geht aus dem Bewußtsein einer ‚Horizontenge' hervor und bemüht sich um Horizonterweiterung, ist eine zu einem bestimmten Zeitpunkt erfolgende Aufforderung, sich zu etwas zu äußern, wozu der Umriß vorgezeichnet wird. Sogar das ‚Material' für die Antwort wird in der Frage schon weitgehend angeliefert (‚Hast du mir geantwortet' – Ich habe dir geantwortet.).

„Eine Frage ist gegenüber der Antwort, die auf sie erfolgt, ein weniger an Information über einen Sachverhalt, nicht etwa ein Nichts an Information", schreibt Harald Weinrich. „Nur wer etwas weiß, kann überhaupt fragen. Es fehlt dieser Information freilich etwas (die steigende Intonation ist häufig das prosodische Äquivalent dieses Mangels), aber es fehlt nur eine Ergänzung. Diese Ergänzung kann groß oder klein sein, darin unterscheiden sich die einzelnen Fragen" (Weinrich [5]1974, 54 f.). Die einengende Wirkung der Frage wird im Verhör ausgenutzt; und jedes Dauerfragen des Partners bringt ein Gespräch in die Nähe des peinlichen ‚Aushorchens'.

Die Parallele scheint mir sprechend zu sein. Was die Instrumente hervorbringen, die schon durch ihre Dinglichkeit so objektiv wirken, ist zu einem nicht geringen Teil ein Echo der Frage. Je länger die Fragen werden, je größer, massiver, aufwendiger die Instrumente, umso tiefer könnten die Antworten im Rohr stecken, im Medium. Sie gehören zur Zwischenwelt, *sind* wie die von ihnen hervorgebrachten Zeichen eine Zwischenwelt, ein Zugriff auf „die Wirklichkeit" und können, als dinggewordene Fragerichtung, die Trägheit einer Institution annehmen. Auch sie haben gelegentlich das Zeug zur Mythe, welche länderweit Licht oder Schatten wirft.

21
Die Natur des visuellen Zeichens.
Ähnlichkeit statt Beliebigkeit

Die visuellen unterscheiden sich deutlich von den sprachlichen Zeichen. Wenn ich sie aus methodischen Gründen parallel betrachte, von der Bilderwelt aus meinem fachlichen Blickwinkel in sprachwissenschaftlichen Ausdrücken rede, so unterstelle ich nicht jene weitreichende Ähnlichkeit zwischen den beiden Medien, die z. B. Eco suggeriert, wenn er von ‚visuellen Codes' redet (Eco 1972, 1991). Das Ziel ist viel eher, sie auseinanderzuhalten, ihre Möglichkeiten und die Grenze zwischen ihnen sichtbar zu machen.

Diese springt in die Augen, wenn man sich den in seiner Absurdität aufschlußreichen Versuch von Juli Gudehus anschaut, den Schöpfungsbericht der Bibel durch eine Bilderfolge wiederzugeben:

DIE SCHÖPFUNG

Abb. 32: Juli Gudehus, Die Schöpfung. Die Zeit, Nr. 1, 1. Januar 1993, 38.

Für sich genommen ist die Bildsequenz kaum enträtselbar, sie wird es überhaupt nur für den, der den Text schon kennt, und auch das nur, weil sich Gudehus zugleich einiger Zeichen der Schriftsprache bedient. Doppelpunkt, Punkt und Komma, Anführungs- und Ausrufezeichen, schon die Folge von links nach rechts sind Mittel des Satzbaus.

Was unterscheidet das visuelle vom sprachlichen Zeichen?

„Das sprachliche Zeichen ist beliebig". Der berühmte Satz de Saussures (1967, 78) meint, daß zwischen einer Lautform wie ‚Anfang' und der in ihr gemeinten Vorstellung keine notwendige Beziehung besteht, andere Menschen verständigen sich, wenn sie statt dessen ‚beginning' oder ‚arché' hören und lesen. Ob ‚Tisch' oder ‚mensa', die Lautform ist grundsätzlich ein symbolischer Stellvertreter der Vorstellung. Wörter zeigen auf Dinge durch Vermittlung der mit ihnen verknüpften Konzepte, oder, wie es im Spätmittelalter heißt: verba significant mediantibus conceptibus. Ist diese Verbindung einmal eingeführt, dann gilt sie.

Das visuelle Zeichen dagegen ist keineswegs beliebig, es beruht auf einer Ähnlichkeitsbeziehung zwischen Figur und

152

Bedeutung. Wir bewegen uns auf dem Feld analoger Darstellung. Visuelle Zeichen bedeuten auf Grund von Entsprechung, die Form selbst vermittelt hier eine Vorstellung.

Zwischen der Vorstellung und ihrer Visualisierung herrscht in der Regel – auch dies im diametralen Gegensatz zum sprachlichen Zeichen – keine verabredete Verknüpfung. Visuelle Zeichen sind nur ausnahmsweise Teil eines Codes. In der Regel gibt es hier einen Freiheitsspielraum. Ich kann den Begriff des ‚Anfangs‘ auf verschiedene Weise visualisieren – die oben gewählte Form ist weder zwingend noch überhaupt einleuchtend.

Trotzdem kann sich eine Übereinkunft herstellen, ein festes Schema zur Gewohnheit werden; in der Tradition der christlichen Religion wird das gleichseitige Dreieck, das ein Auge einschließt und von einem Strahlenkranz umgeben ist, zu einer festen symbolischen Darstellung Gottes. Die Elemente der Form, Dreiseitigkeit, das allgegenwärtige Auge und die sonnenhaften Strahlen, sind dabei Bedeutungsträger.

In diesem Fall, dem einzigen Beispiel unsrer Bilderschrift, ist der Bildtypus zur Konvention, zum festen Stellvertreter geworden. Im alttestamentlichen Schöpfungsbericht ist sein Gebrauch aber mehr als problematisch. Richtig wäre gar kein Bild; denn es ist von JAHWE, dem ein für allemal Unsichtbaren und Unaussprechlichen die Rede, der gesagt hat, daß du dir kein Bildnis machen sollst. „Ich bin, der Ich bin" (Ex. 20, 4 und 3, 14). Das christliche Ikonogramm vermittelt eine geschichtliche, spätere Vorstellungsnorm.

Mit anderen Worten, und dieser Gegensatz scheint mir von einiger Tragweite zu sein: wir haben es beim sprachlichen und beim visuellen Zeichen mit zwei Arten von Übereinkunft zu tun. Das sprachliche Zeichen gilt auf Grund einer zwar grundsätzlich beliebigen, aber festen Verabredung; die lautliche Form ist vereinbarter Stellvertreter. Die visuelle Form gilt, wo sie zum ‚Zeichen‘ wird, auf Grund eines zur Konvention gewordenen Wahrnehmungsschemas; die von der Form vermittelte Bedeutung ist eine sozialverankerte Sehnorm: Teil des Blickes.

Alle Beispiele der obigen Sequenz zeigen in die Richtung

heutiger Gebrauchsnormen. An Stelle der ‚Schöpfung' erscheint eine Schöpfkelle, die Erde wird zum Globus, das Licht eine Glühbirne. Statt ‚Es werde Licht' sagt die Bildfolge: ‚Knips die Hängelampe an!'

Aus dem Bisherigen ergeben sich weitreichende Konsequenzen:

Das sprachliche Zeichen ist auf *eine* Zunge, eine Gemeinschaft begrenzt und nur in ihr sofort verständlich, – das visuelle bildhafte Zeichen ist rasch erlernbar und international leicht kommunizierbar.

Das Wort verändert sich nicht, wenn ich es in seiner konkreten Bedeutung nuanciere, jedenfalls nicht als Lautform, die ich z. B. schreiben würde, sondern nur in seinem gesprochenen Ton und Klang – das visuelle Zeichen dagegen verändert seine sichtbare Gestalt. Der *Name* ‚DNS' bleibt der gleiche, ob ich darunter eine wissenschaftliche Hypothese oder das ‚Geheimnis des Lebens', ‚den Faden, an dem unser Leben hängt', den ‚Heiligen Gral' verstehe. Die *Figur* der DNS wandelt sich, bei gleichbleibendem Grundschema, beträchtlich. Der Beiklang von Gefühlen und Wertungen, das Konnotat, wird zum leuchtenden Nimbus.

Man muß bei dieser Gegenüberstellung allerdings auf beiden Seiten eine Einschränkung machen:

Die Unterscheidung zwischen ähnlichen und willkürlichen Zeichen betrifft ein Mehr oder Weniger. Bei Wörtern gibt es eine Mitwirkung des Prinzips der Ähnlichkeit, die Dichtung lebt von ihm, bei visuellen Zeichen eine Mitwirkung der Stellvertretung. Es ist ein gleitendes Feld. Nicht zufällig hat sich der Buchstabe aus der Bilderschrift entwickelt.

22
Visiotyp und Wort.
Geregelter Gebrauch
statt beweglicher Stellvertretung

Die Beliebigkeit des sprachlichen Zeichens, seine „Willkür", von der Lessing im „Laokoon" sprach, sein grundsätzlich stellvertretender Charakter, erlaubt es, daß sich an einen Namen ein ganzer Fächer von Bedeutungen heften kann; es hat insofern einen doppelten Charakter. Die gewöhnlichen Begriffe der Umgangssprache charakterisiert, ihrer *Möglichkeit* nach, eine abstrakte, vage und weitgespannte Bedeutung. Wenn wir die Wörter ‚Anfang', ‚Erde', ‚Licht' im Grimmschen Wörterbuch nachschlagen, so entnehmen wir eine Reihe von Hauptbedeutungen und Nebenbedeutungen. Erst im jeweiligen Gebrauch nimmt etwa ‚Erde' eine konkrete, u. U. sehr präzise und eng umrissene Bedeutung an, wird das Wort genauer eingestellt, eine mögliche Bedeutungsnuance aktualisiert. Die Bedeutung der Wörter ist grundsätzlich plastisch, dehnbar, sie kann von Seite zu Seite, von Absatz zu Absatz, ja, innerhalb eines Satzes variieren. „Sie lebte so dahin. Dahin möchte ich ihr folgen", schrieb Karl Kraus. Seit Hermann Paul wird auf diesen doppelten Charakter des Wortes, den Unterschied zwischen „usueller und okkasioneller" (Paul 1970, 75 ff.), „lexikalischer und aktueller Bedeutung" (W. Schmidt 1963) oder einfach von „Bedeutung und Meinung" (Weinrich 1974) hingewiesen.

Es gibt aber die Möglichkeit, die Bedeutung eines Wortes zu regeln, sie fest einzustellen, indem man sie mit einer Definition versieht: „Was immer die Fortsetzung bei der Arbeit stört, ist ein Widerstand", hat Freud bestimmt (1940 ff. II/III, 521). Von nun an ist ‚Widerstand' in der Psychoanalyse nicht mehr durch den jeweiligen Zusammenhang nuancierbar, das Wort wird *kontextautonom* verwendet: es führt sozusagen seinen geregelten, vorgeschriebenen Kontext ständig mit sich und erscheint daher in konstanter Bedeutung. Das ist das gewöhnliche Verfahren der Wissenschaft.

Es gibt auch in der Umgangssprache Wörter, die verwendet werden, als seien sie festumrissene kontextautonome Bausteine. Oft sind es Abkömmlinge der genormten Zeichen der Wissenschaft, abzüglich deren präzisen und zuzüglich eines sozialen Gehalts. Wenn sie als strahlkräftige leere Stereotype Karriere machen, nenne ich sie ,Plastikwörter'. Zu diesem Worttyp ergibt sich eine Parallele:

Die visuellen Zeichen ähneln von Anfang an dem genormten wissenschaftlichen Terminus oder seinem nebulos strahlenden Neffen in der Umgangssprache. Sie sind keine beweglich nuancierbaren Stellvertreter, sondern isolierte, konventionalisierte und definierte Komplexe.

Als nackte Form, ohne erläuternde Umgebung für sich betrachtet ist eine Helix, ein Dreieck oder eine Figur wie Freuds Zeichnung der Persönlichkeitsstruktur (vgl. Nr. 5) hochgradig abstrakt und vieldeutig. Ein Dreieck wird sich, ob wir es in einer Kirche, am Straßenrand oder in einer Einführung in die Sprachwissenschaft antreffen, mit weit voneinander entfernten Bedeutungen verbinden. – Sie sind nicht Elemente eines Lexikons, sondern werden im Gebrauch erst hergestellt und können dabei mehr und mehr normiert, dann freilich auch in Grenzen variiert werden.

Die Bedeutung wird auf dreifache Weise bestimmt:
– durch den Ähnlichkeitsbezug (seine „Natürlichkeit" nach Lessing),
– durch die Einigung auf *ein* Schema, *eine* Figur,
– durch eine beigegebene sprachliche Erläuterung, die sog. ,Legende'.

Das sog. ,semiotische Dreieck' z. B. veranschaulicht die Ansicht, daß am sprachlichen Zeichen drei Aspekte wesentlich seien: 1. der Laut, die ,Form' eines Wortes, 2. die ,Bedeutung bzw. der Begriff, der in der Vorstellung des Sprechers mit der lautlichen Form verbunden ist, und 3. der Bezugsgegenstand, das 'Relatum', auf das sich ,Form' und ,Bedeutung', das Wort also beziehen: siehe Abb. 33, Seite 157.

Die gestrichelte Linie deutet darauf hin, daß vom Lautbild kein direkter Weg zum Gegenstand führt, sondern daß diese Beziehung durch den Begriff, den sich der Sprecher bzw. die

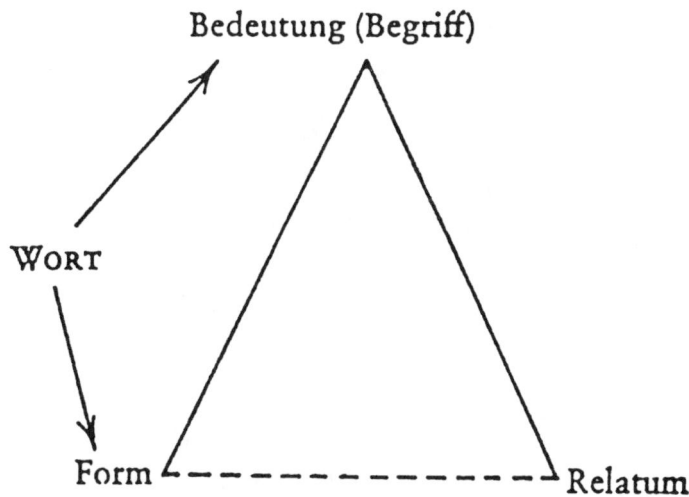

Abb. 33: Das semiotische Dreieck. Lyons 1971, 413.

Sprachgemeinschaft von dem Bezugsobjekt machen, *vermittelt* ist. Der Laut ist Träger einer Bedeutung im Sinn einer Deutung der Sache: ,voces significant res mediantibus conceptibus' (Gauger 1972, 114 f.). Die Spitze des Dreiecks entspricht also ziemlich genau Weisgerbers ,Zwischenwelt' (vgl. Nr. 15).

Man erkennt die dreifache Determinierung, welche das Dreieck entschlüsselbar macht: Es gibt jenen *Ähnlichkeitsbezug* zwischen der Denkfigur und der visuellen Figur: das sprachliche Zeichen hat drei Aspekte usf. Es gibt eine *Legende*, aus der hervorgeht, daß vom ,Wort' die Rede ist und daß es drei fundamentale Aspekte hat. Und es gibt das schlichte Lehrbuchschema, auf das sich die Theorie des sprachlichen Zeichens für eine Zeit geeinigt hat: das *Wahrnehmungsschema*.

Sieht man sich die Figur einmal an ihrem Ursprung an, in dem Werk ,The Meaning of Meaning' von Ogden und Richards, so erscheint sie als ziemlich kompliziert und wird ohne den begleitenden Text nicht verständlich. Wir haben es mit einer noch tastenden, hypothetischen Skizze zu tun (vgl. Darwins Skizze der Evolution, Nr. 16):

157

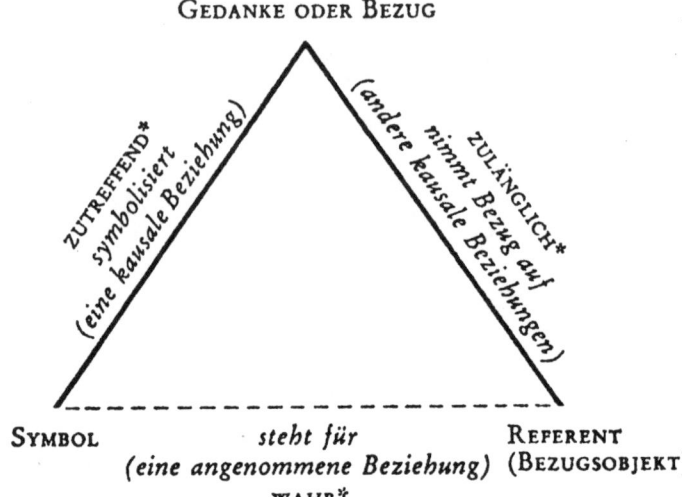

Abb. 34: Das Semiotische Dreieck am Ursprung (in Übersetzung).
Ogden/Richards 1974, 18.

Erst in der Folge schleift das Modell sich zu jenem unendlich oft abgebildeten, vereinfachten Schema des sprachlichen
Zeichens ab, das oben wiedergegeben ist. Einmal eingeführt,
wird es schulbildend und blickprägend, bestimmt die Wahrnehmung, gewinnt die Trägheit einer einmal eingeführten Institution. Es wird zu einer Entität, einem real existierenden
Ding. Es wird erlernbar.

Diesem Zeichen gegenüber könnte man sehr viel einwenden, z. B. daß es im „oberen" Bereich nicht unterscheidet zwischen der individuellen Vorstellung und der allgemein anerkannten Bedeutung. Die Figur müßte dann zweigipflig ausfallen, als Trapez, wie es Raible vorschwebt (1987, 497 ff.), wie
es aber auch schon die scholastische Lehre von den modi
significandi kannte, die zwischen Sache und Laut, ‚res' und
‚vox' zwei Instanzen treten ließ, die ‚Deutung' (modus intel-
ligendi) und die ‚Bedeutung' (modus significandi). Schema-
tisiert:

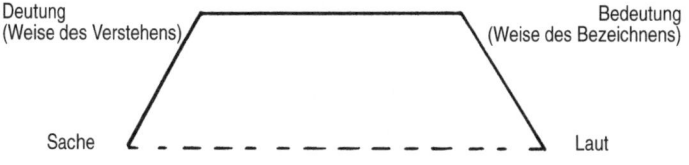

Abb. 35: Das semiotische Trapez,
vgl. Raible 1983 (Einleitung) und 1987.

Dieses Modell, das viel weniger bekannt ist, hat den Vorteil, daß es sichtbar macht, wie aus der Vorstellung einzelner
ein allgemeines Deutungsschema, eine Übereinkunft werden
kann. Und es erlaubt bereits, einen doppelten Charakter des
Wortes, Bedeutung und individuellen Begriff, zu unterscheiden, ist also zumindest differenzierter. Das simple „semiotische Dreieck" ist ein gutes Beispiel dafür, wie ein Wahrnehmungsschema zur Gebrauchsnorm werden und damit einen
genormten Blick institutionalisieren kann.

Das Wort ist also ein beweglicher Stellvertreter; in der
Form stabil, in der Bedeutung präzisierbar und nuancierbar
durch den Zusammenhang.

Das Visiotyp steht für sich; seine Bedeutung ist geregelt
durch Gebrauch, es führt seinen Kontext mit sich. Dieses Zeichen setzt sich zusammen aus den Elementen *Ähnlichkeit*,
konventionalisiertes Wahrnehmungsschema und *Lesart*. Das gilt
nicht nur für Figuren wie Helix oder Dreieck, sondern ebenso
für Zahlenbilder wie Kurve und (Auto-)Schlange und für
Instrumentenbilder wie die Geburt eines Sterns oder den
Blauen Planeten. Auch eine steigende Kurve und eine Sterngeburtswolke haben etwas „Natürliches", sind als Gestalt
konventionalisiert, und ihre Entschlüsselung wird mitgelie-
fert. Sind *Gestalt* und *Lesart* zusammengekommen, so ist beides nur noch beweglich innerhalb einer Dimension, z. B. der
Dimension des Wandels von einer wissenschaftlichen in eine
soziale Bedeutung, ähnlich wie eine in den Scharnieren bewegliche Figur sich in die Länge ziehen und kürzen läßt.
Dann wird, sprachlich und in der Form, aus einer molekularen Struktur ein „Schlüssel des Lebens": die Nähe des Visiotyps zur sozialen Norm ist schon im Zeichen angelegt.

23

Visiotyp und Wort.
Autorisierter, isolierter Komplex
oder Element eines Zweiklassensystems

Das sprachliche Zeichen ist ein Element, das grundsätzlich in einer Kette vorkommt. Es steht in Verknüpfungen. Die Sprache kombiniert zwei verschiedene Verfahren, und dies auf eine Weise, die es ihr erlaubt, „von endlichen Mitteln einen unendlichen Gebrauch zu machen", wie die knappe Formel Humboldts lautet, oder, in den Worten der Sprachtheorie Karl Bühlers (1965, 76, vgl. 73), „mit einem beschränkten Schatz von Konventionen und dementsprechend von Sprachgebilden *unbeschränkt Mannigfaltiges* hinreichend differenziert zur Darstellung zu bringen". Sie arbeitet mit Wortwahl und Satzbau, und nicht zufällig hat man ihre Vorgehensweise schon früh mit der des Webers verglichen. ,Text' heißt ja ,Gewebe':

Auf der einen Seite verwendet der Mensch das Mittel, die Welt durch seine Vorstellungen gleichsam in einzelne Stücke oder Streifen zu zerschneiden und ihnen Zeichen zuzuordnen. So entsteht das Lexikon.

Auf der anderen Seite gilt das Verfahren, die Weltfetzen in ein durchkonstruiertes, überschaubares Verhältnis zueinander zu bringen, wofür ebenfalls ein Schatz von Konventionen, von Konstruktions- und Verknüpfungsregeln, bereitsteht: „Am Anfang schuf Gott Himmel und Erde". Man verfährt „syntagmatisch". Hier haben wir sozusagen die lineare Horizontale, und sie wäre als Ganzes und Hohlform, als Satzbauplan, ersetzbar. So entstehen Satztypen und Grammatik.

Beide zusammen, Einzelsymbole und Verknüpfungsregeln, ergeben das ,Gewebe'. Der Webstuhl ist ein treffendes Bild für die ,Zweiklassennatur' der Sprache (Bühler 1965; Glinz 1968, 38), ihre ,doppelte Gliederung' (Eco 1972/1991, 231 ff.). Farblose Längsfäden, die den Halt geben, und querlaufende Farbfäden, welche die Buntheit beisteuern, – oder, in der Sprache der Weber: ‚Kette' (bzw. ‚Zettel') und ‚Einschlag' (des querlaufenden ‚Schiffchens') –, wirken zusammen den überschaubaren ‚Text', das Gewebe. Das Staunen darüber, daß der Sprecher einer Sprache über das Vermögen verfügt, mittels einer endlichen Menge von Wortzeichen und Verknüpfungsregeln eine unendliche Menge von Sätzen zu erzeugen und zu verstehen, war der Ausgangspunkt für Chomskys ‚Generative Grammatik'. Er sprach von ‚Kreativität' und meinte eine mathematisch beschreibbare Eigenschaft. *Die Sprache erscheint unter diesem Blickwinkel als unendlich flexibles Instrument.*

Wenn Paul Klee sein Bild ‚Alter Klang' wie einen schachbrettartig gemusterten Teppich anlegt, so zeigt sich eine Parallele zwischen diesem Webwerk und einem Text: jedes Quadrat hat einen Eigenwert und einen Feldwert, wirkt als dieser besondere dunkelrote oder olivgrüne Farbfleck und auf Grund seiner Position im Ganzen, unter den Nachbarn. Aber für den Eigenwert existiert kein Lexikon, für den Feldwert keine Grammatik, in denen der Wert nachzuschlagen wäre. Daß wir ein Bild ‚lesen', ist darum eine gute Metapher, weil sie hinkt.

Eco sieht keinen prinzipiellen Unterschied zwischen der Sprache und den „visuellen Codes". Ihm zufolge regelt die Konvention alle unsere Abbildungsoperationen. Er gibt dafür subtile Begründungen, aber zunehmend führt er selbst Gegenargumente an: wie viel bei der Abbildung in der Hand des Zeichners liege, wie autonom jener verfahren könne, wie „schwach" also visuelle Codes seien, voller fakultativer, erlaubter Varianten, ja, er gesteht, daß wir über die Konventionalität visueller Zeichen fast gar nichts wüßten. Er spricht zuerst vom „Mythos der doppelten Gliederung", der die Sprache vorgeblich von den visuellen Codes unterscheide, weist aber dann nur auf Ansätze zur Mehrfachgliederung visueller Zeichenreihen hin, läßt nur wenige der Sprache vergleichbare Systemfragmente erkennen, räumt ein, die visuellen seien „schwache Codes" (Eco 1972/1991, 209, 230 ff.).

Sie sind gar keine. Ihr System ist ein anderes. Eco verwechselt, in den Spuren de Saussures, die zwei Arten von Konventionalität, von denen oben die Rede war, die Konvention beweglicher und beliebiger, symbolischer Stellvertretung und die eines durchgesetzten Wahrnehmungsschemas und einer sozial geregelten Gebrauchsnorm.

Es ist im Gegenteil so: Gerade weil der visuelle Code ‚schwach' ist, genauer, weil er keiner ist, weil es für das einzelne visuelle Zeichen nicht eine auf Übereinkunft beruhende starre Gestalt und Lesart gibt, sondern hier der Spielraum vorherrscht, kann sich die soziale Gebrauchsnorm so entschieden durchsetzen und das gewählte Bild, sein konventionalisiertes Schema und seine Legende zu einem festen isolierten Komplex verschweißen. Wo viel Freiheit ist, stellen sich Muster ein, die sich wiederholen und einprägen, sich einschleifen zu einer Gebrauchsnorm.

Sprache verfährt prinzipiell anders. Man wähle aus dem Beispiel der ‚Schöpfung' von Gudehus (Abb. 32) nur die erste Zeile:

Die Bildfolge ist nicht lesbar. Kein Zeichen ist ‚richtig' gewählt, richtig im Sinn eines vereinbarten Stellvertreters für das Gemeinte, an keinem sind grammatische Konstruktionsregeln, durch die sie sich als Satzteile einordnen würden, erkennbar. Die an einen Satz erinnernden Zeichen entstammen der Sprache.

Wenn die bisherige Darstellung zutrifft, ist der Leser eines Wortes grundsätzlich in einer anderen Situation als der Rezipient eines visuellen Zeichens:

Das Wort gehört einer Sprache an, an der er selbst teilhat; er kann in ihr antworten, denn er verfügt über das gleiche Instrumentarium. Er kann nachfragen, ironisieren, bezweifeln, widersprechen, zustimmen – kann sich auf dem gleichen Parkett bewegen, oder, falls es ihm neu ist, sich doch kundig machen.

Denn die Sprache als ganzes ist zwar nicht hintergehbar; wer sich verständigen will, kann ihren Horizont nicht verlassen, aber die einzelne Äußerung kann er sehr wohl „hintergehen". Die oben angedeutete Beweglichkeit des Instruments Sprache erlaubt es, wie Kuno Lorenz und Jürgen Mittelstraß gegen Apel vorgeführt haben, die einzelne sprachliche Prägung anders zu wenden, zu umschreiben, aus den Angeln zu heben (Lorenz/Mittelstraß 1967).

Ganz anders steht es in dem Punkt mit den visuellen Zeichen. Sie gehören in der Regel keinem Code an, den Zeichengeber und Empfänger teilen. Der Empfänger verfügt weder über das Instrumentarium, um zu entgegnen – zu ‚widerzeichnen', ‚antbilden' müßte man sagen –, noch über ein öffentliches Medium für visuellen Zweifel und Widerspruch. Er ist in einer asymmetrischen Position.

Das gilt ebenso auf Grund der besonderen Natur des visuellen Zeichens. Wenn dieses einmal der Autonomie des Zeichengebers sehr viel Spielraum läßt, ein andermal sich als soziale Gebrauchsnorm befestigen kann, als verschweißter Komplex, so bleibt dem Empfänger jeweils wenig Möglichkeit, seinen Fuß in die Tür zu klemmen. Er steht davor.

24
Grenzen der beiden Medien

Wenn man das über Visiotyp und Wort Herausgefundene knapp gegenüberstellt, zeichnen sich Grenzen und Grenzübergänge der beiden Medien noch einmal deutlicher ab:

Das Wortzeichen ist arbiträr, es ist dem in ihm gemeinten Gegenstand unähnlich, ein beliebiger Stellvertreter, dessen Geltung auf Verabredung beruht. Deren Reichweite ist auf eine nationale Gemeinschaft begrenzt. Seine Lautform ist konstant, ganz gleich, ob es streng sachlich oder umgeben von einem Assoziationshof von Gefühlen und Wertungen verwendet wird. Ein konnotatstarkes Wort hat einen besonderen Klang, aber kein besonderes Aussehen.

An die konstante Lautform heftet sich eine grundsätzlich bewegliche Bedeutung. Die lexikalische Bedeutung eines Wortes ist zunächst eher abstrakt, vage und weit gespannt, sie ist plastisch abwandelbar und wird erst im aktuellen Gebrauch, im konkreten Zusammenhang scharf und präzis eingestellt. An die konstante Lautform kann sich, der Möglichkeit nach, eine eher subjektive Vorstellung oder eine objektive allgemeine Bedeutung, ein Spektrum von Bedeutungen, ein Nebensinn oder ein Nimbus heften; über die Auswahl und Ausprägung entscheidet der jeweilige aktuelle Kontext, in dem es steht.

Das Wortzeichen steht grundsätzlich in einer Kette und Verbindung. Als Element in einem geregelten, vereinbarten, allgemeingültigen ‚Zweiklassensystem‘, das mittels einer begrenzten Liste von Einzelsymbolen und Verknüpfungsregeln, von lexikalischen Einheiten und Grammatik, unbegrenzt vieles zum Ausdruck bringen kann, gewinnt es nochmals eine erhöhte Beweglichkeit. Es ist Teil einer unendlich flexiblen, abwandelbaren, in ihren Ausdrucksmöglichkeiten unbegrenzten Sprache.

An dieser Sprache haben Zeichengeber und Zeichenleser grundsätzlich gleichen Anteil und gleiches Recht. Es gibt in ihr aber den Sonderfall des geregelten Gebrauchs: in den genormten Termini der Wissenschaft, der Sprachregelung von Diktaturen, in den autoritativen Stereotypen, den ‚Plastikwörtern‘ der Umgangssprache.

Das visuelle Zeichen dagegen ist keineswegs beliebig, sondern dem gemeinten Gegenstand ähnlich; es beruht auf analoger Darstellung. Zwischen einer Vorstellung und ihrer Visualisierung besteht in der Regel nicht jene Verbindung, die wie eine willkürliche und feste Verabredung erscheint. Es gibt hier einen Bewegungsspielraum und dann eine durch Gebrauch sich einspielende Übereinkunft, ein Wahrnehmungsschema, welches ergänzt wird durch die Erläuterung. Diese Lesart legt die Bedeutung fest; tut sie es auf konstante Weise, so kann das visuelle Zeichen allein sich verselbständigen und zum stellvertretenden Zeichen werden. Vorläufig ist es den Wahrnehmungsgewohnheiten einer Epoche stärker als das Wort eingeformt, bringt es eine Sehnorm zum Ausdruck. Es ist leicht oder leichter international kommunizierbar. Seine Gestalt verändert sich, je nach dem, ob es streng sachlich oder von einem starken Assoziationshof umgeben verwendet wird. Der Nimbus ist sichtbar.

Form und Bedeutung bilden hier zusammen einen isolierten, definierten Komplex. Es ist als solcher kein Element einer Sprache, weder in dem Sinn, daß es bei konstanter Form in seiner Bedeutung beweglich und nuancierbar wäre wie das Wort, noch in dem anderen, daß mit ihm als einem Element nach dem sprachlichen Prinzip von Lexikon und Grammatik verfahren werden kann. Es ist keine bewegliche Spielmarke in einem allgemein verfügbaren, unendlich flexiblen Code, sondern ein isolierter, verschweißter und autoritativer Komplex.

Der Zeichengeber verfügt in hohem Grad über die visuelle Gestalt wie über ihre Erklärung, über Figur, Informationsgrundlage und Legende. Der Zeichenleser ist davon ausgeschlossen und könnte nur als Experte mit einem Gegenzeichen antworten. In der Regel sind beide in einer asymmetrischen Position.

Die Konsequenz dieser Asymmetrie ist beträchtlich. Auf der einen Seite ermöglicht sie die Täuschung. Daß mit einer Täuschung zu rechnen ist, gehört nicht in das Gebiet der Pannen, sondern zum Grundriß der Visiotype. Nehmen wir das Beispiel der *Instrumentenbilder*: je näher wir an den molekularen Bereich herankommen, um so weniger bleibt von der ursprünglichen idealen Geometrie der Doppel-Helix, um so verquirlter und weniger schön wird ihr Erscheinungsbild! Oder, man überlege: Wenn im Fall von *Zahlenbildern* und *Karten* der Zeichengeber so weitgehend über das Zeichen verfügt, wenn die Instrumente der Beobachtung und der Versuchsanordnung, das Datenmaterial und seine Organisation, seine Deutung, die graphische Endgestalt und deren Legende in seiner Hand liegen, dann muß es zur fundamentalen Qualität des graphischen Mediums gehören, daß es nach dem Geschmack des Zeichengebers Akzente setzt, schönt, verschiebt, entstellt und blufft. Titel wie das witzige ‚Wie lügt man mit Statistik?' (Krämer 1991) oder ,Eins zu einer Million. Die Tricks und Lügen der Kartographen' (Monnier 1996) sind dann nicht Ausdruck einer kritiksüchtigen Opposition, sondern Phänomenbeschreibung, und Meinungsforschung kann kaum mehr sein als eine subtilere Form der Propaganda. Daß Instrumentenbilder unvermeidlich Täuschungen sind, Schein, dessen Basis unsicher ist, von der digitalen „Photographie" eines Politikergesichts bis zu der einer farbigen Schlucht auf dem Planeten Venus, ist inzwischen Allgemeingut. Das Mißverhältnis zwischen der Position von Zeichengeber und Zeichenleser, die Unüberprüfbarkeit der Visiotype, rührt längst an die Wurzeln der Demokratie.

Diese Asymmetrie der Positionen, speziell im öffentlichen Raum, begünstigt, befördert, begründet die Zugehörigkeit der Visiotype zur Expertensphäre. Das Visiotyp als Zugriffsstil ähnelt dem definierten, terminologischen Sprachstil der Wissenschaft; verselbständigt sich das einzelne Exemplar – durch machtvolle Institutionen wie Naturwissenschaft und Technik, Ökonomie und Werbeagenturen, durch die visuellen Medien autorisiert – zu einem globalen Visiotyp, so wird es zum wirkmächtigen Äquivalent gewisser Plastikwörter.

Mit diesen Bausteinen lassen sich einfache, wirksame, die Gesellschaft bindende ,Sätze' bilden, auf dem Gebiet der Sprache nach dem Muster ,Problem – Lösung – Strategie', auf dem der Visiotype nach dem Modell ,Exponentielle Weltbevölkerungskurve – angefressener und schädlingsresistenter Mais – Doppel-Helix'. Den Sätzen folgt die Wirklichkeit in Sprüngen, um nicht zu sagen in „Struktursprüngen".

Das Gesagte gilt nicht absolut, sondern tendenziell. Es gibt Grenzübergänge, ja, geradezu Seitenvertauschungen zwischen dem sprachlichen und dem visuellen Medium. Im Augenblick ist es nicht unangebracht, den Gegensatz hervorzuheben.

25
Sprachkritik und Bildkritik.
Visiotype als soziale Norm

In der Exposition (Nr. 5) habe ich gemeint, Sprache und Bild seien auf *einer, derselben* Ebene kritikwürdig, auf der Ebene des Sozialcodes. – Das soll hier näher begründet werden, zunächst auf dem Gebiet der Sprache.

Sprachkritik ist Kritik am Gebrauch der Sprache, an dem, was man in Frankreich *usage* genannt hat, an der eingeübten oder auch eingerissenen Norm. Das wird oft nicht bedacht, was in der schlichten Entgegnung sich ausspricht, die Sprache sei doch unschuldig, ein bloßes Instrument, man meine ja nur die *Sache*. Man meint zwar die Sache, aber nicht nur, die Sprache ist durchaus nicht unbeteiligt, sie hat einen auch in dieser Hinsicht doppelten Charakter. Sie ist nach der einen Seite ein scheinbar grenzenlos bewegliches Instrument und nach der anderen eine eingebürgerte soziale Institution, die ziemlich irreführend sein kann, da sie die bahnende Trägheit der Institutionen hat.

Das beginnt beim Wort als Zugriff, bei der vorherrschenden Norm seines Gebrauchs und endet bei den Gebrauchsregeln der Textgattungen, der Gattungsnorm. Die Instanz der Norm setzt sich auf der Ebene des Gebrauchs durch, indem sie die Vorherrschaft von Varianten begünstigt. Denn die grenzenlose Kreativität der Sprache gilt nur prinzipiell, als Grenzfall und pure Theorie. Sie ist die eine, und zwar abstrakte Wahrheit. Man ist gezwungen, sie anzunehmen, wenn man wie de Saussure von dem schlichten Gegenüber von ‚*langue*‘ und ‚*parole*‘, von der Sprache als *System* und der durch dieses System aus Lexikon und Grammatik ermöglichten unendlich und beliebig vielfältigen *Rede* ausgeht. In der Sprachwirklichkeit ist diese schlichte Dichotomie unvollständig und daher falsch. Sprache ist originär sozial eingebettet, das scheinbar so bewegliche ‚Instrument‘ ebenso grundsätzlich eingeschränkt. Zwischen der Sprache als einem System und der durch dieses System ermöglichten unendlichen Vielfalt wird in jeder konkreten Äußerung eine Instanz wirksam, die der Romanist Coseriu (1970) als ‚norma' eingeführt hat. Sie hat meist nicht die gleiche unbedingte Obligatorik wie die Regeln der Grammatik, aber sie ist wirksam als soziale und kulturelle Auflage. Sie legt nahe, ein Wort wie ‚Entwicklung', das im öffentlichen Zusammenhang in einer bestimmten Bedeutung durchgesetzt ist, nur noch in dieser Bedeutung zu hören und zu verwenden. Eine Vielzahl von Denkkonventionen ist der Sprache, vom Wortgebrauch über die Bilder und Redensarten bis zum Satzbau, ihrem Stil eingelagert. Er bestimmt die Sprachmuster der Textgattungen, der sozial verankerten Situationsstile.

Man muß hier nicht sofort die finstere Macht des ‚Diskurses' wittern; im Gegenteil. Soziale Normen und Formen sind etwas, was das Leben erleichtert oder überhaupt erst ermöglicht. Sie sind wie Stützen in die Sprache eingezogen, in einer Kette von Situationen erprobt, umgemodelt und anerkannt; für wahr gehalten. Das überlieferte Bild von der Sprache als Thesaurus, als Schatz, ist nicht zufällig. Ihre bewegliche Ordnung ist ein Speicher an Erfahrung und guten Sitten; in schwierigen Situationen entlastet sie vom persönlichen Ausdruck.

Das hindert nicht, daß die ‚Ordnung des Diskurses' ein rigoros genormtes Regelwerk sein kann, das sich, wie Foucault (1979, 25) annimmt, disziplinierend auswirkt wie eine Polizei, oder daß ein kleiner Satz freundlicher, in bestimmter Weise gebrauchter Schlüsselbegriffe die Gesellschaft mit Bejahung überschwemmen und blinde Zustimmung erlangen kann.

In den Visiotypen ist die ‚Zwischeninstanz', von der gerade die Rede war, die Hauptinstanz. Sie sind in noch mehr Hinsichten *norma*, manchmal geradezu Ausbünde sozialer Norm; daher ihre starke prägende, Normen bestätigende und setzende Wirkung.

Ludwik Fleck zeigt eindrücklich an visuellen Beispielen, wie Wahrheit als Übereinkunft, als Konsens zustande kommen kann. In dem Aufsatz ‚Schauen, Sehen, Wissen' (1983, 160 f.) gibt er aus dem Bereich der Instrumentenbilder das folgende Beispiel:

„Im 19. Jahrhundert entdeckte man unter dem Mikroskop eine ganz neue Welt. Wenn es um die Form einzelner Zellen, um Mikroorganismen geht, ist das Vergleichen leicht, weil sie an einfache Gestalten der Geometrie erinnern: Stäbchen, Kügelchen, Spiralen. Aber wenn es um die Beschreibung von Gruppengestalten, einer spezifischen Struktur geht, die aus der Fortpflanzung der Bakterien folgt, ist die Angelegenheit viel schwieriger, weil man lernen müßte, Gestalten zu sehen, die sich sehr von den im Alltag angetroffenen unterscheiden. Wir können verfolgen, wie die Bilder anfangs oszillierten, wie man verschiedene phantastische, sich verdrängende Gestalten aus dem Alltag sah, wie sich ein Bild festigte, die Anzahl der Vergleiche beinahe von Jahr zu Jahr, von Autor zu Autor abnahm, und wie sich inmitten der Diskussionen und gegenseitigen Korrekturen eine neue festgelegte Gestalt erhob, so deutlich, daß sie selbst zur durch das Kollektiv sanktionierten Schablone wurde, der man sich nachfolgend beim Sehen der der Reihe nach auftauchenden neuen Gestalten bedient." – Das ist eine aufschlußreiche Beobachtung. Bilder und Begriffe bilden sich im engsten Austausch einer Gruppe und ihrer Epoche. Erst in den letzten Jahren wird vollständig deutlich, in welchem Maße Haeckels ‚Kunstformen der Natur‘, faszinierende, von Künstlern viel bewunderte Zeichnungen der Mikroorganismen des Meeres, Dokumente der Lebensphilosophie des späten 19. Jahrhunderts und des beginnenden Jugendstils sind (Mann 1990).

Man kann diesen Gesichtspunkt sehr weit treiben und findet, wie die Forschungen jüngerer Zeit zeigen, dafür eine uferlose Zahl von historischen Beispielen.

Fleck hat das menschliche Auge, ganz unabhängig davon, wie lang die ihm vorgeschalteten Prothesen sind, frühzeitig als Organ einer sich historisch wandelnden Sehgemeinschaft untersucht und seine *Sehtätigkeit*, seine an einen Epochenblick gebundene Aktivität am Beispiel der Geschichte anatomischer Abbildungen skizzenhaft angedeutet. Illustrationen, Zeichnungen, Abbilder verraten oft mehr über die Zugehörigkeit zu einer Epoche als über die Sache. Die visuellen Zeichen sind für ihn in noch höherem Grad, als es die Sprache für Wilhelm von Humboldt war, Teil einer ‚Weltansicht'. Das zu einer Gestalt kristallisierte Bild ist durch eine konzeptuelle Zwischenwelt getrennt von dem, worauf es deutet. Die Zwischenwelt wird aufgerichtet, sozusagen gegittert von der Gemeinschaft, und zwar auf dem Wege der Einübung von Sehgewohnheiten, des sich einpendelnden Zusammenfassens von Eindrücken zu einer ‚Gestalt' oder ‚Schablone'. Wir sehen, was wir zu sehen gelernt haben. Was der wissenschaftliche Adept vor dem Mikroskop erfährt, erscheint dem erfolgreichen Typhusforscher Fleck als eine Art Einweihung. Ihm widerfährt eine „gerichtete Bereitschaft": auf Grund von Schulung, wissenschaftlicher Überlieferung und Diskussion in der Gruppe „die spezifische Bereitschaft, eine bestimmte besondere Gestalt wahrzunehmen" (Fleck 1983, 61, 74). So bildet sich eine Sehnorm, ein kanonisches Bild. Ein wissenschaftlicher Begriff kann zum festen Überlieferungsgut werden, wenn er im ‚Stilsystem' untergebracht ist. „Die weitere Entwicklung verändert ihn in einen – im Rahmen des Stils – selbstverständlichen Gedanken, in eine spezifische, unmittelbar erkennbare Gestalt, in einen ‚Gegenstand', demgegenüber sich die Mitglieder des Kollektivs wie gegenüber einer außerhalb existierenden, von ihnen unabhängigen Tatsache verhalten müssen. So sieht die Evolution dessen aus, was wir ‚wirklich' nennen" (Fleck 1983, 75 f.).

Fleck erweitert eine den individuellen Beobachter und seine Sinnesausstattung meinende Erkenntnisskepsis, die gegenwärtig viel diskutierte „konstruktivistische" Kritik, um einen das ‚Kollektiv' einbeziehenden skeptischen Blick. Sein erkennendes Subjekt ist die Gruppe oder die ‚Gemeinschaft', von der er gemeint hat, sie sei, zwischen Subjekt und Objekt, „gefährlich wie eine Elementargewalt" (vgl. Nr. 15). Er setzt sozusagen sozialkonstruktivistisch an. Was er beobachtet und in scharfsinnigen Begriffen dingfest macht, läßt sich an den wissenschaftlichen und öffentlichen Visualisierungstypen der letzten Jahrzehnte durchaus wiederfinden. Ich habe an vielen Stellen die Nähe der Visotype zur sozialen Norm betont, neige allerdings zu der Ansicht, daß auch Fleck nur *einen* möglichen Blickpunkt wählt und nur *einen* Aspekt der Sache ins Visier bekommt. Erhebt man ihn zur allgemeinen Lehre und dogmatisiert diesen Schlüssel zur Wissenschaftsgeschichte, so kommt man rasch in Schwierigkeiten und verfängt sich, gerät in Fallen. Wenn alles nur Geschichte ist ...

Kritiker der Naturwissenschaften, die von hier ihr Instrumentarium entleihen, erweisen sich notwendig als bodenlos: Propheten ohne Botschaft, Sendboten des Nichts. Überdies sind sie ratlos vor der nicht zu leugnenden Erfahrung der Naturwissenschaftler, daß die Natur sich nach ihren Gesetzen und Prognosen richtet. Eine bloße „Harmonie der Täuschungen" (Fleck 1980, 40) kann hier doch nicht vorliegen. Eine Art von Erkennbarkeit scheint es doch zu geben (was Fleck gar nicht leugnen würde).

Einsteins Überzeugung, das Universum beruhe auf Mathematik, es gebe eine prästabilierte Harmonie zwischen einer mathematischen Theorie der physikalischen Welt und der Erfahrung (vgl. Zwischenspiel I), findet ihre Entsprechung, wenn der Logiker, Mathematiker, Physiker Peirce schreibt: „Thought is not necessarily with a brain. It appears in the work of bees, of crystals, and throughout the purely physical world and one can no more deny that it is really there, than that the colors, the shapes, etc., of objects are really there". Der Geist verkörpere sich freilich in *Zeichen*: „Not only is thought in the organic world, but it develops there. But as there cannot be a General without Instances embodying it, so there cannot be thought without Signs" (Peirce 1931/354, 551; vgl. Oehler 1981, 31).

Die Position von Peirce ist allerdings schwankend. Ein Autor, dessen Erkenntnistheorie dadurch bestimmt ist, daß das Medium der ‚Zeichen‘ in die Mitte rückt, kann nicht einseitig an die ‚Realität‘ des in ihnen Gespiegelten glauben; er bemerkt die Kluft zu ihr. Oehler spricht von seiner schwankenden Mittelstellung zwischen Idealismus und Realismus: „Realismus und Idealismus sind für ihn keine einander ausschließenden Gegensätze, vielmehr sind sie in seinem Verständnis komplementär, indem der Realismus die Objektivität unserer Erkenntnis, der Idealismus die Beziehung zwischen dem Objekt und unserer Subjektivität betont. Worauf es ihm vor allem ankommt, sind die Erkennbarkeit des Realen und die Verneinung des Dinges an sich. Auf diese Weise vermeidet er die spezifischen Übertreibungen beider Positionen. Er ist nicht nur als Naturwissenschaftler, sondern auch als Philosoph auf Ökonomie des Denkens bedacht. Es konnte freilich nicht ausbleiben, daß er in diesem Balanceakt das eine Mal mehr die eine Position, das andere Mal mehr die andere Position akzentuiert. Diese Oszillation ist für seine Synthese von Realismus und Idealismus typisch" (Oehler 1981, 42).

Die Wahrheit liegt also, mit Jean Paul gesprochen, in der Viertelsmitte. Man findet in der wieder aufgelebten Debatte der letzten Jahre so manche Fürsprecher dieser Position (vgl. z. B. Tibetts 1988 und Lynch/Edgerton 1988). Ich teile sie, ohne befugt zu sein, zu der philosophischen Debatte etwas beizutragen. Dies ist ein Versuch über visuelle und sprachliche Zeichen, und da scheint mir: Wenn Peirce, gut liberal und demokratisch, in der Verständigung über Zeichen, in dem Hin und Her, aus dem sich in einer Gemeinschaft eine Vereinbarung über die „richtige" Bezeichnung ergibt, einen Weg der Wahrheitsfindung sieht (vgl. Oehler 1981, 43 f.; Trabant 1989, 34), so ist das wiederum nur die halbe Wahrheit. Der Konsens *ist* ein Argument, kann aber auch, siehe Fleck, das Gegenteil beweisen.

Bildkritik ist eine Zerlegung der Visiotype in ihre Elemente, um durch Dekomposition zu fassen, was sie an Wirkungspotential enthalten. Dabei ist für mich von größtem Interesse, den Übergang vom Wissenschaftswerkzeug zum Sozialwerkzeug zu erkennen, auseinanderzuhalten, was an ihnen der Sacherschließung dient und was soziale Norm ist und die soziale Bedeutung begründet. – Man müßte Fallbeispiele durchdeklinieren.

Die Figur der Doppel-Helix hat einen hohen Erklärungswert.

Um den Kern der Wahrheit, den wir auf sich beruhen lassen, legen sich aber wie bei einer Zwiebel mehr als sieben soziale Schalen:

- die Neigung, um nicht zu sagen, der Hang zur Veranschaulichung ist selbst bereits Ausdruck einer sozialen Norm;
- der Anteil sozialer Semantik steigt offenbar mit dem Öffentlichkeitsgrad des Zeichens;
- das Zeichen ist für den Empfänger geregelt, es verschweißt eine Figur und deren Lesart zu einer Gebrauchsnorm; er ist ihm gegenüber: nicht Analphabet, sondern Anikoniker;
- die Norm wird festgelegt in der ‚scientific community' oder, öffentlich, durch machtvolle Institutionen;
- sie folgt, wissenschaftlich oder auch öffentlich, einem Stil der Epoche und ihren sich entwickelnden technischen Standards, spielt sich ein oder wird dekretiert;
- im Fall des universellen Visiotyps wird die soziale Bedeutung u. a. hergestellt durch ubiquitäre Präsenz; das ist nicht anders als bei den allgegenwärtigen Bildern Lenins;
- durch die Anlehnung an einen alten Bildervorrat, ein Praeidol;
- durch eine Zeitfarbe;
- durch den mit ihm verbundenen Gefühlshof von Drohung und Verheißung, der im Klima der Gesellschaft vorhanden ist oder in sie implantiert wird …
- durch das Riesenfeld der Anwendung, den praktischen Nutzen.

Die sozialen Schalen der Zwiebel sollten nur angedeutet werden. Mit ihrer Hilfe können die Keime der Visiotype zu Kristallisationspunkten des Zeitbewußtseins und der sozialen Wirklichkeit, zur Großmacht werden. – Gegenüber diesem Gewicht der sozialen Norm kann es so aussehen, als gebe es keine andere Wahrheit als die geschichtlicher Übereinkunft. Man muß sich aber, bevor man so weitreichende Schlüsse zieht, sehr genau verständigen, was man unter Übereinkunft versteht:

Man könnte darunter verstehen, daß die Wirklichkeit eine Konstruktion ist. Daß sie in der auf Zeit gültigen Vereinbarung von Individuen ihren Ursprung hat. Dies wäre die weitreichendste, eine prinzipielle Hypothese. Sie bleibt hier außen vor.

173

Man könnte aber auch „*nur*" den geschichtlichen Aspekt der Übereinkunft meinen, ihren Ausbreitungsprozeß ins Auge fassen, und diesen in den drei sozialen Einrichtungen Forscherteam, Wissenschaft und Gesellschaft verfolgen:

1. der Gegenstand der Erkenntnis, ‚die Natur', sei mehrdeutig. In ihrer Auffassung begegnen sich im Einzelfall die Spiegelung einer Seite des Objekts und ein Wahrnehmungsschema einer Gruppe;

2. der ‚Gegenstand' sei mehrdeutig; ihm steht aber in ‚der' Wissenschaft ein einheitliches Erkenntnismodell, eine verbindliche Spielregel der Wahrheitsfindung, eine vorherrschende Perspektive gegenüber. Jetzt begegnen sich in der Auffassung des ‚Gegenstandes' die Spiegelung einer Seite des Objekts und eine zweifache Übereinkunft: die des konkreten, sich in einer Gruppe einspielenden Wahrnehmungsschemas und die der allgemeinen Wahrnehmungsrichtung, des Erkenntnisideals (Meyer-Abich 1988, 61) oder Paradigmas (Thomas S. Kuhn 1967);

3. der ‚Gegenstand' sei mehrdeutig; ihm steht aber in ‚der' Gesellschaft ein allgemein durchgesetztes konkretes Wahrnehmungsschema wie die ‚Doppel-Helix' und eine weitgehend verbindliche Wahrnehmungsrichtung wie die Biophysik gegenüber. Jetzt begegnen sich in der Auffassung des ‚Gegenstandes' die Spiegelung einer Seite des Objekts und eine dreifache Übereinkunft: die des konkreten Wahrnehmungsschemas, die des Erkenntnismodells und die ihrer allgemeinen Geltung.

Die Norm der wissenschaftlichen Erfassung des Gegenstandes ist umgeschlagen in eine allgemeine Denkform und soziale Norm. Was herauskommt als Ansicht des Gegenstandes, ist nicht notwendig unwahr, aber wahrscheinlich wissenschaftlich und öffentlich beglaubigte, zementierte Einseitigkeit.

26
Das Kippbild

Für den Umschlag des Laborbegriffs in ein Konzept der Gesellschaft, des wissenschaftlichen in ein soziales Werkzeug lassen sich Gründe ausfindig machen. Der amerikanische Wissenschaftshistoriker Everett Mendelsohn hat auf das Paradox aufmerksam gemacht, daß in dem gleichen Augenblick, wo die Naturwissenschaften am keuschesten und strengsten das Prinzip reiner, autonomer Erkenntnis aufgestellt haben, nach 1830, auch die Zeit ihrer intensivsten und breitesten Anwendung auf alle Bereiche des Lebens beginnt. Die Erklärung liegt in dem neuen Typus der Naturwissenschaft. Sie zielt auf die pure Erkenntnis des Triebwerks der Welt, ihrer kausalmechanischen Konstruktion, ob es sich um den Sehvorgang bei einem Laufkäfer oder die Wirkungsweise der Ameisensäure handelt. Jeder Einblick in einen Konstruktionsmechanismus, in ein Triebwerk, ist aber auch das Kennenlernen einer Bauanleitung. Je mathematisch präziser, je purer, umso besser. Um so brauchbarer. Die Wahrnehmungen der Naturwissenschaften des 20. Jahrhunderts sind von faszinierender Schönheit. Dieser Sachverhalt ist in den ästhetisch befangenen 80er Jahren einäugig hervorgehoben worden; denn in unmittelbarer, notwendiger Nachbarschaft der Ästhetik kausalmechanischer Konstruktion siedeln Technik und Ökonomie, ist der Bereich der nur anschauenden Erkenntnis überschritten.

Auf der Vorderseite reicht uns Einstein lächelnd den Apfel der reinen Erkenntnis: „Keiner, der sich in den Gegenstand wirklich vertieft hat, wird leugnen, daß die Welt der Wahrnehmungen das theoretische System praktisch eindeutig bestimmt, trotzdem kein logischer Weg von den Wahrnehmungen zu den Grundsätzen der Theorie führt. Dies ist es, was Leibniz so glücklich als ‚prästabilierte Harmonie' bezeichnete" (Einstein 1953, 143 f.).

Auf der Rückseite modelt er den Erdball: Am Anfang des Manhattan-Projekts steht der Brief, den Einstein, assistiert von Leo Szilard und Edward Teller, an Roosevelt richtet. Darin wird erzählt von einer Bombe neuen Typs, deren Bau nun möglich geworden sei und wahrscheinlich unmittelbar bevorstehe (vgl. FAZ, 4. August 1995).

Auf der Vorderseite begeistert die mathematische Schönheit der Natur. Heisenberg berichtet von seiner Entwicklung der Quantenmechanik, die ihm 1925 während einiger Urlaubstage auf der Insel Helgoland gelang: „Im ersten Augenblick war ich zutiefst erschrocken. Ich hatte das Gefühl, durch die Oberfläche der atomaren Erscheinungen hindurch auf einen tief darunter liegenden Grund von merkwürdiger innerer Schönheit zu schauen, und es wurde mir fast schwindlig bei dem Gedanken, daß ich nun dieser Fülle von mathematischen Strukturen nachgehen sollte, die die Natur dort unten vor mir ausgebreitet hatte. Ich war so erregt, daß ich an Schlaf nicht denken konnte" (Heisenberg 1986, 89 f.).

Auf der Rückseite klingt es nüchterner: „Es ist in jedem Zeitpunkt die Aufgabe der reinen Naturwissenschaft, den Boden urbar zu machen, auf dem die Technik wachsen soll; und da der bebaute Boden bald verbraucht wird, ist es wichtig, daß stets neuer hinzugewonnen werde. Diesem Zweck dient auch die theoretische Forschung. Letzten Endes beruht die Wechselwirkung zwischen Technik und Naturwissenschaft darauf, daß sie beide aus den gleichen geistigen Quellen gespeist werden; ein Vernachlässigen der reinen Wissenschaft wäre ein Symptom für das Versiegen der Kräfte, die das Leben von Technik und Wissenschaft gemeinsam bedingen" (Heisenberg 1934, 54; vgl. dazu Friedrich Georg Jünger 1939/1949, 207).

Auf der Vorderseite entscheiden sich Crick und Watson schon darum für die Richtigkeit ihrer hypothetischen Doppel-Helix, weil sie so hübsch ist: „that a figure this pretty just had to exist" (Watson 1968, 205). Sie ist zu schön, um unwahr zu sein – ein beinahe mittelalterlicher Gedanke.

Auf der Rückseite wissen die beiden Forscher, daß sie im Wettlauf um die Decodierung des Erbvorgangs gewonnen haben und formulieren in ihrem berühmten, aus 1000 Wörtern bestehenden Aufsatz von 1953 ein milliardenschweres

Sätzchen, das eine sich scheinwerferartig ausweitende Explosion der Forschung und des Wissens im Gefolge haben wird, eine Großindustrie:

„It has not escaped our notice that the specific pairing we have postulated immediately suggests a possible copying mechanism for the genetic material" (Nature, 25. April 1953).

Der Umschlag von Erkenntnis in Technik ist keine Zugabe, die frei steht. Die fortschreitende wissenschaftliche Ratio ist früher oder später in ökonomische Ratio überführbar. Aus der gleichsam zuschauenden Errechnung der ‚Evolution', ‚Energie' oder ‚Information' wird ihre praktische Berechnung für die Zukunft, mathematische Beschreibung schlägt um in soziale Prognose und Handlung, vor, neben und hinter dem die Evolution in eine mathematische Formel fassenden Biologen erscheint der Techniker, der sie in Züchtung umsetzt. „Während in früheren Zeiten der Abstand von der Erfindung bis zu ihrer kommerziellen Nutzung Jahre oder Jahrzehnte betrug, ist der Zeitabstand heute Null, teilweise hat sich das Verhältnis sogar umgekehrt: Die Industrie ruft nach einem Ergebnis, bevor es da ist" (Schreckenbach 1994, 134 f.). Die Formelsprache der Mathematik erweist sich als die engste Klammer der beiden Sphären. In den Labors der Gentechniker fällt das Experiment des Forschers, der seinen Gegenstand in die Enge treibt, um ihm dadurch ein Geständnis abzuzwingen, zusammen mit dem Experiment des Sozialtechnikers, der eben damit einen alten Gegenstand zertrümmert und einen neuen schafft und ihm eine unwiderrufliche Wirkung ins Weite öffnet. Er manövriert Kreaturen aus ihrer Bahn. Hier gilt das Prinzip des Doppelkegels. Wird auf der wissenschaftlichen Seite der Gegenstand ins Enge, auf die Spitze des Kegels zugeführt, so führt das Experiment auf der praktischen Gegenseite, wo sich der Kegel öffnet, sogleich ins unabsehbar Offene. Hier ist das Experiment freilich nicht mehr zu berechnen. Im spiegelverkehrten, sich ins Unendliche öffnenden Labor entzieht es sich der menschlichen Hand.

Die neuzeitliche Naturwissenschaft also, die nach 1830 ihre Weltwirkung entfaltete, war technikförmig, dehnte sich aus in mikroskopische und makroskopische Fernen und erklärte, entschiedener als in ihren Anfängen, den Verzicht auf Weltorientierung. Die Natur gab eine ungeahnte, oft ästhetisch anmutende Ordnung preis, ihre Erforscher verstanden sich meist als Werkzeuge ‚reiner' Wissenschaft. Noch in der Gegenwart gilt das in hohem Maße; man unterscheidet z. B. zwischen ‚Verfügungswissen', also reinem Sachwissen, für das der Wissenschaftler zuständig sei, und ‚Orientierungswissen', das, hiervon als eigener Sektor abgetrennt, in die Zuständigkeit des Bürgers, Ethikers und Politikers falle.

Nach dem oben Gesagten ist es absurd, an dieser Unterscheidung festzuhalten, ich bezweifle den bescheidensten positiven Sinn der Unterscheidung. Eine solche Zweistufenlehre erfüllt den Zweck einer Palisade, sie ist ein Rechtfertigungsschutz für ein Forschen, das sich von der Verantwortung für die Folgen des Forschens dispensiert. Vergleicht man sie mit den Tatsachen, so handelt es sich um schiere Illusion. Sie ermöglicht dem Verursacher, der die Folgen am besten übersieht, über sie nicht nachdenken zu müssen.

Die Begriffe der neuzeitlichen Naturwissenschaft sind schon am Ursprung technikförmig: es sind Einblicke in Konstruktionspläne und dadurch Bauanleitungen. Sie verwandeln sich, wie genau zu beobachten ist (vgl. Nr. 16, 17), in kontinuierlichem Übergang, ohne dazwischenliegende Kluft, von einem Wissenschaftswerkzeug in ein Sozialwerkzeug. Der Bedeutungswandel ist an den Veranschaulichungsstufen klar ablesbar. Die Helix schlägt um von einer eine Bauform erklärenden Struktur zu einem die geschichtliche Welt mobilisierenden Zeitbewegungsbegriff mit vorherrschendem Zukunftsaspekt. Auf weiten Feldern hat insofern längst eine Umkehrbewegung eingesetzt, als das Forschen bei dem eben genannten Schlußstadium, dem Ruf der Industrie, dem universellen Visiotyp als Ressource für Forschungsgelder beginnt. Die Richtung, für deren Beurteilung man angeblich erst draußen in der Welt zuständig sein darf, ist mit dem ersten Handgriff eingeschlagen. Wissenschaft geht tagtäglich über in technische und soziale Organisation.

Sehr merkwürdig, um nicht zu sagen peinlich, ist in diesem

Zusammenhang die Polemik des Philosophen Hans Blumenberg gegen die „düsteren Visionen" Chargaffs, die Gentechnik könne versucht sein, die Schöpfung in der entschlüsselten Schrift weiterzuschreiben. Der Philosoph spricht von einer „blasphemisch-apokalyptischen Visionsbildung" und „Rhetorik". Mit ihrer erkenntnisleitenden Bedeutung als Suchgerät habe sich die Funktion der Metapher erschöpft und sie selbst abzutreten (Blumenberg 1989, 397 f., 402). Er feiert am Ende seines Werkes ‚Die Lesbarkeit der Welt' die Ankunft der Schriftmetapher bei der Wirklichkeit und untersagt ihren Weitergebrauch als Denkkategorie ausgerechnet jenem chemischen Praktiker, der an der Entschlüsselung des Vererbungsvorgangs beteiligt war und weiß, daß man auf der von der Metapher vorgezeichneten Bahn weiterfahren wird, daß, wenn ein Code geknackt ist, man in ihm weitermorsen wird. Ein sonderbares sacrificium intellectus. Blumenberg (1989, 408): „Die Theorie bricht die Eselsbrücke der Veranschaulichung, welchen Dienst immer sie bei der Veranschaulichung geleistet haben mag, hinter sich ab, sobald sie analytisch und funktional vorangekommen ist. Wenn begriffen ist, wie das Genom es ‚macht', ständig identische Spezialitäten von Eiweißen produzieren zu lassen, braucht es nicht mehr als der Text betrachtet zu werden, nach dessen Rezeptur verfahren wird." Weder die Theorie noch die Praxis bricht die Eselsbrücke der Veranschaulichung ab. Die Wirkung der zentralen Metaphern Darwins, ‚Struggle for Life' und ‚Natural Selection', ihr Umschlag in soziale Theorie und gesellschaftliche Wirklichkeit, beweist das Gegenteil (vgl. Pörksen 1986, 126–149). Der Umschlag geschieht alltäglich. Der Wachstumszweig der Bioethik ist der Riesenschatten, den die High Tech auf dem Gebiet der Medizin und Gentechnik vor sich hertreibt: als Folge der entlastenden Trennung von Verfügungswissen und Orientierungswissen, der Zweistufenlehre.

Das Bild von der Welt als Labor liegt der chemischen Industrie nicht fern, ihr erscheint die Welt natürlicherweise als potentielles Versuchsfeld. Ein Werbebild der Firma Québec formuliert treffend den Wunschtraum, die Außenwelt möge sich in ein Riesenlabor verwandeln.

Abb. 36: Die Welt als Labor. Werbebild von Québec.

Im Vordergrund ein geometrisch klarer Laborraum, Gespräche in drei Gruppen, der prüfende Blick in regenbogenfarben gefüllte Reagenzgläser. Die Innenansicht der Firma Québec.

Jenseits der Glaswand, die das Labor von der Außenwelt trennt, eine geometrisch klare Reagenzglasgroßstadt, geteilt

180

in drei Quartiere, die regenbogenfarben gefüllten Reagenz-hochhäuser setzen sich schattenhaft zum Horizont fort. Am blauen Himmel liest man: „Biotechnology has room to grow in Québec." Hier ist das Land Québec gemeint. Québec ⋈ Québec. Das Bild des Doppelkegels ist perfekt umgesetzt. Allerdings: wie lebt es sich in Reagenzgläsern? Man kann sich der Ironie des Bildes nicht ganz sicher sein.

Ich würde statt von einem spiegelbildlichen eher von einem spiegelverkehrten Labor sprechen, es ließe sich an ein Kippbild im Sinne der Zeichnungen Eschers denken. Der Übergang passiert hier nahtlos, und die Umkehrung ist vollständig. Auch hierfür fand sich überraschend ein Bildbeispiel:

Abb. 37: Das Naturlabor als Kippbild. Floriane Koechlin/Thomas Dinner, Schön, gesund und ewiger leben.

Wie gesagt: die gleichlautende Sprache in Labor und Gesellschaft – ‚Information', ‚Energie', ‚Evolution' hüben und drüben – kann einen nahtlosen Übergang und Anschluß zwischen Labor und spiegelverkehrtem Labor herstellen (Nr. 17). Der verrückteste und darum vielleicht sprechendste Fall: Der Physiker Edward Teller betrachtete die Entwicklung der H- Bombe als „große Arbeit" und ihren Abwurf über Hiroshima und Nagasaki als „Experiment" (FAZ, 4. August 1995).

Der Übergang zwischen den Sphären wird zunehmend auch auf visuellem Gebiet bemerkbar. Schon seit einiger Zeit tauchen Straßenkünstler auf, die, elegant gekleidet und manchmal weiß geschminkt, perfekte Roboterszenen vorführen, so daß man an ihrer Lebendigkeit zweifeln kann. Die Faszination der technomorphen Natur schafft neue Identitäten. Zur Zeit feiern Tausende ekstatische Technoparties. Man kennt den Bildtyp, wo sich, frei nach Michelangelos Bild der Schöpfung Adams, der Finger einer menschlichen Hand mit dem einer künstlichen Netzhand aus dem Jenseits berührt und an dieser Stelle ein Funken sprüht:

Was geschieht eigentlich, wenn das Bewußtsein verlorengeht, daß auch die Technikförmigkeit nur ein Bild ist, in dem das Leben gesehen werden kann? Wenn zwischen Labor und Gesellschaft keine Kluft anerkannt wird, ein nahtloses Hinüber und Herüber stattfindet und Wissenschaftswerkzeuge unmittelbar zu Sozialwerkzeugen werden? Wenn die Bereiche sich einander angleichen, so daß das Bewußtsein der Übertragung, – dies die wörtliche Bedeutung von ‚Metaphorik' – gelöscht wird? Gewinnt dann die Gesellschaft die Existenzform einer verunglückten Metapher?

Um von dem Wandel der ‚Geschichtlichen Grundbegriffe' zu sprechen, die mir als Vorstufe der hier verhandelten Visiotype erscheinen: Reinhard Koselleck hat mit anderen in jenem mittlerweile achtbändigen Werk zum Thema gemacht, wie seit der Mitte des 18. Jahrhunderts ‚Geschichtliche Grundbegriffe' auf dem Wege gesteigerter Abstraktion zu Variablen werden. Die aus dem Rückblick auf die geschichtliche Erscheinung entstandenen beschreibenden Begriffe, ‚Bürgertum' z. B., ‚Republik', kehren sich, als abgelöste Abstrakta, um und werden zu konstruktiven Vorblicken oder auch Vorgriffen auf die Zukunft. In seinem großen Artikel ‚Staat' beschreibt er diesen Begriffswandel in dem Bild der ‚Düse' (!), durch den er hindurchgetrieben werde. Der Begriff ‚Staat' lege um 1800 alle an Ständisches erinnernden Bedeutungen ab und gewinne eine Monopolstellung, erhebe einen Aus-schließlichkeitsanspruch, werde zum ‚Staat schlechthin' kon-densiert. Als solcher werde er selbst zur handelnden Größe, zum Subjekt mit eigenem Willen, zum ‚Staat an und für sich'.

„Einmal auf diesen Begriff gebracht, wurde es jetzt mög-lich – und nun öffnet sich der Engpaß unserer Sanduhr –, daß dieser Staat der ewigen Vernunft mit geschichtlich ein-maliger Zukunft handlungsanleitende Qualifikationsbestim-mungen erhielt. Der Staat der Neuzeit wurde sowohl zum ontologischen Allgemeinbegriff, anwendbar auf die ganze Geschichte, wie auch zum variablen Zielbegriff. Er wird zum Aktionsbegriff [...] Es entstehen konzeptionell aus dem Staat der Vernunft: ‚Rechtsstaat', ‚Kulturstaat', ‚heiliger Staat', [...] ‚Verfassungsstaat', ‚Machtstaat', ‚Nationalstaat', ‚Volksstaat', ‚Sozialstaat', schließlich ‚totaler Staat' und der Staat, der sich selbst aufhebt, – Vorgriffe, die alle mehr oder weniger in die Wirklichkeit eingegangen sind" (Koselleck 1990, 2 f.).

Mit Hilfe dieser Parallele läßt sich, was wir untersuchen, jetzt auch geschichtlich lokalisieren: Thema sind nicht *politi-sche Abstraktionen*, sondern jene naturwissenschaftlich ge-prägten Schlüsselbegriffe, die zu *gesellschaftlichen Größen* wer-den und dahin tendieren, die Welt in ein Labor zu verwan-deln, während ‚der Staat' in eine Randposition gerät. Nicht die aus älteren Geschichtlichen Grundbegriffen abgeleiteten *Vorgriffe*, sondern die dem Labor entstammenden *Zugriffe* der letzten Jahrzehnte. Stammbaum der Evolution und Helix als gesellschaftliche Variable! Die Parallele reicht sogar zufällig bis zum Bild der Sanduhr und Düse (Koselleck) bzw. des Doppelkegels (vgl. Pörksen 1990, 28 f., 36 f.).

Nach dem Durchgang durch die Abstraktion erhalten die Geschichtlichen Grundbegriffe, ob ‚Staat' oder ‚Republik' oder ‚Entwicklung', einen enormen Nimbus. Koselleck spricht unter anderem von einer ‚Politisierung' und ‚Ideolo-gisierung' der Begriffe. – Entsprechendes läßt sich von den Auswanderern aus den Labors sagen, die zu öffentlichen Mythen werden. Auch sie gewinnen eine neuartige Ausstrah-lung, und es kann nicht erstaunen, daß sie an den universa-len Schlüsselreizen der Gegenwart, den Visiotypen mit Weltwirkung auch äußerlich erkennbar wird. Ist dies überhaupt der Vorgang, auf den wir hier stoßen: treten die Visiotype ein in den Rahmen der ‚Geschichtlichen Grundbegriffe'?

IV Zahlenbilder

„Hundert graue Pferde machen nicht einen einzigen Schimmel."
(Goethe)

„Die Europäischen Nazionen haben eine gemeinschaftliche Sprache in den – Zahlen."
(Jean Paul)

„Aber meine Herrschaften, was kann es da noch für einen eigenen Willen geben, wenn es schon bis zur Tabelle und bis zur Arithmetik gekommen ist, wenn nur noch zwei mal zwei gleich vier Gültigkeit hat?
Was ist denn das für ein Vergnügen, nach einer Tabelle zu wollen?"
(Fjodor Dostojewskij, Aufzeichnungen aus dem Kellerloch)

„To whom who has only a hammer, the whole world looks like a nail. We see the world through the eyes of our instruments."
(Joseph Weizenbaum)

27
Verzifferung

Es ist Zeit, den Begriff des Visiotyps zu erweitern.

Auf der einen Seite meine ich jene Beispiele eines global wirksamen Bildtyps wie das Weltbevölkerungsdiagramm oder den Embryo in der Fruchtblase des Blauen Planeten; auf der anderen aber eine *Form der Darstellung*, die Vorliebe für den Typus standardisierter Veranschaulichung. Hier könnte und wird man zuerst an Zahlenbilder denken, an die in übersichtliche Graphiken oder Piktogramme umgesetzten Zahlenkolonnen. Dieser Typus hat sich in den vergangenen Jahrzehnten ausgebreitet und vor ein paar Jahren sprungartig die Medien erobert. Er ist aus erkennbaren Gründen zur allgemeinen sozialen Norm geworden.

Die Graphik ist die abgekürzte Form eines Arguments. Sie spart Platz und Worte. Statt langer Zahlenreihen, Tabellen, sehen wir ein Muster, das sofort lesbar ist. Wir werden entlastet von der Notwendigkeit, die Details zur Kenntnis zu nehmen, und haben z. B. in einer Kurve raschen Zugriff auf die signifikanten Daten. Das graphische Bild erlaubt die Zusammenschau. An der praktischen Brauchbarkeit dieser Instrumente, an der Notwendigkeit, sich ihrer in einer modernen Gesellschaft zu bedienen, zweifle ich nicht.

Es wäre enthüllend, die Entstehung dieser Denkform zu verfolgen. Edward Tufte führt in seinem Werk *The Visual Display of Quantitative Information* eine ältere Graphik an, die Napoleons Rußlandfeldzug darstellt. Da wird ein Geschehen, das Europa in Atem hielt, zu dem Bild einer zunächst breiten Schleife, die vor Moskau sich umkehrt und sich dann in ein zunehmend schmaleres Band verwandelt, das bei der Überquerung der Beresina zu einer dünnen Spur wird: eine Hieroglyphe des Todes. Das mit einem Blick erfaßbare Bild veranschaulicht vielleicht stärker, als Worte dies könnten, daß, um Napoleon und Schiller in einem Atemzug zu zitieren, Politik Schicksal geworden und Macht Zahl ist. Die Graphik figuriert in einem historisch richtigen Moment.

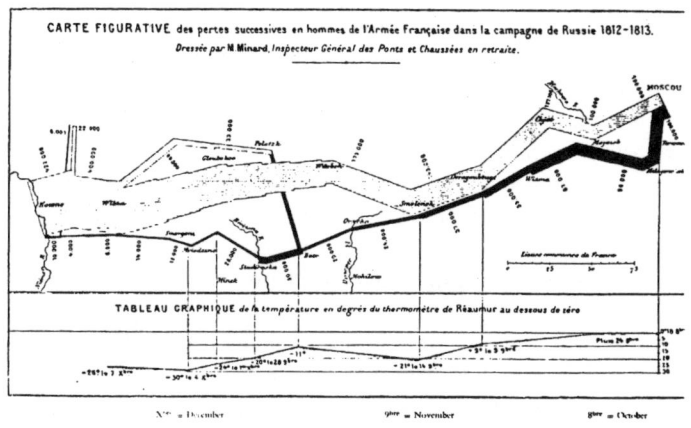

Abb. 38: Napoleons Rußlandfeldzug. Tufte 1983, 41.

Tufte enthält nicht nur sehr Erhellendes zur Geschichte der Visualisierung von Zahlen und Tabellen, sondern nimmt auch einen bemerkenswerten Standpunkt ein. Er wünscht von einer solchen graphischen Darstellung, daß in ihr jeder Punkt Druckerschwärze Information ist (S. 90 ff.). Seine Ideale sehen wie strenge, reine Abstraktionen aus, sie haben eine eigene Ästhetik und die moralische Qualität, daß Graphik hier nicht mehr darstellt als sie weiß und nicht mehr sein will als sie ist: ein Hilfsmittel, ein Werkzeug bescheidenen Grades. Wo sie mehr wird, zu einem von überflüssigen Linien und Assoziationen aufquellenden Bild, spricht er von ,ducks': ›Enten‹. Er verabscheut die sich breitmachenden Enten.

Die Auffassung, die gegenwärtige Erdbewohnerschaft werde sich bis zum Jahr 2050 verdoppeln, läßt sich in einem Satz von zehn Wörtern und in einer Graphik von 5 cm Höhe mitteilen. Wenn die gleiche Auffassung in einem Winkeldiagramm mitgeteilt wird, das eine ganze Zeitungsseite einfaßt, in einem Piktogramm, wo am Fuß der Seite eine Reihe kleiner schwarzer Menschen, der homo sapiens, von links nach rechts wandert, um rechts zu einem Riesen anzuwachsen, der nicht mehr auf die Seite der ZEIT paßt, ergänzt durch die

187

stimmungsvolle Graphik eines überfüllten Globus, von dem Scharen herunterpurzeln wie beim Jüngsten Gericht in der Domkuppel zu Florenz, so wird daraus eine Riesenente.

Das Zahlenbild entspricht dem epochalen Denkstil heutiger Wissenschaften. Der Hang zur Zahl kann sehr weit gehen. Man erlaube ein absurdes Beispiel. Von der Pest, die im antiken Athen zur Zeit des Peloponnesischen Krieges (um 430 v. Chr.) auftrat, hat Thukydides eine berühmte, die einzelnen Symptome und den Verlauf mit krasser Genauigkeit festhaltende Schilderung hinterlassen. Die Einordnung der Krankheit ist dennoch bis heute unsicher. Ein Autor, der die zahlreichen Versuche der Medizinhistoriker seit der Mitte des 19. Jahrhunderts anführt und eine neue Analyse versucht, gesteht auch seine Unsicherheit, entschädigt uns aber durch eine Graphik über den zeitlichen Verlauf der Seuche, die zwar sinnlos ist, aber eine unbezweifelbare Tatsache und Wirklichkeit vorweist:

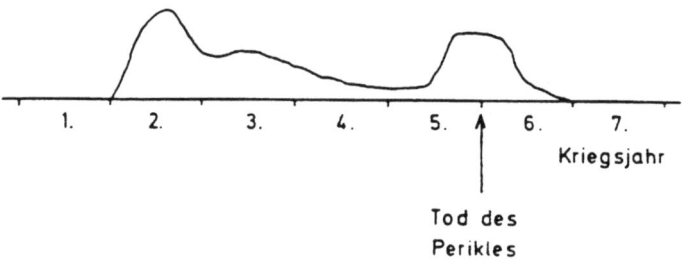

Zeitlicher Ablauf der Attischen Seuche
Abb. 39: Die Attische Seuche im Fadenkreuz von Zahl und Zeit.
Habs 1982, 128.

Oder nehmen wir das jüngere Bild der Pest. Der ‚Schwarze Tod' und ‚Große Sterb' im späten Mittelalter, der in ersten Wogen um 1347 einsetzte und auf den die Epoche selbst mit der eindringlichen Ikonographie des Totentanzes antwortete, fügt sich offenbar den heutigen Krankheitsbildern kaum leichter. Aber der statistische Blick orientiert uns über die wellenförmige Ausbreitung des Schwarzen Todes von Süd-italien bis Norwegen und, als deren Indikator, über die unterschiedliche Peststerblichkeit der Prälaten in einzelnen Teilen Europas. Die Zahl wird zum Wort über die Sache.

Abb. 40: Der doten dantz mit figuren clage und antwort schon von allen staten der werlt, (1490). Kaiser (1983).

Wohlan denn, Ihr Herren und Knechte,
jedermann springe herbei.
Ob jung, ob alt, ob schön, ob kraus,
Ihr alle müßt in dies Tanzhaus.

Abb. 41: Die Verbreitung des Schwarzen Todes in Europa. Zaddach 1971, 11.

Das krasseste Beispiel wäre AIDS. Die ‚Erworbene Immunschwäche' ist in erster Linie als statistische Größe, als exponentielle Kurve allgegenwärtig. Auch wer einen Erkrankten noch nicht gesehen hat, also fast jedermann, kennt das bedrohliche Zahlenbild und ein Photo. Die neue „Pest" ist, seit das Paßbild des menschlichen Retrovirus HIV um die Welt gegangen und HIV als Verursacher einer zum Tode führenden Immunschwächekrankheit akzeptiert worden ist, zur Quantität, zur globalen in Ziffern ausdrückbaren Fahndungsgröße und zum Kostenfaktor geworden.

190

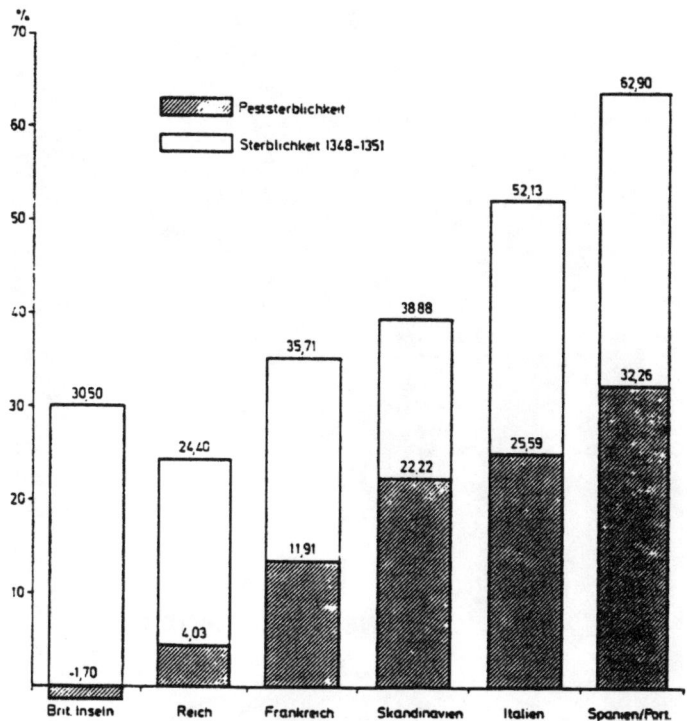

Abb. 42: Die unterschiedliche Peststerblichkeit der Prälaten in einzelnen Teilen Europas. Zaddach 1971, 43.

Ich frage nicht, ob Zahlenbilder oder die aus einer Vielzahl von Faktoren, Daten, Richtungsanzeigern mit List komponierten Schaubilder die Auffassung erleichtern können, mein Zweifel gilt dem Zwang zur Zahl, ihrer Anerkennung als Universalschlüssel. Ein Klimaforscher wie der Niederländer Paul Curtzen wird einem leicht erklären, warum er eine Schautafel braucht, um die Vielzahl von Faktoren, das Gewicht der Daten, ein komplexes Wirkungsgefüge zu erläutern und sein Bild der Klimaentwicklung international verständlich zu machen. „Schon ein Stadtplan ist ja eine enorme Erleichterung", meinte er gesprächsweise; „wenn mir einmal ein Modell der Klimaveränderung gelingt, handelt es sich

191

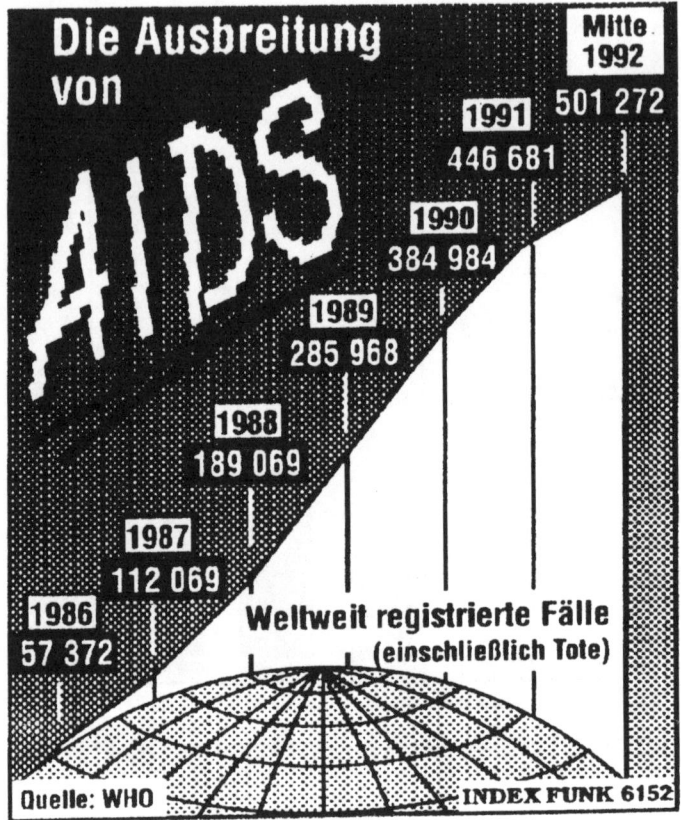

Die Ausbreitung von AIDS

Mitte 1992 · 501 272
1991 · 446 681
1990 · 384 984
1989 · 285 968
1988 · 189 069
1987 · 112 069
1986 · 57 372

Weltweit registrierte Fälle
(einschließlich Tote)

Quelle: WHO · INDEX FUNK 6152

Abb. 43: AIDS-Kurve. Badische Zeitung, 2. Dezember 1992.

um einen Stadtplan in mehrfacher Potenz". – Was uns hier
beschäftigt, wird besser bezeichnet durch die Idee des Klima-
forschers Klaus Hasselmann, den Umgang mit der Erwärmung des Planeten von A bis Z zu digitalisieren, eine Funk-
tionsgleichung für das Welt-Gemeinwohl aufzustellen und
diese dann per Computer zu optimieren: „Jeder Politiker, der
einen Haushalt aufstellt, wägt ab zwischen quantifizierbaren
ökonomischen Größen und Faktoren, die die Qualität des Lebens bestimmen. Und wenn man nicht alle diese Dinge zu-

192

sammenbringt in einer Gesamt-Gemeinwohl-Funktion, dann kann man in der Politik nicht mitreden". SPIEGEL: „Und Sie meinen ernsthaft, das ginge per Computer?" – „Es ist durchaus ernst gemeint" (Spiegel 41, 1992, 272).

„Der Siegeszug der Ziffer begleitet die technische Entwicklung und steht in Wechselzwang zu ihr", meinte Ernst Jünger 1974 in seinem Essay ‚Zahlen und Götter'. „Beide sind voneinander abhängig und spielen sich um so enger aufeinander ein, je weiter die Entwicklung fortschreitet. So kann es nicht wundernehmen, daß der Übergang zum Automatismus eine wahre Sintflut von Ziffern auslöste.

Das bekommt auch der Einzelne zu spüren, kein Ausweichen kann ihn der Bezifferung entziehen. Als Adressat, als Kunde, Teilnehmer, Mitglied, Empfänger und Verteiler, als Rentner, Versicherter und Kranker, als Fahrer, Lottospieler oder Vorbestrafter wird er durch Automaten ermittelt und erfaßt. Zugleich wird er auf diese Registrierung hin genormt." „Die Technik der Erkennungsdienste stützt sich im wesentlichen auf die Ziffer; ihre ungeheure Ausweitung zählt zu den Zeichen schwindender Humanität. An deren Stelle tritt die Meßbarkeit des Menschen – im Wettkampf wie in der Auslese" (Ernst Jünger 1974, 57 f.).

Der „Zwang zur Zahl" bringt – notwendigerweise, möchte man hinzusetzen – auf deren eigenstem Gebiet ein exponentielles Wachstum hervor und kippt um ins Absurde. Ein Vortrag des Gießener Physiologen Wilhelm Blasius, den Jünger zitiert, „Das Denken in Zahlen und seine Bedeutung für die Menschheit" (1969), untersucht diese Beschleunigung und belegt sie so: Das Handbuch von Landolt und Börnstein, ein Nachschlagewerk für die Ergebnisse wissenschaftlicher Messungen, erschien 1883 mit 250 Seiten. Die Auflage von 1964 hatte bereits den Umfang von 20 000 Seiten erreicht. Bei fortschreitender Akzeleration müßte das Werk im Jahre 2050 zweitausend Bände umfassen. „Dagegen hätten, nach Blasius, um 1750 alle bekannten chemischen und physikalischen Daten auf einer Seite Platz gehabt" (Jünger 1974, 59).

Der Befund ist unklar. Was sind um 1750 ‚Daten', was heute, was mögen um 2050 ‚Daten‘ sein? Der Autor homogenisiert die Größe und zieht die bisherige Kurve aus, extrapoliert sie. Auch wenn seine Prognose einträfe, was würde sie bedeuten?

Wenn die Datenberge wachsen, wächst dann auch der Schatz des Wissenswerten oder wird er eher zugedeckt? Was heißt es, wenn die Lexikonmacher des Herder Verlags Mitte der siebziger Jahre davon ausgingen, daß sich „das lexikonwürdige Wissen“ mittlerweile in einem Zyklus von 3–5 Jahren verdopple? Bedeutet es vielleicht, daß das anwachsende Wissen nicht mehr verarbeitet wird? Sind darum die Enzyklopädien des 19. Jahrhunderts oder der ‚Zedler‘ des 18. so viel aufschlußreicher als die der letzten Jahrzehnte?

Die Vermehrung der Daten besagt zunächst, daß eine wachsende Zahl von Leuten vor einer wachsenden Zahl von Apparaten eine immer größere Zahl von Objekten durch das Fadenkreuz von Maß und Zahl anschauen: daß die Verzifferung zur sozialen Norm geworden ist, die Gesellschaft sich an sie gebunden hat und sie verlangt. Der Ursprung ist die Wissenschaft.

Die Physik, die um 1900 an den Universitäten noch ein Schattendasein fristete und sich z. B. in Freiburg erst 1905 von den Geisteswissenschaften trennte, um mit ihren näheren Nachbarn die Naturwissenschaftliche Fakultät zu gründen, ließe sich im 20. Jahrhundert als Verzweigungsbaum darstellen. Das gilt für die Aufsplitterung in immer neue Forschungsgebiete, wie Kernphysik und Festkörperphysik, Halbleiterphysik, Laseroptik und Elementarteilchenphysik und für die entsprechende Auffächerung in Teildisziplinen. Es zeigt sich seit der Jahrhundertmitte in einer ruckartigen Vermehrung der Produktionsplätze an Universitäten und Forschungslabors der Industrie, seit die Physik als einer der großen ‚Innovationsfaktoren‘ der Wirtschaft oder Gesellschaft gilt, und es wird erkennbar am Anstieg der Wissensproduktion. Von diesem ist in den Bildern der ‚Flut‘ und der ‚Explosion‘ die Rede. Walter Klinger, Didaktiker der Physik in Erlangen-Nürnberg, berichtete 1982 in der ‚Pädagogischen Rundschau‘: Die Menge der Einträge in der Zeitschrift ‚Phy sic Abstracts', in der alle wesentlichen Veröffentlichungen kurz zusammengefaßt sind, verdopple sich alle 6 1/2 Jahre. Wurden im Jahr 1945 ‚nur' 3000 Arbeiten publiziert, waren es 1979 über 100.000. Hätte ein Physiker 1945 in der ‚Physical Review' nur 10 Seiten dieses Fachblatts pro Arbeitstag zu bewältigen gehabt, so waren es 1979 125 Seiten usf. Als Ursache nennt er, neben der Vervielfältigung der Produktionsplätze, die Verpflichtung zu publizieren. Sie führe zu Wiederholung und Variation: „Vergleicht man die Naturwissenschaft mit einem Kunstwerk in Form eines riesigen, sehr komplexen Mosaiks, so entspricht die heutige Veröffentlichungspraxis der pausenlosen Produktion ungeheurer Mengen von Mosaiksteinchen vorwiegend gleicher Farbe, die in großen Halden aufgeschüttet werden". Außerdem wird die „Fließbandproduktion" von Daten dadurch begünstigt, daß die physikalische Industrie dem Wissenschaftler heute ausgeklügelte Meßgeräte an die Hand gibt, die, gekoppelt mit Computern, binnen kürzester Zeit ungeheure Datenmengen ausspucken. In den modernen Großforschungszentren, so etwa beim Deutschen Elektronen-Synchrotron (DESY) in Hamburg oder bei der Europäischen Kernforschungsorganisation (CERN) in Genf, werden Daten in geradezu industriellen Mengen ausgestoßen (Klinger 1982, 338). „Vom Schwund der Alpengletscher bis zur Getreideernte bei Wanne-Eickel – Satelliten registrieren so gut wie alles, was auf dem Planeten Erde passiert", meint GEO (Nr. 8/August 1993, 11). „Doch Myriaden von Daten der Himmelsspione verdämmern in den Archiven: Nur ein Prozent davon wird ausgewertet. Jetzt fordern Wissenschaftler, statt immer neue, sündhaft teure Satelliten hochzuschießen, endlich Geld für die Nutzung jener kostbaren Rohdaten bereitzustellen und damit die Umweltforschung voranzutreiben". Gero von Randow resümiert in dem schon zitierten Aufsatz ‚Die neue Macht des Auges' (Randow 1995): „Wie soll die Flut bewältigt werden, die sich aus Erdbeobachtungssatelliten in die Empfangsschüsseln ergießt, wie der Berg an Fingerabdrücken, aufgehäuft in gewaltigen Gebäuden von FBI und Interpol, wie die ungeheuren Stapel medizinischer Aufnahmen, die im Zuge der Telemedizin die

Krankenhaus- und Arztcomputer füllen werden, wie die in Wissenschaftsblättern und Internet-Rechnern wuchernde Bildermasse, die uns die räumliche Anordnung von Molekülen zeigt? Bildkompression, Bildverwaltung und nicht zuletzt Theorien der Bildvernichtung und des Bildervergessens zu entwickeln, sind drängende Forderungen an eine Technik, die alles und jedes in Pixeln präsentiert und damit zum speicherfähigen Dokument macht." Der Zirkel, dem wir schon mehrfach begegnet sind, der Bumerang, ist auf dem Sektor der exponentiellen Datenkurve perfekt.

Als Abhilfe empfahl Klinger in der Steinzeit des Jahres 1982 den Einsatz der Datenverarbeitung, die Verbindung des Forschers mit der Datenbank. Der Vorschlag war konsequent und hat sich als realistisch erwiesen. Auf die maschinenförmige Datenproduktion läßt sich nur maschinenförmig antworten, und, müßte man hinzusetzen, auf die Verzifferung nur mit Visualisierung. Wie das Bild des Verzweigungsbaums es erleichtert, sich die Entwicklung der Physik im 20. Jahrhundert vorzustellen, so wird der Datenanfall erst lesbar, wenn man in ihm Strukturen erkennt: durch eine Gitterung der Wahrnehmung.

Darum wird heute auf Kongressen der ,hard sciences' Folie nach Folie auf den Projektortisch gelegt, leicht lesbare Muster verdichteter, objektivierter Information. Die Zeit drängt. Auf Medizinerkongressen kann man den Gesamtinhalt der Zehn-Minuten-Beiträge in den Pausen noch einmal zur Kenntnis nehmen, als Konzentrat auf einem DIN-A3-Blatt, bestehend aus Wort und Zahl, Kurve und Piktogramm an die Wand geheftet (Abb. 44, Seite 197).

Man wird einwenden, derlei Verfahren seien doch praktisch. Das ist nicht zu leugnen. Mein Thema ist aber hier die wissenschaftliche Verhaltensnorm der Datenerhebung, die Ziffer in der Linse – und die damit verbundene Gedankenlücke.

Erstaunlicherweise ist es der Informationsindustrie gelungen, ihr professorales Angestelltenheer auch auf die Geisteswissenschaften auszudehnen. Jüngers Satz „Auf diese Weise bereitet sich ein abstraktes Fron- und Lehenswesen vor", war

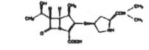
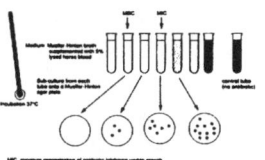
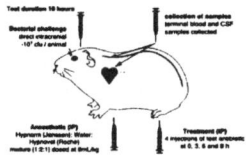
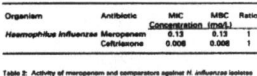
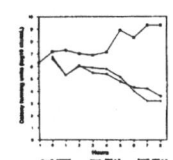
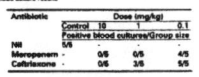
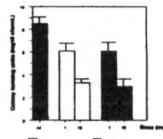

Abb. 44: Kongreßvortrag im Überblick. Turner.

mehr als ein Witz. Besonders anfällig scheinen identitätsschwache Fächer zu sein, die nicht wissen, ob sie Geisteswissenschaften, Sozialwissenschaften oder gar Naturwissenschaften sind. Wenn ich über die Stadtsprache Berlins oder Mannheims schreiben möchte, so kann ich das tun, indem ich fünf Jahre durch die Stadt laufe, zuhöre, Notizen mache, Fragen stelle, mich mit anderen Beobachtern austausche, in den Archiven die Quellen studiere und mich in der Stadtverwaltung über die Sozialstruktur der Stadt kundig mache, andere Stadtstudien zu Rate ziehe – am Ende werde ich einen Typus der Sprache oder Sprachmilieus dieser Stadt darstellen können, der Interesse verdient. Ich kann aber auch ein Projekt beantragen, zusammen mit einem Team von Mitarbeitern einen Fragebogen erarbeiten, mit Tonband und Videogeräten ausziehen, Datenhalden hervorbringen, die nur durch Datenverarbeitung zu bewältigen sind, und am Ende über kleine Ausschnitte in den Städten Berlin und Mannheim ein mehrbändiges Werk hervorbringen, das mit Graphiken geschmückt ist, dem aber der Blick für das Typische und Wesentliche fehlt und das zu Recht niemanden interessiert. Beispiele ließen sich anführen.

Wenn ich diese Fächer mathematisiere, kann nur eines herauskommen: die Unendlichkeit des Forschungsgegenstandes. Es ist dies ein Gedanke von Edmund Husserls Spätwerk, schon des großen Vortrags, den er 1935 in Wien gehalten hat und der seinem fragmentarischen opus postumum ‚Die Krisis der europäischen Wissenschaft und die Transzendentale Philosophie' zugrunde liegt. Wenn ich einen empirischen Gegenstand als mathematisches Objekt idealisiere, bringe ich an ihm eine unendliche Vielheit hervor, erzeuge ich ‚Füllen'. Wenn die mathematische Verfahrensweise zur Norm, zum „Ritual des Gedankens" wird, wie es, Husserl aufnehmend, dann in der ‚Dialektik der Aufklärung' heißen wird, dann lege ich die wissenschaftlichen Gegenstände auf Unendlichkeit an, und zwar, je komplexer sie sind, um so unweigerlicher, in einem Maße, daß das Verfahren fraglich wird. Gegenüber sozialen oder künstlerischen Phänomenen ist es von untergeordneter Bedeutung. „Der Exaktheitsanspruch darf nämlich nicht bei allen wissenschaftlichen Problemen in gleicher Weise erhoben werden", heißt es am Anfang der Nikomachischen Ethik des Aristoteles.

Verzifferung ist eine grundlegende Verhaltensnorm in den Wissenschaften, die Verbreitung des visuellen Zugriffs auf die Daten, des Visiotyps in diesem Sinn, eine unvermeidliche Folge.

Über dem Meer der allgemeinen visualisierenden Datenverarbeitung, der Visiotypie, erheben sich einzelne Bilder von globaler Wirkung: die ‚exponentielle Datenkurve‘ oder die ‚Datenautobahn‘. Die exponentielle Kurve ist die vielleicht verbreitetste Denkfigur, man begegnet ihr auf verschiedenen Feldern, als Aidskurve, Bevölkerungskurve – das Bild der Explosion ist jeweils nicht fern. Sie ist sozusagen der Gipfel, der Inbegriff dieser sozialen Norm.

28
Zahl und Prognose

Zahlen erzeugen Sachzwang. Ob es um die Begründung einer neuen Autobahn oder die Mobilisierung einer strukturschwachen Region geht, ein Zahlenaufriß fördert die Entscheidung. Man entwirft Szenarien, in denen die Zahlenbasis den Ausschlag gibt. Wer ein solches Szenario in Auftrag gibt, erreicht in jedem Fall Bewegung. Man entwirft Möglichkeiten: A, den steilen Weg in die bessere Zukunft, C, den fatalen Abstieg in die Niederung. Die Diagonale ist die Lösung, B, eine Kompromißfigur. In jedem Fall ist die Gegenwart zukunftssinnig geworden, ins Rutschen gebracht, ein Stück weit innerhalb eines gesetzten Rahmens in die gewünschte Richtung bewegt. Numerische Analysen, indem sie Sachzwang erzeugen, stellen Zukunft her. Ein ‚trend-letter‘, wie ihn die Prognos Basel vertreibt, ist ein trendsetter.

Eine entstehende Zeitschrift, zehn maschinenschriftliche Seiten umfassend, der ‚BioSkop-Rundbrief‘, widmet seinen ‚Denkzettel N°1‘ im Juli 1996 dem Stichwort ‚Zukunft‘. Erika

Feyerabend und Petra Gehring, Antje Becker und Ludger Fittkau beschreiben die „Technik der Zukunft": „Man stellt objektiv fest, was kommen wird, und geht in der Realisierung nach vorne. Die Zukunft wird *gemacht*, auf der Basis der Vorannahmen ‚entwickelt' und gezielt gestaltet.

An diesem Punkt arbeitet der Fortschritt gegen das Unwahrscheinliche, gegen die Überraschung, gegen die unliebsame Neuerung, gegen den Zufall. Wir meinen – und das Beispiel der durch Bioethik begleiteten Biotechnologien zeigt es –, man sorgt aktiv dafür, daß das Wahrscheinliche auch tatsächlich eintritt. ‚Einsicht' in ‚Notwendigkeiten', ‚Akzeptanz' für ‚Szenarien': Heißt dies nicht, man treibt *andere* künftige Gegenwarten im voraus aus und davon?" (S. 2).

Ihr erstes Beispiel ist die Prognose einer drohenden „Demenz- Epidemie". Der Anteil der über 60jährigen steigt bis zum Jahr 2030 von derzeit gut 20 Prozent auf rund 35 Prozent, meldet eine ‚Hirnliga e. V.' Mit 80 Jahren erscheint man als „Demenz-Hoch-Risikoträger". Die statistisch errechnete ‚Gefahr', pflegebedürftig zu werden, eskaliert nach den Worten des Prognostikers Professor Hanfried Helmchen zu einer „Demenz-Epidemie" im Jahr 2040. Der einzige Ausblick: „Forschungsbedarf ist unabweisbar" (Helmchen 1994, 16). Das Bundesministerium für Familie, Senioren, Frauen und Jugend antwortet, die Bundesregierung sehe „die Notwendigkeit, in der Bevölkerung [...] Verständnis für Demenzerkrankungen und für die Notwendigkeit der Forschung zu wecken" (Pressemitteilung Nr. 55, Bonn, 11.07.1996 und Drucksache 13/5257; BioSkop 1, 3 f.). – Das ist eines von fünf Beispielen.

Nachdem der Raum weitgehend erschlossen ist, wird also die Zukunft erobert, erscheint ihre Territorialisierung als die offenste Ressource. Gentests versprechen langfristige Krankheitsprognosen für Brustkrebs, Eierstockkrebs, nördliche Konzerne sichern sich vorsorglich Anteile an den Genressourcen der südlichen Halbkugel. Die Zukunftsnahme geschieht auf die gleiche Weise, wie sie der Physiker Hans Peter Dürr für die Durchsetzung der Kernkraft diagnostiziert hat: als ‚Massenmord an Optionen'.

Etwas Entsprechendes ist von Hannah Arendt in ihrer erwähnten großartigen Vietnamkriegsanalyse ‚Die Lüge in der Politik' bemerkt worden: Der Vietnamkrieg wurde hintergründig von einer Expertengruppe begleitet, die, dem Orakel in der Antike vergleichbar, die Prognose stellte, die sogenannten *problem solvers*. Ihre vorherrschende Denkfigur: man schrieb Szenarien, die gewöhnlich drei Möglichkeiten aufzählten, A, B und C, wobei A und C extreme Gegensätze darstellten, B aber die mittlere ‚logische Lösung' des Problems war. „Das Trügerische solchen Denkens beginnt damit, daß man die Wahl reduziert auf sich gegenseitig ausschließende Alternativen; die Wirklichkeit selber präsentiert uns niemals so sauber die Voraussetzungen für logische Schlüsse. Die Denkweise, die A und C als unerwünscht darstellt und sich daher auf B festlegt, dient kaum einem andern Zweck, als den Verstand abzulenken und die Vielzahl wirklicher Möglichkeiten zu verdecken" (Arendt 1972, 191).

Andere Gegenwarten werden *aus und davon getrieben, Optionen ermordet,* durch die irreale, logische Versuchsanordnung, *der Verstand abgelenkt* und *Möglichkeiten verdeckt* … Man erlaube ein letztes, fast schon lupenreines Beispiel, die Vorgehensweise der 1984 eingesetzten Enquete-Kommission „Chancen und Risiken der Gentechnologie". Sie setzte sich aus siebzehn Mitgliedern verschiedener beruflicher Herkunft und Interessen zusammen. Zumindest ein Mitglied war der Meinung, man müsse *auch* die Möglichkeit einer grundsätzlichen Alternative zur Gentechnik erörtern. Nichts davon! Man folgte engbahnig dem 1984 ergangenen Auftrag des Bundestages, über die „Chancen und Risiken der Gentechnologie" zu befinden, verstand sich also in der Rolle der ‚problem solvers', setzte sich auf das Geleis und erzeugte ein Regelwerk. Das war unvermeidlich, der Weg in die Zukunft war durch den Auftragsrahmen kanalisiert, das Verfahren vorgegeben. Zwischen dem mit einem Pluszeichen versehenen Pfeil ‚A', den *Chancen*, und dem mit einem Minus versehenen ‚C', den *Risiken*, blieb nur die Möglichkeit, ‚B' zu sagen: der Mittelweg. „Die Erörterung der ‚Chancen und Risiken' der Automobiltechnik, der Kernreaktortechnik oder

der pharmazeutischen Produkte ist also schon eine enggeführte Ausgangsposition, denn hinter einer solchen Bestimmung kann nicht mehr über alternative zukünftige Mobilitäts-, Energie- oder Gesundheitskonzepte gestritten werden", bemerkt dazu Reinhard Ueberhorst. „Mit einer an einzelnen Techniken orientierten Betrachtungsweise werden die politisch anspruchsvollen Bewertungsaufgaben gar nicht mehr erkannt" (Ueberhorst 1990, 220).

Die vier zitierten Beobachter sprechen nicht zufällig von einer Art Betriebsblindheit. Statt alle Sorgfalt auf den Ausgangsrahmen, die Einstiegsfrage zu verwenden, was in der Sprache der Wörter geschehen müßte, ist der Rahmen gesetzt und man beginnt zu rechnen. Hier gibt es scheinbar sicheres Terrain, technische Fragen und technische Antworten, Fragen des Risikos und eine Technik seiner Berechnung und Abschätzung: Simulationen und das Durchspielen von Szenarien, Daten, Kurven, komplexe Schautafeln, Faktorenanalyse und Wahrscheinlichkeitsrechnung. Die Zeichenwelt, mit der man hier operiert, ist auf einer anderen Plattform angesiedelt als die sprachliche Reflexion. Die Metaebene, auf welcher der Ausgangsrahmen diskutiert wird, kommt von hier aus gar nicht in den Blick. Blick und Begriffe werden auf die Ebene der Zahl geheftet.

Verbunden mit der Veranschaulichung, erscheint die Zahl als das Ganze. Dabei berührt sie doch nur eine Schale der lieben alten Zwiebel, auf der wir wohnen, ja, vielleicht müßte man noch einen Schritt weitergehen: die Zählerei nützt nicht nur nichts, sondern sie vertieft einen Denkrahmen, der von den „anspruchsvollen Bewertungsaufgaben", wie Ueberhorst sie nannte, ablenkt und fernhält.

Luhmann hat der Zeitstruktur in der modernen Gesellschaft eine subtile Studie gewidmet: „We experience our future as a generalized horizon of surplus possibilities that have to be reduced as we approach them. We can think of degrees of openness and call *futurization* increasing and *defuturization* decreasing the openness of a present future. Defuturization may lead to the limiting condition where the present future merges with the future presents and only one

202

future is possible. Actually, the structure of our society prevents defuturization from going this far. But there are techniques of defuturization which react exactly to this condition. – Technologies (...) orient themselves to future presents. They transform them into a string of anticipated presents. They postulate and anticipate causal or stochastic links between future events in order to incorporate them into the present present" (Luhmannn 1976, 141, 143).

Wir haben es mit einem neuen Begriff der Zukunft zu tun. Es war darum irreführend, oben bei den ‚problem solvers', welche den Vietnamkrieg begleiteten, an das antike Orakel zu erinnern. Das alte Orakel beantwortete Fragen, die man ihm vorlegte, indem es sie weitergab an eine Zeichenwelt, die mit der Gestaltung der Zukunft nichts zu tun hatte. Man gab sie weiter an den ›*Flug eines Vogels*‹, richtete sie an ›*die adernbunte Zierlichkeit der Leber, einen ehernen Stab, der im Rauschen des Eichenhains von Dodona an ein Becken schlug*‹! Dieses Vorgehen erscheint als unsinnig, denn zwischen dem Flug eines Vogels und einer kostspieligen Rüstungsfrage besteht kein erkennbarer kausaler Zusammenhang. Aber das Verfahren hatte möglicherweise einen Vorteil. Man anerkannte eine Schwelle. Die befragte Zeichenwelt selbst lag außerhalb menschlicher Macht. Gewiß waren die Orakel auch ein Machtinstrument in der Hand der deutenden Priester. Aber das Medium selbst, die zu deutenden Zeichen, die über Erddämpfen weissagende Pythia zu Delphi, gaben nicht Umriß und Richtung der Antwort vor, waren rätselhaft und vieldeutig. Sie ließen der Erwägung Spielraum. „Der Herr, dem das Orakel von Delphi gehört, spricht nichts aus und verbirgt nichts, sondern er deutet an," wird von Heraklit überliefert (Kirk/Raven/Schofield 1994/229).

Zahlenprognosen zeigen meist in eine bestimmte Richtung. Dies ist ihr Vorteil, man erhält eine Anweisung. Daran muß jedes Unternehmen ein Interesse haben; darum ist das Visiotyp der prognostischen Instrumente sein selbstverständliches Attribut. Die Zukunft wird nicht geahnt, sondern gebahnt. Sie ist nicht das andere, sondern dasselbe. Nur unter der Bedingung stimmt die Wahrscheinlichkeitsprognose. Die

Gegenwart wird fortgeschrieben, man verlängert sie in die Zukunft, wie man Schienen ausbaut. Sie wird besetzt und territorialisiert. Auf dem Gebiet des Saatguts ist das erst vor kurzem im Weltmaßstab geschehen.

Zahlenprognosen formulieren *und* setzen also einen Trend. Darin liegt andererseits ihr Nachteil. Sie haben weder Intelligenz noch Moral. Es gibt hier eine Art Autodynamik, und es fehlt die trennende Schwelle zur Zukunft. Die Zeichenwelt hebt sie auf. Denn die Instrumente, mit denen man Zukunft erkennt, sind zugleich die, mit denen man sie gestaltet. Die Prognoseinstrumente sind ebensosehr Gestaltungsinstrumente, und meist ist, wer sie handhabt, an einer bestimmten Gestaltung interessiert.

Das ist, wie gesagt, von einem Unternehmen zu erwarten. Aber wer Politik macht oder ihr als vierte Gewalt, als Öffentlichkeit, Schach bietet? Wer aufs Gemeinwohl verpflichtet ist?

Hier empfiehlt sich ein gründlicher Wechsel des Mediums, von der Zahl – nicht zu den Eichen von Dodona oder dem Hokuspokus ihrer Wiederbelebung – sondern zur Sprache, dem Platz, auf dem es möglich ist, die „anspruchsvollen Bewertungsaufgaben" zu besprechen.

Übrigens: Als die USA sich durch die sowjetischen Langstreckenraketen bedroht sahen, hätte Präsident Reagan vermutlich besser daran getan, den Astrologen seiner Frau Nancy zu bemühen, statt dem Rat seiner *problem solvers* zu folgen, Nordamerika durch einen atomaren Luftschild, einen ‚Krieg der Sterne', zu schützen. Eine durchschnittliche Kaffeesatzleserin hätte einen klügeren Rat gegeben.

29
Die Zahl als Stimmungsträger

Tufte also sprach von ›ducks‹, wenn Zahlen zu Bildern aufgeblasen oder bildhaft dekoriert werden (vgl. 27). – Warum die Enten? Wir sind als Öffentlichkeit umgeben von Enten. ›Global Change‹ war eine Riesenente.

Abb. 45: Die neue Zeitungsseite? shz, 25. November 1995.

„Was sind die wichtigsten Probleme in Schleswig-Holstein?" 54 Prozent nennen die Arbeitslosigkeit, 17 Prozent ökonomische Probleme, 12 Prozent Umweltprobleme, 10 Prozent Verkehrsprobleme. Insgesamt hat Forsa 22 Themen abgefragt. Wort, Zahl, Kurve und Bild sind kombiniert zu einem statischen Informationskonzentrat.

Die gleiche Information ließe sich, wenn man Tuftes Forderung als Maßstab anlegt, daß jeder Punkt Druckerschwärze Information zu sein habe, in einer abstrakten Graphik auf einem Drittel des Raums unterbringen und sprachlich in *einer* statt in drei Spalten wiedergeben. Man hätte dann Platz, um die dürren Ziffern von verschiedenen Seiten her zu beleuchten, sie einzuordnen, einen Zusammenhang herzustellen und einen Hintergrund erkennbar zu machen, ihren Aussagewert zu prüfen, um vielleicht festzustellen, daß er sich der Null nähert, daß derartige Spiegel der öffentlichen Meinung als Diskussionsbeitrag oder Steuerungsinstrument der Politik – die Umfrage war eine ‚Momentaufnahme' fünf Monate vor den Landtagswahlen – belanglos oder sogar die Verhinderung einer politischen Debatte sind.

Indem die Zahl selbst, also etwa das dürftige Fakt, daß 17 Prozent einer kleinen Auswahl von Schleswig-Holsteinern ökonomische Probleme für vordringlich halten, optisch ausgedehnt wird, wird sie zum Stimmungsträger. Die Zahlenkurve ist ein öffentliches Stimmungsbarometer, sie schwemmt die politische Substanz der anstehenden Fragen weg und verwandelt Politik in Wind- und Wetterfragen. Daß wir in erheblichem Maße eine Stimmungsdemokratie sind, hängt mit unsren Zahlentürmen zusammen. Das dürfte sich weiter verstärken.

Das Visiotyp der Infografik hat seinen Durchbruch erlebt, die Zeitungsseite sich verändert im Schlepptau der Enten. Die Sprache ist in Mitleidenschaft gezogen. Das Wort tritt nicht nur zurück vor dem Bild, es gibt häufig Texte, die ihre Existenz fast ausschließlich der Versprachlichung einer Graphik verdanken (so daß man sich sagt, da wäre einem eine Graphik lieber), und auf der anderen Seite zunehmend Tabellen, Zahlenbilder, Piktogramme, denen gegenüber der Text zum Kommentar wird. Das Publikum will es bunt, heißt es, bunt und flockig, auf jeder Seite ein paar eye-catcher, Hingucker, kleine Blöcke, nur nichts Langes und Schweres, um Gottes Willen, das verstehen die Leute nicht, sondern Häppchen, eine Tabelle, ein Cartoon als Anreißer, alles im Vierfarbendruck, und ob Politik oder Wirtschaft, moralisieren, personalisieren ... Aufmachung und Organisation der Seite ermöglichen das halbbewußte, antippende Schnellerfassen. Endlich, hört man, wird die Rezeptionsfähigkeit des menschlichen Auges ganz genutzt, verbindet es den sklavischen Trott durch die Zeilen mit dem blitzartigen Blick auf das Ganze.

An einem beliebigen Nachrichtentag erfahre ich auf den ersten beiden Seiten meiner Zeitung, als realistischen Morgensegen, wie Hegel das nannte, Zahlen über Schulden der Bundesbahn und die Veränderung der Zahlen auf der Gedenktafel in einem KZ; sie schließt uns zusammen zur Schuld- und Schuldengemeinschaft, zur Öko-, Klima- und Temperaturgemeinschaft, zur zerfallenden Arbeitsgemeinschaft und Angstgemeinschaft. 38.071 Asylbewerber im Februar, wiederum mehr als im Vorjahr, 1000 Atomsprengköpfe in der Ukraine. Zwei Tage später folgt in der gleichen Zeitung, als Schlagzeile im Lokalteil, das Satyrspiel: „Angst der Bevölkerung statistisch unbegründet. Den Ruf, Baden-Württembergs kriminellste Stadt zu sein, ist Freiburg zumindest den Zahlen nach los."

Das Mapping ist zu einem Hauptelement der Nachrichten geworden, und angesichts dieser alltäglichen Verzifferung fast aller Bereiche, der angelieferten Datenberge, scheint gar nichts anderes übrig zu bleiben, als sie mit Hilfe von Wahrnehmungsmustern, Wahrnehmungsgittern lesbar zu machen. Das Diagramm macht sie verstehbar, in bildhafter Form populär und einprägsam. Zur Bannkraft der Zahl tritt die Magie des Bildes. Dient es überdies dazu, die Zahlenödnis aushaltbar zu machen? In der Wissenschaft sagt man der Graphik nach, sie kürze ab, sei eine Informationsverdichtung; die öffentliche Ente bläht auf, den Inhalt eines Sätzchens unter Umständen zu einer halben Seite, und die Stärke des Gefühlshofs, der sie umgibt, steht, datenbasiert, in umgekehrtem Verhältnis zu ihrem dürren Inhalt.

Wie verändert die beschriebene Akzentverschiebung unsere Öffentlichkeit? – Die Frage ist zu groß, zu unbestimmt – beschränken wir uns lieber auf das Wirkungs*potential* der Zahlenbilder und zeichnen den Bedeutungsumriß eines markanten Visiotyps.

30
Das Weltbevölkerungsdiagramm.
Profil eines Zahlenbildes

Beim Übertritt des Zahlendiagramms in die Öffentlichkeit wechseln Gestalt und Funktion. Was charakterisiert das öffentliche Zahlenbild von der Art des Weltbevölkerungsdiagramms? Ich mache hier den strengen Versuch, das Profil eines solchen Zeichens zu entwerfen.

1. Das Zeichen ist nicht dialogisch, nicht diskursiv, sondern *stellt fest*, und es ist kein gemeinsamer Besitz von Zeichengeber und Zeichenleser. „Jedes ausgesprochene Wort erregt den Gegensinn", heißt es in Goethes ,Wahlverwandtschaften'. Aber wer verfügt schon über eine Gegengraphik?

2. Es ist im Text ein isolierter Block, „kontextautonom" wie das Wörtchen ,Relativitätstheorie', was z. B. durch die einrahmende Box oder das Urhebersiegel angedeutet wird; für seinen Inhalt zeichnet eine Expertensphäre verantwortlich.

3. Auch seine *Gestalt* ist (im Gegensatz zur Lautgestalt der Wörter) nicht gemeinsamer konventioneller Besitz: sie liegt in der Hand des Zeichengebers, bis hin zur Möglichkeit und täglichen Praxis der optischen Täuschung.

4. Allerdings bilden sich hier Übereinkünfte, soziale Normen in der Öffentlichkeit heraus; das gilt für die Form der Säulen, Balken, Torten, Halmafigurengruppen, Kurven, Winkel, wie auch für die gar nicht so sicheren Zahleninhalte.

5. Die Parameter des Zahlenbildes sind hochgradig abstrakt: Zahl und Zeit, oder, wenn vergleichend von der Entwicklung in verschiedenen Weltgegenden die Rede ist: Zahl, Ort und Zeit. Der Zukunftsindex dominiert.

6. Der Radius des Zahlenbegriffs ist global, sein Inhalt reduziert auf *ein* Merkmal, die Zahlhaftigkeit. Er verwandelt die Weltbewohnerschaften in eine einheitliche Planungsgröße.

7. Er bettet sie aus aus der Geschichte, sieht ab von allen sozialen und lokalen Zusammenhängen, deutet die geschichtliche Welt um in eine Laborsituation.

8. Das Zeichen ist bei abstraktester Grundlage scheinbar konkret, anschaulich, handlich.

9. Zwischen seiner äußeren Gestalt und dem, was es sagt, besteht eine Ähnlichkeitsbeziehung (es spricht auf eine analogische Weise von einem digitalen Sachverhalt): ein durchsichtiges anschauliches Kürzel für ein Zahlenverhältnis, mit dem sich nun hantieren läßt.

10. Das Zeichen *ist* aber kein Bild: es gibt nichts her, als was es zeigen soll. Es demonstriert, illustriert, Bild und Aussage fallen zusammen in toter Symmetrie, es gibt keine Kluft,

keine Differenz zwischen beiden. – Hier liegt ein tiefreichender Unterschied zum sprachlichen Bild, zur Metapher. Die Metapher ist nie deckungsgleich mit der Wirklichkeit, sondern ein Versuch, sie zu erfassen, der einräumt, daß er nur ein Erfassungsversuch ist.

11. Von dem Zahlenbild geht ein starker Objektdruck aus: das beruht zunächst auf seiner Zahlengrundlage – was gibt es Objektiveres als die Zahl! –, dann auch auf seiner Gegenständlichkeit. Die sinnliche Objektivierung erweckt unsinnigerweise den Schein größerer Objektivität.

12. Auf dem Wege sachlicher Darstellung spricht das Zahlenbild einen Appell aus. Auf Grund der Objektivität des Bildes erscheint dieser Appell als zwingend: von ihm geht Sachzwang aus, je größer das Zahlenbild optisch in Erscheinung tritt, um so begreiflicher und bedrohlicher. Es ist konnotatstark.

13. Das Zahlenbild annulliert den Freiheitsspielraum und daher die Möglichkeit der Ethik. „Was ist denn das für ein Vergnügen, nach einer Tabelle zu wollen?" schrieb Fjodor Dostojewskij, wie eingangs zitiert.

14. Als Drohbild ist es eine enorme Ressource.

15. Es tendiert dazu, zum Glied in einer Kette zu werden, zum Ausgangslogo, hat sozusagen ein Ärmchen; daher ist die Gestalt des den Text wie eine offene Frage einfassenden Winkeldiagramms als Designer-Idee genial.

16. Das Zeichen birgt durch seinen unausweichlichen und zusammenfassenden, homogenisierenden und reduzierenden Gestus ein beträchtliches Vernichtungspotential. Es erscheint mir per se als menschenverachtendes, feindbildendes Instrument. So wie im Herbst 1991 die eigenartig zwittrige, menschenfern abstrakte und dumpf konkrete Sinnenwelt der Bevölkerungssäulen, Zukunftskeulen, Weltwanderbewegungsdiagramme eine Volk-ohne-Raum-Stimmung erzeugte, die den Pogromen des Jahres 1992 vorausging, so ist eine fortwährende Medienpropaganda geeignet, eine Erd-ohne-Raum-Stimmung in Gang zu setzen. Ich frage mich gelegentlich, was hier gefährlicher ist, die Sache oder die Sprache darüber. Die verrücktesten Vergehen

des 20. Jahrhunderts hatten ihren Ursprung in Phantomangst.

17. Das Zeichen ist vergleichsweise jung, der statistische Zugriff auf die Weltbevölkerung und seine Visualisierung, als international gehandelte Größe, einige Jahrzehnte alt. Es entdeckt nicht nur etwas, es schafft auch eine neue Wirklichkeit.

18. Zu dem Status dieses Überbevölkerungslogos gehört der Anschein eines nicht mehr perspektivgebundenen Totaleindrucks; es scheint alles zu sagen.

19. Tatsächlich *sagt* es fast nichts; es formuliert eine Menschheitsfrage auf die schlichteste, einlinigste Weise: als Zunahme der Zahl in der Zeit.

20. Eine Frage ist, frei nach Harald Weinrich, nicht ein Nichts an Information, sondern nur ein Weniger an Information. Sie gibt inhaltlich und formal den Rahmen für die Antwort vor; sie nimmt die Hälfte vorweg. Oft legt sie schon die Schiene.

31
Das Bild als Illustration oder die Auslöschung der Metapher

Das Diagramm ist nicht diskursiv, wurde oben (Nr. 30, 1) behauptet, das meint, es sagt nicht von etwas etwas anderes aus, ist kein Satz; man kann ihm daher schwer widersprechen. Man bekommt nicht den Fuß dazwischen: es fehlt die Zäsur, die Trennung von Subjekt und Prädikat. Es ist auch kein Wort, zu dem man ein Gegenwort wüßte, weit eher ist das Diagramm eine in einen Pfeil umgewandelte Zahl. Der Pfeil weist meist nach oben oder unten, auf Wachstum oder Schwund, Fallen oder Steigen, erzeugt Druck in bestimmter Richtung. Ins Bild übersetzt – die Asylantenschlange, der Auszug der Tierwelt –, wird aus dem Diagramm einerseits Unterhaltung und andererseits eine Verstärkung des Appells, des Gefühls von Sachzwang, einer dumpfen „Realität".

Das Diagramm vermittelt, und zwar umso gewisser, je mehr es zum Piktogramm bzw. zur Photocollage ausgestaltet ist, einen Totaleindruck. Auch diese Behauptung (Nr. 30, 18) bedarf einer Erläuterung. Die Lehre von den ‚Totaleindrükken‘ hat Justus Möser (1720–1794) in die Geschichtsbetrachtung eingeführt. Er meinte die Fähigkeit des Menschen, eine heterogene Landschaft mit *einem* Blick zu überschauen und intuitiv zu verstehen, ohne sich im Detail Rechenschaft ablegen zu müssen. – Im Diagramm oder der Weltraumaufnahme oder der Zahlendemonstration einer Photocollage *hat* man sich Rechenschaft abgelegt, der Eindruck kommt zustande, indem man zuvor ein Gebiet im Fadenkreuz bestimmter Parameter gesehen, Sehrohre auf dies Gebiet gerichtet, Meßdaten, Zahlen eruiert hat. Man erfaßt aber ja nur *eine* Datenschicht. Gegenüber der Wirklichkeit der globalen Fluchtbewegungen oder des Artensterbens in der Tierwelt sind deren Visualisierungen immer ein Reduktionsinstrument und ist der Totaleindruck eine Täuschung.

Was hier erkennbar wird, ist eine Ontologisierung der Zahl: die Verwechslung der durch Zahlen erfaßbaren Seite der Sachen mit ihrer „Wirklichkeit“. Auf diesen Aspekt des Themas ‚Zahlenbild‘möchte ich besonders eingehen: auf das Bild als Illustration und die Auslöschung der Metapher. Ich spreche nur annäherungsweise davon.

Zur Metapher gehört Abstand. Sie schließt zwei Sphären kurz, sie setzt sie aber nicht ineins. „Die Klinge ihrer Freude brach entzwei“, schreibt Wolfram von Eschenbach von Herzeloyde. Das Gemeinte ist deutlich, aber man stelle sich das Bild, bitte, nicht buchstäblich vor; das würde seinen leichten, blitzartig zu fassenden Sinn zerstören. – Es ist gründlich zweierlei, ob jemand in einer Debatte einen neu erschienenen Roman ‚verreißt‘ oder ob er das Buch tatsächlich zerreißt, ob er als Kritiker einen Verriß publiziert oder ob er auf einer Scheinphotographie als ein das Buch zerreißender Wüterich abgebildet wird. Das ‚willkürliche‘ Zeichen, das Wort, vermittelt einen Sinn, und jedermann versteht die Übertreibung, das ‚natürliche‘ Zeichen bildet ab.

Daß man einen Sinn abbildet, ist ein Kennzeichen der Ar-

Abb. 46: Das Zahlenbild als Armenbibel. Spiegel 48,
27. November 1995.

menbibel des Mittelalters, der Bibel für die, die nicht lesen
konnten. Es waren fast alle. Im Eingang eines kleinen sizilia-
nischen Hotels habe ich einmal ein Bild von St. Giuseppe mit
dem Jesusknaben gesehen – sein Herz glühte buchstäblich
mit Hilfe einer Glühbirne. Solchen Verbildlichungen einer
Redewendung begegnet man neuerdings in den Fernseh-

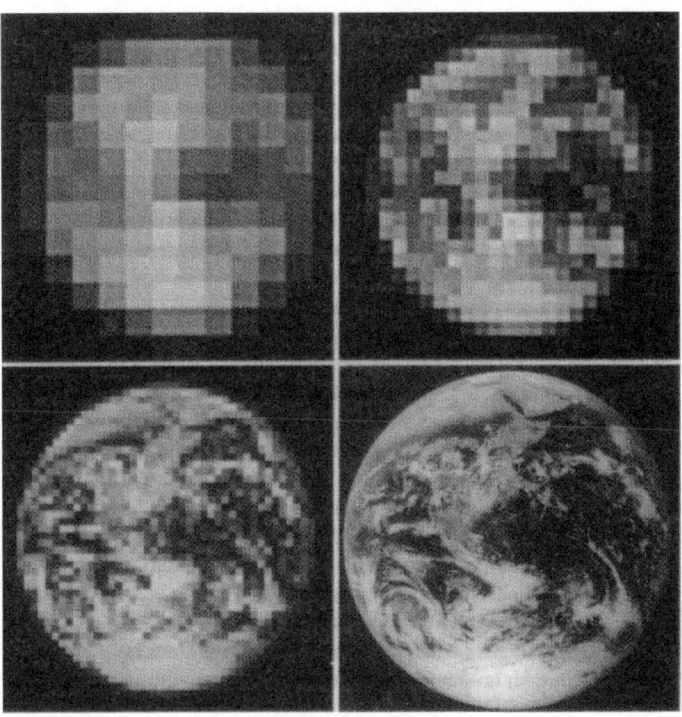

Abb. 47: Photographie als Information. Gore 1992, 376.

nachrichten. In bewegter See sieht man Dampfer kämpfen und untergehen – ‚Computerriesen in Seenot'. Ein Jäger 90 durchstößt einen 1000 Markschein – ‚die Kostenschallmauer'. Auch hier gibt es jeweils ein kleines Rätsel zu lösen, einen unterhaltenden Gag zu verstehen, und die Nachricht wird auf den berühmten Punkt gebracht. Sie erhält geradezu einen Henkel zum Anfassen, wird handgreiflich real.

Der ‚Spiegel' greift fast regelmäßig auf die Sprache als Reservoir zurück, wenn er sein Titelbild kreiert. Das Drohbild der Schlange, in vielen Variationen denkbar und geläufig, taucht bei ihm nicht nur auf als das der endlosen Asylantenschlange mit dem südländisch finsteren Kopf (vgl. Nr. 8), sondern auch als das eines Auszugs der Tierwelt aus der industrialisierten und versteppenden Welt. Das Nashorn führt den Zug (Abb. 46). In beiden Fällen illustriert das Photo oder die Bildcollage in erster Linie eine Zahl, eine Kurve, und man könnte sagen, es geht insgesamt auf in der Illustration. Es demonstriert.

Nicht nur die Metapher, auch das optische Bild verliert etwas von seiner Eigenständigkeit; der Abstand zwischen dem Bild und dem, was es darstellt, geht verloren. Es ist nicht ganz leicht zu sagen, was es bedeutet. Eine bestimmte Art des Denkens in Bildern scheint mir berührt zu sein. Das Bild wird zwingend.

Die Metapher als natürliches Ding, die Zahlenkurve als Realität, die Photographie als Information:

Der amerikanische Vizepräsident Al Gore hat in der seinem Amtsantritt vorausgehenden Programmschrift ‚Earth in the Balance', deutsch ‚Wege zum Gleichgewicht' (1992), die ökologische Krise auf die Tagesordnung gesetzt. Der Schrift ist vor Teil I, II und III eine Graphik vorangestellt, ein Computer-Mosaik, das die Erde in zunehmend kleineren Quadraten rastert, um am Schluß, in dem Kapitel ‚Wiederherstellung des Gleichgewichts', auf „das vielleicht berühmteste Bild unseres Planeten" (300) hinzuführen, das während des Apolloprogramms etwa auf halbem Weg zum Mond aufgenommen wurde (Abb. 47):

„Die Entscheidung liegt bei uns; auf dem Spiel steht die Erde", lautet der letzte Satz des Buches. Die Wiederholung der obigen Bildfolge auf der letzten Seite erweckt die Suggestion, je engmaschiger die Information ausfalle, je abbildender, um so sicherer werde auch die andere „Herstellung" der Erde eintreten, ihre Rettung. Je präziser wir den Globus rastern, um so sicherer werden wir den Blauen Planeten retten, scheint das Bild zu sagen. Der Akzent der Politik Al Gores liegt bisher ausschließlich auf dem ersten Teil dieses Satzes: dem ‚Information Highway', der Digitalisierung der Welt, der Aufhebung von Zeit und Raum durch ‚Internet'.

Der Bildtyp, den die zitierten Spiegelgraphiker herstellen, scheint mir einen ebenso neuartigen Status zu haben wie das digitale Weltraumbild, von dem wir im II. Kapitel ausgingen

(Nr. 6) und das Al Gore meint. Von ‚Sehen‘ kann nicht die Rede sein, ebensowenig von ‚Ansicht‘ in dem Sinn, daß es einen Standort und Blickwinkel gibt. Beide Visiotype sind aperspektivisch.

Beide beruhen auf einem Rechenfundament und sind kalkuliert, Umsetzungen grundsätzlich unsichtbarer Daten in ein Bild, Kentauern aus dem Abstraktesten und Konkretesten. In diesem Punkt gibt es Übereinstimmungen, vielleicht sogar fließende Grenzen. Nach dem Durchgang durch die Verzifferung steht am Ende jeweils das Gleiche:

Das Photo wird zum errechneten, digitalisierten Bild, das Digitalbild erscheint als Photo.

Das Diagramm tendiert ebenso zur vollständigen, datenbasierten, verziffernden Abbildung.

Der Infografiker macht mehr noch als der Hersteller des Weltraumbildes den Eindruck eines Demiurgen, sein Werk ist ein ‚Synbild‘, ein synthetisches Gebilde, Mosaik aus einem Satz von Bausteinen, aus Bildelementen, die er in Konserven beziehen und mechanisch abwandeln, ineinanderarbeiten und komponieren kann. Einige Daten sind vorgegeben, mit ihnen läßt sich nun schalten.

„In seinem Innern arbeitet der Rechner nicht mit Bildern, sondern mit Ketten von Zahlen. Wie sich der Wert jeder Ware unterschiedslos in Geld ausdrücken läßt, so ist dem Computer jedes Bild nur eine einzige Parade von Nullen und Einsen. Just das ist seine Stärke, denn mit formalen Operationen auf diesen Zahlen lassen sich Bilder beliebig verändern: komprimieren beispielsweise, auch analysieren, arrangieren, präsentieren. Dem Computer ist es gleichgültig, ob die Zahlenkette das Bild eines Licht- oder Elektronenmikroskops codiert, eine Röntgenaufnahme oder ein Kernspinresonanzbild. Damit wird es möglich, Bilder unterschiedlicher Herkunft miteinander zu vergleichen und zu vermischen.

Das Grundmuster der heutigen Bildtechnik lieferte bereits das Fernsehen. Denn im Innern der Geräte rast ein rasternder Strahl, und jeder Bildpunkt ist der Manipulation zugänglich. Es stimmt schon, wir leben im Fernseh- und Videozeitalter, doch das umschließt nicht nur den Konsum bewegter Bilder:

Wir erleben eine Zeit der Bildmanipulation, Punkt für Punkt" (Randow 1995, 49).

Auch die Reporterphotographie hat den Weg zur dosierbaren Information eingeschlagen. Die New York Times schrieb vor einiger Zeit: „In the future, readers of newspapers will probably view new pictures more as illustrations than as reportage, since they can no longer distinguish between a genuine image and one that has been manipulated." (Näheres in der Einleitung von Mitchell). Die Ansicht von der Sache ist zur Sicht des Zeichengebers geworden.

Das Eigentümlichste an allen ‚Synbildern' ist ihr Status. Sie sind Schein und gehen auf in dem, was sie sagen sollen. Es fehlt der Abstand. Durchkalkuliert, errechnet, kommen sie unsrer einfältigen Sinnenwelt freundlich entgegen. Metaphern, die nicht mehr hinken können. Es gibt keinen Spielraum. Starr und buchstäblich stehen sie da. Die Phantasie ist festgeschraubt.

Es gibt so etwas auch in der Sprache. Das Bild der ‚Schere', lange als Werkzeug der Parzen in Gebrauch, um den Lebensfaden abzuschneiden, illustriert jetzt meist Zahlenverhältnisse, als Nord-Süd-Schere z. B.: daß arm und reich auf den Hemisphären auseinanderdriften. Die Bundesanstalt für Arbeit veröffentlichte Anfang 1992 das buchstäbliche Bild der sich öffnenden Schere, d. h. des klaffenden Abstands zwischen Bewerbern um Lehrstellen und angebotenen Plätzen.

Auch die ‚Spirale' ist im Sprachgebrauch neuerdings oft keine Metapher, die blitzartig ein Gegenstandsgebiet spiralähnlich erscheinen ließe, sondern die Illustration einer Zahl. Das gleiche gilt für die ‚Bombe'. Die Altersspirale ist eine Tabelle, die Bevölkerungsbombe eine Kurve.

Zur Metapher gehört Spielraum und Witz. Man versteht sie plötzlich, wie man ein Rätsel versteht. Sie hat die schönste Eigenschaft der Sprache: sie deutet nur an. Sie erschöpft nicht. Blitzartig beleuchtet sie einen Aspekt und läßt dem anderen seine Andersartigkeit. Der Hafen der Ehe, zum Bild ausgemalt, wäre das Ende einer Ehe.

Wie es eine Art Mathematisierung der Umgangssprache gibt, daran habe ich mich in den ‚Plastikwörtern' versucht,

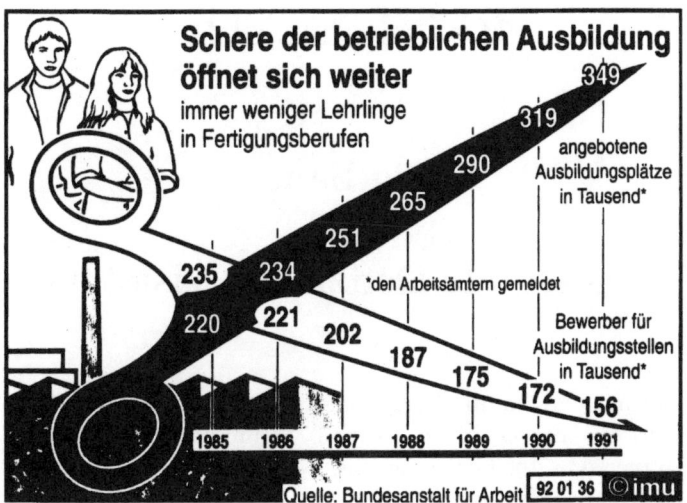

Abb. 48: Die Zahlenschere. Badische Zeitung, 19. März 1992.

so gibt es eine Digitalisierung der Bilderwelt. Unser Blick und unsere Begriffe werden auf die Ebene der Zahl geheftet. Verbunden mit dem Bild, erscheint sie als das Ganze.

„Wer nur einen Hammer hat, für den ist die ganze Welt ein Nagel."

Zwischenspiel II

Big Bang
oder
Das soziale Defizit der Visiotype

Warum sind Naturwissenschaftler oft so übertrieben konkret? Sie sprechen vom ,Urknall', wenn sie den Beginn des Universums meinen, vom ,Big Bang', und nennen das anfängliche, sich ausdehnende stofflich unstoffliche Gemisch die ,Ursuppe', verwenden den gleichen Namen für den Urozean auf der Erde und erwägen, den Moment, in dem hier ,das Leben' begann, ein Molekülfaden sich erstmals selbsttätig teilte und verdoppelte, den ,Tiny Bang' zu nennen. Vokabeln aus Küche und Kinderstube dienen dazu, Begebenheiten, die außerhalb der Erfahrung von Raum und Zeit liegen, handnah heranzubringen.

Wo immer heute ein Naturwissenschaftler ins Bild setzen will, führt er auf einen Kunstboden aus Metaphern. Die Bilder werden um so drastischer, je öffentlicher das Publikum ist: „Am Anfang war die Innigkeit. In unvorstellbarer Dichte hochzeiteten alle Mitglieder des Elementarteilchenzoos der Hochenergiephysik miteinander. Fortwährend prallten sie in hellen Scharen zusammen, verwandelten sich dabei in andere Teilchen oder zerstoben zu Strahlung – um alsbald wieder aus dem brodelnden Strahlenmeer wie Phönix neu zu erstehen. Die Temperatur dieser ersten Ursuppe betrug eine Billiarde Grad (1.000.000.000.000.000 K). Die Uhr des Universums stand auf einer billionstel Sekunde nach dem Urknall".

Warum dieser humoristisch präzise, konkrete Bildersalat? Ist es Herablassung, die Absicht, die der Dichter Gellert im 18. Jahrhundert dem Poeten zuschrieb,

„Dem, der nicht viel Verstand besitzt,
die Wahrheit durch ein Bild zu sagen"?
Ist es der Zwang zur Unterhaltung? Eine übertriebene Sicherheit, die erklärte Welt in der Tasche zu haben? Wir finden diese krasse Bildersprache allerdings nicht nur bei Übersetzern der Wissenschaft in öffentlichen Medien, sondern auch in fachlichen Vorträgen und in ernstzunehmenden Publikationen der Zunft. Ist sie überhaupt umgehbar?

Der Autor des Berichts „Wie alles begann. Die Schöpfungsgeschichte aus der Sicht der heutigen Naturwissenschaften" (‚Zeit', 30. 12. 1994) befindet sich in Verlegenheit. Er möchte eine Vorstellung vermitteln von einer Welt, in der frei nach Christian Morgenstern selbst zwei auswandernden Parallelen nicht mehr irdisch zu Sinn wäre, wo die Einheit einer Sekunde kein sinnvolles Maß sein kann, von der aber doch auf Grund ungezählter indirekt gewonnener Daten, Annahmen, Rückschlüsse ein sich konkretisierendes Gebäude wissenschaftlicher Vorstellungen existiert. Wie verfahren? In die Welt vor Zeit und Raum reicht die Vorstellung nur mit Hilfe irdener Gefäße: durch die Notbrücke der Metapher. ‚Big Bang', ‚Urknall', ‚erste Ursuppe' – ‚Elementarteilchenzoo', ‚Hochzeit', ‚Strahlenmeer', ‚Phönix' – ‚eine billionste Sekunde': spricht die Drastik der Bilder für Unsicherheit oder für Selbstironie? Diese wäre ja allzu begründet. In der Naturwissenschaft ist die Metapher eine Ordnungshypothese. Der Gebrauch betont trivialer Alltagsbilder ließe dann gerade Sinn für den unendlichen Abstand erkennen, der zwischen menschlicher Erfahrung und jenen Uranfängen besteht: für die absolute Disproportion. Man weiß oder ahnt oder gibt zu erkennen, daß das Bild nicht nur komisch, sondern schlicht deplaziert ist. Es ist, als errichte man auf einem imaginären, nur indirekt erschlossenen Gebilde ein Streichholzkreuzchen zum Zeichen, daß dies als Berg vorstellbar ist. Ist dies der Sinn von ‚Big Bang' und ‚Ursuppe', sind sie Indikatoren eines Mißverhältnisses?

Man erinnert sich an Blaise Pascal, den berühmten Essai: ‚Des Menschen Stand im Kosmos: Die zwei Unendlichkeiten'. Das All wie das Atom erschienen ihm als Abgrund:

„denn wer wird nicht darüber staunen, daß unser Körper, eben noch selber im Schoße des Kosmos unsichtbar klein, jetzt ein Riese ist, eine Welt oder vielmehr ein All im Vergleich zum Nichts, zu dem man nicht vordringen kann?

Wer sich so betrachtet, wird vor sich selber erschrecken, und während er sich so getragen vorstellt von dem ihm durch die Natur verliehenen Ausmaß, zwischen diesen beiden Abgründen des Unendlichen und des Nichts, wird er beim Anblick dieser Wunder erschaudern; und ich glaube, seine Neugier wird sich in Bewunderung wandeln; und er wird die Wunder lieber im Schweigen bestaunen, als ihnen mit Überheblichkeit nachforschen wollen."

Der Mensch: „eine Mitte zwischen Nichts und All. Unendlich davon entfernt, die Extreme geistig einzuholen."

„Das ewige Schweigen dieser unendlichen Räume erschreckt mich" (Pascal 1982, 102 f., 109).

Heute scheint dieser ‚Ougenender', wie Konrad von Megenberg 1350 den Horizont nannte, der Begrenzer des Auges gefallen, das Geheimnis ist gelüftet, und zwar in plausiblen Bildern.

Vermutlich verdankt Gulliver, der Held von Jonathan Swifts ‚Gulliver's Travels', seine Existenz der gleichen Erfahrung jener zwei Unendlichkeiten. Dieser Prototyp des neuzeitlichen Reisenden bewegt sich, als sitze ihm ein Perspektiv vor den Augen, durch eine Spielzeugwelt. Man hat diesen Roman deshalb als Kinderbuch mißverstanden. Er ist weder dies noch auch nur eine listige Satire. Es sieht aus, als schulde der Held seine Existenz der Erfindung des Fernrohrs. Ihm haftet doch das umkehrbare Sehrohr fest vor der Linse, so daß er sich einmal als Zwerg auf dem Busen einer Riesin und ein andermal als Menschenberg in einer Stadt von Liliputanern, die er zu zertreten fürchtet, wiederfindet. In der Makrowelt wie der Mikrowelt, in beiden Fernen, begegnet er der eigenen Menschenwelt einmal vergrößert und einmal verkleinert. Er versteht zunächst ihre Sprache nicht, ihre Sitten sind ihm fremd: ein Mittel der spiegelnden Satire, gewiß, aber auch eines der Befremdung. Wie benimmt man sich auf dem Mars? Der übliche Lebensernst hat hier nichts zu suchen, der irdische Rahmen fehlt. Das macht die Lektüre so nüchtern, kühl und erquicklich. Wir befinden uns unter winzigen und riesigen Spielzeugen, aufgefaßt durch den Prothesenblick.

„Am Anfang war die Innigkeit ..."? Der Bericht in der ZEIT ist nicht gerade ein Glanzstück öffentlicher wissenschaftlicher Prosa. Aber nicht die Kritik seiner Sprache, auch nicht die Frage der Angemessenheit der Bilder und Illustrationen – der ,Big Bang' und der ,Tiny Bang' sind auf dem Weg zum Visiotyp –, oder gar die Entscheidung darüber, ob in ,Big Bang' und ,Ursuppe' selbstironische Unsicherheit der Namengeber zum Ausdruck kommt, ist hier das Thema, sondern das soziale Defizit der Visiotype.

Die Natur der Zweiten Anschauung ist dem mittleren Kosmos entrückt. Es ist fast nicht möglich, an ihr Maß zu nehmen.

Die Visiotype fungieren jedoch als soziale Werkzeuge. Sie bewirken eine Umgestaltung der Gesellschaft; aber sie sind gerade dies nicht, sozial, konvivial, können es nicht sein. Ihre Existenz ist einem Beobachterstand geschuldet, der in außermenschliche Ordnungsdimensionen linst. Ihre lineare Bewegung ins Unendliche, die auch eine Bewegung in der Zeit ist, zeigt gerade, daß ihnen eine wesentliche Eigenschaft des Sozialen fehlt: das Maß. Sie sind maßlos – als Bevölkerungskurve, globaler Artenschwund, Züchtungsschraube, Transplantationspuzzle, Materialstrom, Kommunikationsstrom, Informationsstrom. Als Rechner. Sie verfügen über kein Eigenmaß. In der Neuzeit macht sich nicht nur die Eigenzeit, von der Helga Novotny spricht, sondern auch das Eigenmaß davon.

Die Beweglichkeit des digitalen Instruments erzeugt eine Arbitrarität von Raum und Zeit, mit der sich schalten läßt und in der man umherfahren kann. Sprunghaft in Ordnungsdimensionen, die fremd sind.

Das Bild aus dem Weltraum, ob von der großen oder der kleinen Welt die Rede ist, hat etwas Paradoxes. Es ist nah und fern zugleich. Jede Annäherung bedeutet Entfernung.

Darum ist Schwindel eine angemessene Reaktion. Die In-

221

strumentenbilder erzeugen Schwindel. Die Zahlen sind schwindelerregend. Das Universum sei zwischen zehn und dreißig Milliarden Jahre alt, hörte ich kürzlich in dem Vortrag eines Astrophysikers. – Oder der Schaukasten in Basel: ein zwei Meter langer gelber Schlauch vor dem gestirnten Universum. Jede menschliche Zelle enthält einen DNS-Faden von zwei Metern Länge. Nehme ich die Billionen Zellen im menschlichen Körper zusammen und hänge die Erbgutfäden aneinander, so erhalte ich einen Faden, der 270 mal zur Sonne und zurück reicht.

Thomas Mann meinte gelegentlich, er sähe keinen Anlaß, vor der Quinquillion in den Staub zu sinken. In der Tat: die verbleibende Reaktion ist Albernheit.

Wir sind auf menschliche Maße angewiesen, wenn wir Maß nehmen wollen, auf Verhältnisse in überschaubaren Proportionen, wenn ein Verhalten sich aus ihnen ergeben soll.

Bilder können zur Nachahmung einladen, dazu, sich in ihre Welt hineinzuversetzen. Zur Identifikation. Das mittelalterliche deutsche Wort âmen, ômen, von dem ‚Nachahmung‘ herkommt, bedeutet visieren im Sinn von Ausmessen eines Weinfasses.

Es wäre lohnend, eine Typologie der Angleichung an die Figuren, Zahlenbilder und Instrumentenbilder, an die Instrumente selbst zu skizzieren – eine Beschreibung möglicher Identifikationen. Vermutlich fänden sich in der Psychiatrie starke Aufschlüsse.

Figuren stiften seit jeher Einheit, als Symbol und Erkennungszeichen einer Gruppe. Sie sind das geläufigste Kunstmittel zur Herstellung körperschaftlicher Identität.

Wie erfahren sich einzelne vor der Weltbevölkerungskurve oder der scheinkonkreten Nähe der Instrumentenbilder?

Lernt sich der Umgang, der Abstand, die Übersetzung? Eine Frage der Generation?

V Die Schraube

„Aber müßte, so lange ich das leibliche
Auge hätte, die Sphäre desselben auch
die Sphäre meines innern Auges sein,
so würde ich, um von dieser Einschränkung frei zu werden, einen großen Wert
auf den Verlust des erstern legen."
(Lessing, Laokoon)

„Das Geistige in seiner ewigen Bewegung erlaubt kein Fixieren; eben so wenig wie durch die Zahl läßt es sich fixieren durch Linie, Dreieck, Viereck und
Kreis. Der Gedanke kann weder gezählt
werden, noch gemessen."
(Heinrich Heine)

32
Visualisierung

Wenn die Verzifferung allgemein geworden ist, kommt es zu einem ebenso allgemeinen visuellen Zugriff auf die Daten. Die Visualisierung folgt aus der Verzifferung. Davon war im letzten Kapitel die Rede. Man möchte die Daten nicht als Kolonnen, Haufen oder Nebel sehen, sondern als Linie oder Fläche oder räumliche Figur: eine Struktur des Objekts. Das Verdeutschungsbuch Joachim Campes von 1813 übersetzt Struktur mit ‚Bauart'.

Es gibt aber zunächst, unabhängig von dem Blick auf Daten, ein primäres Bedürfnis, Gestalten zu sehen. Erst, was man definieren kann, umgrenzen und in seinen Grundzügen erkennen, sieht man als ungefährlich an. Die Gestalt bannt und befreit, die Skizze, das Schema, der Grundriß machen eine Struktur und Lagebeziehung kenntlich, helfen einen Plan erkennen, entwerfen eine Ordnung des Gegenstandes. Sie schaffen Überblick, machen durchschaubar und entlasten von Details, prägen sich am ehesten dem Gedächtnis ein.

Ganz entsprechend werden die ‚Aufnahmen' der Instrumentenbilder in Gestalten übersetzt, die an Bekanntes, Vertrautes erinnern, und der Photographie angenähert. Je öffentlicher, um so entschiedener der Rückgriff auf den vertrauten Bildervorrat.

Man kann wie im Fall der Zahlenbilder unterscheiden zwischen dem allgemeinen Hang zum veranschaulichenden Zugriff, der visiotypen Darstellungsform, und einzelnen Visiotypen, diesen von einem Hof umgebenen Monden, der Bilderwelt über unseren Häuptern.

„Imagologie! Wer hat sich diesen großartigen Neologismus ausgedacht? Paul oder ich? Das tut nichts zur Sache. Wichtig ist, daß dieser Begriff uns endlich erlaubt, unter einen Hut zu bringen, was sehr viele Namen hat: Werbeagenturen; Werbeberater von Staatsmännern; Designer, die Formen von Autos und Ausstattungen von Gymnastikräumen entwerfen; Modeschöpfer; Friseure; Stars im Show Business, die die

Norm physischer Schönheit diktieren, denen dann alle Branchen der Imagologie gehorchen."

„Die Imagologie hat in den letzten Jahrzehnten einen historischen Sieg über die Ideologie errungen. Alle Ideologien haben ausgespielt: ihre Dogmen wurden schließlich als Illusionen entlarvt und von den Leuten nicht mehr ernst genommen."

Wie eingangs erwähnt: nur an einer, allerdings entscheidenden Stelle scheint mir Kunderas großartiger Entwurf der Imagologie nicht zu stimmen, nämlich wo er einen Vergleich zwischen den beiden Mächten hinzufügt:

„Die Ideologien waren wie riesige Räder hinter der Bühne, die sich drehten und Kriege, Revolutionen und Reformen auslösten. Die imagologischen Räder drehen sich ebenfalls, jedoch ohne die Geschichte zu beeinflussen" (Kundera 1990, 144, 146).

Die imagologischen Räder, meine ich, profilieren die geschichtliche Welt keinen Deut weniger als die ideologischen; sie ziehen ihre Spuren freilich unter allgemeiner ‚Akzeptanz'. – Das gilt präzis für die Abkömmlinge der Wissenschaften, der wissenschaftlich fundierten Technik, die hier zur Debatte stehen.

Ist es nötig zu beweisen, daß die Populärwissenschaft sich überall der Visualisierung bedient? Ich greife ein extremes Beispiel heraus und steure am Ende auf die Beobachtung zu, wie in vier sehr verschiedenen Visiotypen, Doppel-Helix und Chip, Körper-Puzzle der Transplantationsmedizin und Auto-Modell *ein* Denktyp vorzuherrschen scheint, eben vier die geschichtliche Welt profilierende Räder.

33
Philosophie in Bildern

Der Streit ist die Hebamme vieler Dinge. In einem Freiburger Seminar des Winters 1992/1993, das die Leistung und Wirkung visueller Darstellungsmittel zum Thema hatte, wurde die Figur der Spirale gleich zu Beginn zum mäeutischen Streitfall. Ich hatte erwähnt, daß, in einem neuen ‚Taschenbuch-Atlas zur Philosophie', Hegels „Phänomenologie des Geistes" durch eine Spirale veranschaulicht werde und an dem Vorgehen Zweifel geäußert. In der „Frankfurter Allgemeinen Zeitung" sei diese Bebilderung der Philosophie Gegenstand einer heftigen Attacke gewesen. Das Beispiel:

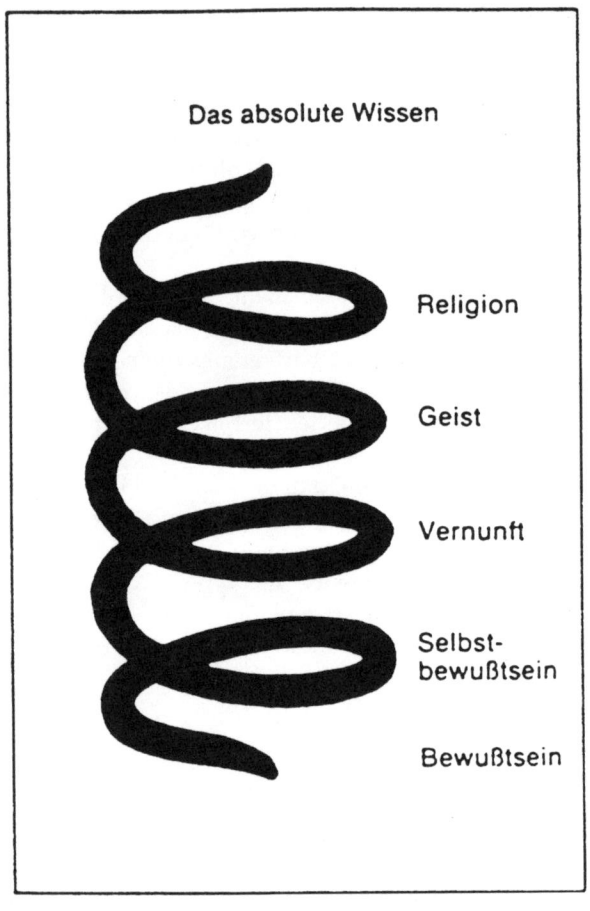

Abb. 49: Graphische Figur zu Hegels „Phänomenologie des Geistes". dtv-Atlas Philosophie 1991, 156.

Eine Spirale, genauer, eine zylindrische Schraube führt in vier Windungen von der Grundstufe „Bewußtsein" über „Selbstbewußtsein", „Vernunft", „Geist", „Religion" hinauf zum „absoluten Wissen".

Eine Studentin widersprach: das Bild sei angemessen. Hegel selbst verwende das der Leiter. Es sei ihr ganz gegenwärtig und helfe ihr, dieses unmenschlich abstrakte Werk, in das sie sich gerade mit anderen einlese, zu verstehen.

Ein Student ergänzte, durchaus ernst: wenn solche Bilder Abbreviaturen seien, Konzentrate, könne man da nicht auf den ganzen Wortreichtum der Philosophen, ihr großes Bla Bla verzichten, es streichen? Man hätte dann die Geschichte der Philosophie in einer Figurenreihe. Der Philosoph erschien für einen Augenblick als Hermann Hesses Magister Ludi, der mit den zu Ideogrammen geronnenen Philosophien wie mit Glasperlen spielt.

Ein anderer fuhr dazwischen: die Kritik in der FAZ sei völlig überzogen gewesen, unsachlich und unfair. Er selbst, wenn er Kant fürs Examen lese, arbeite auch mit Zeichnungen, mit geometrischen Figuren, um ihn sich einzuprägen und die Vielzahl von Gesichtspunkten im Gedächtnis zu behalten. Man müsse bedenken, welches der Zweck eines dtv-Atlasses sei: es sei eine Einführung, die Absicht didaktisch.

Alle drei fühlten sich angegriffen. Eine Frage der Generation?

Die Polemik in der FAZ (17. 01. 1992), überschrieben „Arbeit am Schwachsinn. – Die neueste Anmaßung der Didaktik: Fastfood- Philosophie in vielen bunten Bildchen", brachte drei Beispiele, zwei Comic-Bildchen, die zumindest Sachkenntnis verrieten, und die obige geometrische Figur, die sich zunehmend als schwierig und ergiebig erwies. Siehe Abb. 50, Seite 228:

Odysseus fährt, an den Mast eines Bootes gefesselt, zwischen zwei Felsen hindurch, auf denen Mythos und Aufklärung als Sirenen locken. Zwei Pfeile unter dem Boot in gegenläufiger Richtung deuten an, daß eins in das andere umzuschlagen geneigt ist.

Unten links wird ein „Verblendungszusammenhang" als

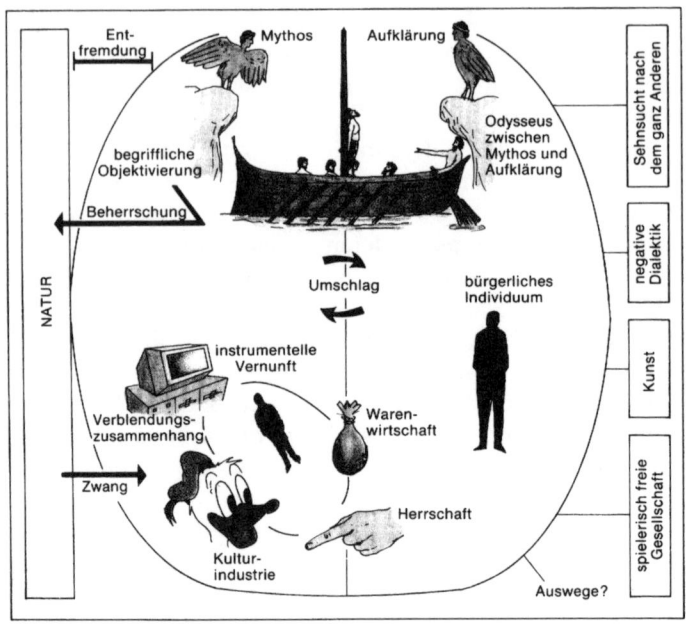

Abb. 50: Tafel zur ‚Dialektik der Aufklärung' von Adorno und Horkheimer. dtv-Atlas Philosophie 1991, 226.

bebilderter Kreislauf vorgeführt. Die Abstrakta *Kulturindustrie, Herrschaft, Warenwirtschaft, instrumentelle Vernunft,* wiedergegeben als Donald Duck, Zeigefinger, Geldsack und Computer, kreisen das bürgerliche Individuum ein, das rechts noch einmal groß und ziemlich isoliert in der Fläche steht.

Rechts unten führt ein kleiner Strich heraus aus dem Gesamtzirkel. „Auswege?" steht daran. Siehe Abb. 51, Seite 229:

Ein tönernes Götzenhaupt, auf dessen Stirn Glaubensgewißheiten wie „freier Wille", „Christentum", „Jenseitsglaube" geschrieben stehen, wird durch einen Nietzsches Kritik symbolisierenden Blitz in die Mundhöhle zertrümmert, den die Wörter „Täuschung durch Sprache", „Phantastik", „Eigennutz" erläutern.

Der „dtv-Atlas zur Philosophie" ist eine Geschichte der

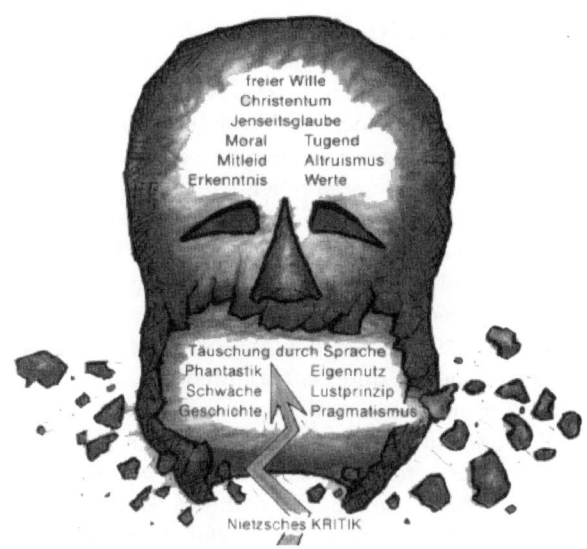

freier Wille
Christentum
Jenseitsglaube
Moral   Tugend
Mitleid   Altruismus
Erkenntnis   Werte

Täuschung durch Sprache
Phantastik   Eigennutz
Schwäche   Lustprinzip
Geschichte   Pragmatismus

Nietzsches KRITIK

Abb. 51: Bräunlich kolorierte Zeichnung zu ‚Nietzsches Kritik der Kultur der Décadence'. dtv-Atlas Philosophie 1991, 176.

philosophischen Lehren seit ihren indischen und chinesischen Anfängen und eingeteilt wie die übrigen Bände der seit 20 Jahren bestehenden Reihe: links ein Bildteil, nach Skizzen der philosophischen Herausgeber vom Graphiker des Verlags angefertigt, rechts der Textteil, aus Zitaten und knappen Kommentaren der Editoren zusammengesetzt.

„Mit dem Versuch, philosophische Gedanken in Form von Bildern und Graphiken zu veranschaulichen, wird hier weitgehend Neuland für die Darstellung der Philosophie betreten. Die Tafelseiten sollen die Texte anschaulich erläutern, ergänzen oder zusammenfassen. Ihr Ziel ist es, das Verständnis zu fördern und eigenes Fragen anzuregen", meinen die Verfasser (Vorwort). Der Rezensent antwortet, nicht die Kümmerlichkeit des Textteils sei dem Werk anzukreiden: das Wort bleibe blaß und leer und richte nicht viel Schaden an. „Verhängnisvoll ist der Bildteil, denn er verstößt gegen das Bilderverbot, das am Anfang jeder Philosophie steht, so sehr sie sich bildlicher Sprache bedienen muß."

229

Auf den Einwand, dergleichen sei doch einprägsam, es lasse sich leicht merken, antwortet er: „Genau darin liegt das Verhängnisvolle des neuen Machwerks. Die Abziehbilder dieser Fibel für die Armen im Geiste sind möglicherweise nicht mehr loszuwerden, wenn man sie im falschen, eindrucksfähigen Alter aufgenommen hat.

Sie schieben sich vor eine Sache und besetzen sie, die als Faktenwissen und Formelsammlung nicht zu haben ist, sondern allein im Vollzug eines Zusammenhangs und in der Erfahrung einer Anstrengung.“

Gustav Seibt zitiert Adornos „Theorie der Halbbildung“: Das Halbverstandene und Halberfahrene sei „nicht die Vorstufe der Bildung, sondern ihr Todfeind: Bildungselemente, die ins Bewußtsein geraten, ohne in dessen Kontinuität eingeschmolzen zu werden, verwandeln sich in böse Giftstoffe, tendenziell in Aberglauben.“ Er schließt: „Der dtv-Atlas zur Philosophie ist nur ein besonders auffallendes Beispiel einer Barbarei, die sich ganz allgemein im Anwachsen der Sphäre des Didaktischen und Aufbereitenden in unserer Bildung anzeigt. Die Ästhetik der Schultafel breitet sich auch sonst in Funkkollegs, Hörsälen und Lehrbüchern aus. Das Element der Geisteswissenschaft aber bleibt die Sprache.“

Das Ganze also eine Polemik mit Keulenschlägen; das Seminar hörte sie mit leisem Erschrecken. Sie ließ aber eine nicht unwesentliche Frage zurück:

Was leistet ein Bild wie die *Spirale*, um die ‚Phänomenologie des Geistes‘ zu erfassen? Welches sind die Eigenschaften der Figur, haben sie eine Parallele in dem Erstling Hegels, der wie in einer Nußschale schon das Ganze seiner Philosophie enthält?

Wo verwendet Hegel das Bild der *Leiter*, wie gebraucht er es? Welche Gleichnisse verwendet er überhaupt, z. B. in der berühmten „Vorrede“, um die Denkbewegung oder die Grundgedanken seines Werks vorstellbar zu machen?

Allgemeiner gesprochen, frei nach Lessings ‚Laokoon‘: Wo liegen, in diesem konkreten Fall, die Grenzen der Sprache und des Bildes? Ich schlug vor, sich in der kommenden Sitzung über die Eigenschaften der geometrischen Figur zu verständigen und sie Textpassagen aus Hegels Werk gegenüber zu stellen, um zu vergleichen.

34
Was ist eine Spirale?

Der gewöhnliche Sprachgebrauch ist, was die Benennung unsrer Figur angeht, nicht eindeutig. Für den Mathematiker ist sie keine *Spirale*, sondern eine *Schraube*. „Bei diesen zylindrischen Schneckenlinien handelt es sich um Kurven, welche weder von einem bestimmten Ursprungsort ausgehen noch ihre Krümmung in ihrem Verlauf verändern. Kletterpflanzen oder Insektentracheen sind dafür charakteristisch", schreibt Hans Mislin im Katalog zu einer interdisziplinären Schau, „Die Spirale im menschlichen Leben und in der Natur", die 1985 vom Museum für Gestaltung in Basel gezeigt wurde (Hartmann/Mislin 1985, 11). Ein Freiburger Mathematiker, Klaus Ernhofer, erläutert mir die Entstehung der Schraube aus der Bewegung eines Punktes im Raum. Der Kreis ließe sich mittels zweier Koordinaten beschreiben: er entsteht dann aus der Bewegung eines Punktes in einer waagerechten Ebene, diese Bewegung wird von zwei senkrecht aufeinander stehenden „Impulsen" bestimmt. Die Schraube entsteht, wenn ein dritter, vertikaler Bewegungsimpuls hinzukommt: der Punkt auf dem Kreis bewegt sich nun in die dritte Dimension auf der Mantelfläche eines Zylinders. So läßt sich jene Figur darstellen, die wir als Schraube oder Sprungfeder kennen.

Mislin (1985, 10 f.) unterscheidet von ihr die „echte Spirale", die er umschreibt: „Unter einer Spiralkurve verstehen wir eine Schneckenlinie, welche von einem bestimmten Punkt ausgeht und während ihrer zunehmenden Entfernung von ihrem Ausgangspunkt ständig an Krümmung abnimmt." Gemeint ist hier jene flächige Schneckenlinie, die von Archimedes am Beginn seiner Abhandlung „Über Spiralen" (1972, 1) exakt definiert worden ist und seinen Namen trägt: „Wenn ein Halbstrahl sich innerhalb einer Ebene um seinen Endpunkt mit gleichförmiger Geschwindigkeit dreht, bis er wieder in seine Ausgangsstellung zurückkehrt, gleichzeitig aber sich ein Punkt auf diesem Halbstrahl mit konstanter Geschwindigkeit vom Anfangspunkt des Halbstrahls aus bewegt, so wird dieser Punkt eine Spirale beschreiben."

Für uns ist die räumliche Spirale entlang eines Zylinders von besonderem Interesse und die sogenannte ‚konische‘, die sich entlang der Oberfläche eines Kegels, eines Spitzkelchs bewegt: die kelchförmige Spirale.

35
Hegels Phänomenologie
als spiraliger Stufengang

Die mathematische Beschreibung legt nahe, diese räumliche Spirale für besonders geeignet zu halten, einen historischen Prozeß anschaulich zu machen. Sie verbindet zwei antagonistische Grundbegriffe geschichtlichen Denkens,
– den der zyklischen Wiederkehr, der Kreisläufe, und
– den des Fortschritts, des vertikalen Aufstiegs.

Die Paradoxie der Figur ist früh ausgesprochen worden. „Der Schraube Weg, gerade ist er und krumm", sagt Heraklit (Hartmann/Mislin 1985, 81; Demandt 1978, 242).

Was leistet das Modell, um Hegels „Phänomenologie des Geistes" anschaulich zu machen?

Wenn wir oben sagten, als Kommentar zu der Bildtafel: eine zylindrische Spirale führt von der Grundstufe des Bewußtseins in vier Windungen über „Selbstbewußtsein", „Vernunft", „Geist", „Religion" hinauf zum „absoluten Wissen", dann haben wir zunächst nur die Inhaltsangabe des Werks, das aus diesen sechs Kapiteln besteht, mit dem Bild der Spirale verbunden.

Aber damit ist die Aussagekraft des Modells nicht erschöpft. Die Figur ist von komplexer Bauart, eine Raumform von vielsinniger und paradoxaler Struktur. Wenn wir nicht

Hegels Text, sondern nur die ihm im dtv-Atlas beigegebene Illustration zum Ausgangspunkt wählen und zu interpretieren versuchen, könnten wir z. B. sagen:

1. Die Figur vermittelt das Bild unaufhörlicher, gleichmäßig fließender Bewegung. Die Bewegung verläuft nach einem Muster, einer Formel.

2. Die Bewegung verläuft in einer aufsteigenden Kreisbewegung, als spiraliger Stufengang.

3. Die zweite Windung wiederholt analog die erste auf einer höheren Ebene, die dritte die zweite und die erste, die vierte die dritte, zweite und erste, so daß jeder Punkt seine spiegelnde Entsprechung auf der Windung über sich bzw. unter sich hat und gegenüber, eine jeweils halbe Windung höher bzw. tiefer, seinen Gegenpunkt.

4. „Das absolute Wissen" ist in die Mitte über die vier Windungen gesetzt – als schaue es hindurch bis auf den Grund. Anfangspunkt und Endpunkt stehen sich symmetrisch gegenüber.

Wäre das eine zutreffende Beschreibung des Inhalts und der Denkbewegung der „Phänomenologie des Geistes"? Es gibt bemerkenswerte Parallelen:

Zu 1. – In jedem Satz der „Phänomenologie" drängt sich der Eindruck einer ruhelosen Dialektik des Geistes auf, aber keineswegs nur der eines gleichmäßigen Fließens. „Zwar ist er nie in Ruhe, sondern in immer fortschreitender Bewegung begriffen. Aber wie beim Kinde nach langer stiller Ernährung der erste Atemzug jene Allmählichkeit des nur vermehrenden Fortgangs abbricht – ein qualitativer Sprung – und jetzt das Kind geboren ist, so reift der sich bildende Geist ..." (Hegel 1970, 18). Neben das Bild kontinuierlicher, fließender Bewegung tritt hier das des abrupten Bruchs, des Sprungs. Wir kommen darauf zurück.

Zu 2. – Wir finden das Bild des Kreises; es ist, wie schon das Werkregister ausweist, überhaupt nicht selten bei Hegel. Das Wahre „ist das Werden seiner selbst, der Kreis, der sein Ende als seinen Zweck voraussetzt und zum Anfange hat und nur durch die Ausführung und sein Ende wirklich ist" (Hegel 1970, 23), heißt es ebenfalls in der ‚Vorrede'. Man erkennt sofort, daß hier keine einsinnige, sozusagen im Uhrzeigersinn verlaufende Kreisbewegung gemeint ist, die zyklische Wiederkehr, sondern eine doppelsinnige Bewegung: ein Paradox. Hegels Bild des Kreises ist visuell schwerlich darstellbar, es würde zur unmöglichen Figur. In der ‚Wissenschaft der Logik' (1963, 55) heißt es, „daß das Vorwärtsgehen ein *Rückgang* in den *Grund*, zu dem *Ursprünglichen* und *Wahrhaften* ist, von dem das, womit der Anfang gemacht wurde, abhängt und in der Tat hervorgebracht wird. –"

Ebenso begegnen wir der Vorstellung von der Entwicklung als eines Stufengangs, (für den allerdings das über den Kreis gesagte gilt): „Wenn also dieser Geist seine Bildung, von sich nur auszugehen scheinend, wieder von vorn anfängt, so ist es zugleich auf einer höheren Stufe, daß er anfängt. Das Geisterreich, das auf diese Weise sich in dem Dasein gebildet, macht eine Aufeinanderfolge aus, worin einer den andern ablöste, und jeder das Reich der Welt von dem vorhergehenden übernahm" (Hegel 1970, 591).

Zu 3. – Ein weiteres Moment ist ausgedrückt in dem schönen Wort, das der Basler Mathematiker Jakob Bernoulli (1655–1705), Entdecker der bedeutendsten Eigenschaften der logarithmischen Spirale (‚spira mirabilis'), sich als Grabspruch wünschte und das am Fuß seines Epitaphs einer archimedischen Spirale eingeschrieben ist: „eadem mutata resurgo" (Fellmann 1985, 22 ff.): dieselbe und verwandelt kehre ich wieder. Es ist heute an einem Pfeiler im Kreuzgang des Basler Münsters zu sehen. Das Motiv des Versinkens in Nacht und der Auferstehung bestimmt die ‚Erfahrung des Bewußtseins' in seiner Fortbewegung von Stufe zu Stufe, die Reihe der Erscheinungsformen eines Geistes, von dem nie ganz klar ist, ob Hegel in der „Phänomenologie" den individuellen Geist, d. h. *seinen*, oder den der Welt meint, und ob er von der Bewegungsform des Geistes in der Geschichte oder von ihrer reflektierenden Erfassung spricht. In jedem Fall gilt für die Aufeinanderfolge seiner Gestalten das berühmte Gesetz der ‚Aufhebung' im doppelten Sinn: „In seinem Insichgehen ist er in der Nacht seines Selbstbewußtseins versunken, sein verschwundenes Dasein aber ist in ihr aufbewahrt, und dies aufgehobne Dasein, – das vorige, aber aus dem Wissen neugeborne, – ist das neue Dasein, eine neue Welt und Geistesgestalt" (Hegel 1970, 590).

Zu 4. – Schließlich: Am Ende des Werks schaut das absolute Wissen auf die Aufeinanderfolge zurück und durch sie hindurch: „Ihr Ziel ist die Offenbarung der Tiefe, und diese ist der *absolute Begriff*; ..." Hier, im letzten Satz der „Phänomenologie", taucht erstmals in leicht verdeckter Form das Bild der Spirale auf, an der Stelle der Ankunft des Geistes bei sich selbst nach dem Durchgang durch seine Gestalten:

„nur
aus dem Kelche dieses Geisterreiches
schäumt ihm seine Unendlichkeit."

Man sieht: das Bild gleichmäßig fließender Bewegung und des kreisförmigen vertikalen Aufstiegs stimmt allenfalls zur Hälfte, die Figur hat aber auffallende Entsprechungen in dem Werk.

36
Tradition und Verbreitung der Spirale

Schillers frühes Gedicht „Die Freundschaft" (1781), dessen letzte Verse Hegel am Schluß der ‚Phänomenologie des Geistes' umformt, läßt in seinen abschließenden Strophen deutlicher die auch mathematisch bestehende Nähe zwischen Kelch und Spirale erkennen, von der schon die Rede war:

> Tote Gruppen sind wir, wenn wir hassen,
> Götter, wenn wir liebend uns umfassen,
> Lechzen nach dem süßen Fesselzwang.
> Aufwärts durch die tausendfache Stufen
> Zahlenloser Geister, die nicht schufen,
> Waltet göttlich dieser Drang.
>
> Arm in Arme, höher stets und höher,
> Vom Mogolen bis zum griech'schen Seher,

Der sich an den letzten Seraph reiht,
Wallen wir einmüt'gen Ringeltanzes,
Bis sich dort im Meer des ew'gen Glanzes
Sterbend untertauchen Maß und Zeit.

Freudlos war der große Weltenmeister,
Fühlte Mangel – darum schuf er Geister,
Sel'ge Spiegel seiner Seligkeit!
Fand das höchste Wesen schon kein gleiches,
Aus dem Kelch des ganzen Seelenreiches
Schäumt ihm – die Unendlichkeit.

Es ist nachdenkenswert, daß in der „Phänomenologie", die reich an Bildern ist, dasjenige der *Spirale* fehlt und nur am Schluß darauf angespielt wird; – vielleicht deshalb, weil es seiner Konzeption am nächsten kommt und gerade darum irreführend wäre?

Nicht zufällig sagt Sokrates im Gespräch mit Hermogenes, als sich etwas Neues ankündigt: „O, Guter, ich erblicke einen ganzen Schwarm Weisheit" (Platon, Kratylos, 401e). Im unbegangenen geistigen Gelände sind visuelle Vorstellungen der erste Anhaltspunkt, um Orientierung zu finden; wir werfen Bilder voraus, um mit ihrer Hilfe den schwankenden Boden zu betreten. Metaphern sind unter solchen Umständen erste Moorleitern.

Es ist nicht auszuschließen, daß Schillers Gedicht „Die Freundschaft" und darin die geometrische Figur vom stufenweise aufsteigenden Ringeltanz und schäumenden Kelch bei der Konzeption der „Phänomenologie des Geistes" Pate gestanden hat. Zumindest scheint sie Hegel erlaubt zu haben, die Stoffmassen dieser Erscheinungsreihe für einen Augenblick in einer Figur zu schauen.

Goethe war die Figur als Geschichtsbild vertraut, er hat sich mehrfach mit ihr beschäftigt.

„Die Geschichte kommt mir vor wie die Echternacher Springprozession: immer drei Schritte vorwärts und einen Schritt zurück," meinte er. „Vielleicht verläuft sie in einer Zickzacklinie wie die Wendeltreppe, die uns im Kreis herumführt und immer neu auf denselben Punkt zurück, wobei wir dennoch höher steigen." (LA I 10, 341 f.; vgl. Lepenies 1976, 28). Er hat im Alter eine berühmte Abhandlung über die Spiraltendenz der Vegetation verfaßt. Wie hielt er es mit der Anwendung dieser Figur auf die geschichtliche Welt? Er hat kein Geschichtswerk im üblichen Verständnis geschrieben, vermutlich deshalb, weil er Geschichte, im Gegensatz zur Natur, nur mit einem Gefühl der Vergewaltigung als durchschaubar geordnet anzusehen vermocht hätte. Die Reformationsgeschichte erschien ihm als verworrener Quark, was vermutlich ein richtigeres Bild war als Leopold von Rankes spätere ruhig dahinfließende Epopöe; eine Geschichte Bernhards von Weimar, des bekannten Feldherrn während des Dreißigjährigen Krieges, mit der ihn sein Herzog Karl August beauftragte, hat er fallen gelassen, und den Historischen Teil seiner Farbenlehre, diesen ersten überragenden Entwurf einer Wissenschaftsgeschichte in unsrer Sprache, nannte er ‚Materialien'.

In diesem Werk, das wenig später als Hegels ‚Phänomenologie' erschien, findet sich zwei mal das Bild der Spirale für Geschichte, es wird aber jeweils zurückgenommen. Im Kapitel ‚Autorität' taucht es nur blitzartig auf: „Die Naturwissenschaften haben sich bewundernswürdig erweitert, aber keineswegs in einem stetigen Gange, auch nicht einmal stufenweise, sondern durch Auf- und Absteigen, durch Vor- und Rückwärtswandeln, in grader Linie oder in der Spirale; wobei sich denn von selbst versteht, daß man in jeder Epoche über seine Vorgänger weit erhaben zu sein glaubte. Doch wir dürfen künftigen Betrachtungen nicht vorgreifen. Da wir die Teilnehmenden durch einen labyrinthischen Garten zu führen haben ..." (LA I 6, 94).

Erweiterung – aber kein stetiger Gang – auch kein Stufengang – sondern ein Auf und Ab – Vorwärts und Rückwärts – vertikal oder spiralig – ein labyrinthischer Garten. Das ist geradezu ein Gegenstück zur Spirale oder Schraube, kein Bild, eher schon ein Bildersalat, jedenfalls ein schneller Wechsel.

„Durch das Neben- und Durcheinander der Bewegungslinien verlieren diese den ordnenden Sinn", kommentiert Demandt in seinem Buch ‚Metaphern für Geschichte' (1978, 258). „Sind Bewegungs-Metaphern überhaupt zu rechtfertigen?" Das Gegenteil ist richtig. Ein Neben- und Durcheinander der Bewegungslinien erscheint Goethe als das adäquate Bild für die Geschichte des Wissens. Er wählt hier ein darstellerisches Verfahren, das mir geradezu als Gipfel der sprachlichen Gegenmöglichkeit zum Bild einer einsinnigen Bewegung erscheint, ein Mittel, das Unübersichtliche auf knappem Raum als das Unübersichtliche erscheinen zu lassen und so das komplexe Phänomen der Geschichte vielseitig und beweglich zu treffen. Aus dem Passus kann man nur schließen: die Geschichte ist nicht modellfähig. Es ist vermutlich das Klügste, was man über die Geschichte sagen kann.

Die Sprache hat hier spezifische Möglichkeiten. Lessing hat im „Laokoon oder über die Grenzen der Poesie und Malerei" diesen Punkt, dieses Vermögen der Sprache, in Abschnitt VI genau benannt. Eine gute poetische Schilderung müsse nicht auch ein gutes Gemälde geben, meint er: „Man ist geneigt diese Einschränkung zu vermuten, noch ehe man sie durch Beispiele erhärtet sieht; bloß aus Erwägung der weiteren Sphäre der Poesie, aus dem unendlichen Felde unserer Einbildungskraft, aus der Geistigkeit ihrer Bilder, die in größter Menge und Mannigfaltigkeit neben einander stehen können, ohne daß eines das andere deckt oder schändet, wie es wohl die Dinge selbst, oder die natürlichen Zeichen derselben in den engen Schranken des Raumes oder der Zeit thun würden." Die Dinge oder ihre ‚natürlichen Zeichen', ihre Abbilder, stoßen sich im Raum, wo die Sprache im raschen Wechsel des Ausdrucks, der Perspektive, den Gegenstand vielseitig beleuchten kann.

In der Einleitung hatte Goethe das Bild der Spiralbewegung gebraucht, aber es biß sich hier mit der Vorstellung zyklischer Wiederkehr: „Der Kreis, den die Menschheit auszulaufen hat, ist bestimmt genug, und ungeachtet des großen Stillstandes, den die Barbarei machte, hat sie ihre Laufbahn schon mehr als einmal zurückgelegt. Will man ihr auch eine

Spiralbewegung zuschreiben, so kehrt sie doch immer wieder in jene Gegend, wo sie schon einmal durchgegangen. Auf diesem Wege wiederholen sich alle wahren Ansichten und alle Irrtümer" (LA I 6, VII).

Der Passus ist später Gegenstand einer Diskussion in Genf. Der Gelehrte Dumont kann sich mit seinen Freunden nicht einig werden, welche mathematische Vorstellung dem Bild zugrunde liege und beauftragt seinen Neffen Soret, Goethe in Weimar zu interviewen. Dieser reagiert zunächst ausweichend. Auf Sorets Einlassung, es sei doch alles ganz klar, antwortet er:

„Ich hatte mir die Sache etwas weniger mathematisch vorgestellt als Sie und dachte dabei, wenn ich mich recht erinnere, nur an einzelne Individuen; doch könnte man, wie Sie das schon in Ihren Worten vorhin getan haben, den Vergleich sehr wohl auf das Menschengeschlecht als ein Ganzes ausdehnen. Dabei fällt mir ein, daß sich mit meiner Vorstellung eine zweite untrennbar verband, die nicht so übel ist; diese Spirale war keine gewöhnliche abstrakte Kurve und für euch Rechenmaschinen nicht zu brauchen; ich gab ihr ein selbständiges Leben, ich sah sie vor mir als eine Uhrfeder, die auseinandergeht und sich wieder zusammenzieht durch zufällige Ursachen, und das paßt nun zu allen sich daraus ergebenden Vorstellungen, besonders wenn man das Menschengeschlecht als Ganzes nimmt." (Soret 1929, 62 f.). Er entwirft das kaum vorstellbare, noch schwerer visualisierbare Bild einer pulsierenden Spirale der Geschichte, deren Bewegung aus Gründen ,geschichtlicher Zufälle' als offenbare Expansion oder als latentes inneres Geschehen verläuft: „Gewisse Umwälzungen stürzen anscheinend alle Völker in die Barbarei, eine finstere Wolke bedeckt im Mittelalter die Sonne des Altertums; da haben Sie meine Feder, wenn sie zusammengezogen ist, die Kurve zieht zwar immer ihren Kreis weiter und weiter, aber so wenig, daß man es kaum merkt; dann plötzlich läßt die Federspannung nach, und wir sehen mit einem Male, welch ungeheure Fortschritte auch während der Finsternis gemacht worden sind."

Ob hier der kabbalistische Wechsel von Expansion und

Kontraktion Pate steht? Das Gespräch ging noch viel weiter und verstieg sich in die Metaphysik, bemerkt Soret.

Das Suggestive am Bild der Spirale ist ihre Universalität. Wir begegnen ihr als Bauform der Natur wie als Denkform und Machform des Menschen. Sie kommt auf allen Stufen der Natur vor, in den Spiralnebeln der Astronomen und den Tiefdruckgebieten der Meteorologen, als Struktur des genetischen Codes und bei Einzellern, in Kletterpflanzen und als Drehwuchs der Fichte, man kennt sie als Schnecke und Widderhorn, als Flugspirale der Vögel, als Bauform der Herzmuskulatur und des menschlichen Innenohrs. Dem steht die Beobachtung der Mathematiker gegenüber, daß vielen dieser Spiralen ein einfaches mathematisches Gesetz zugrundeliegt, „daß die Zahl der Knotenpunkte in einem bestimmten Satz von Spiralen dem Gesetz der Fibonacci-Reihe gehorcht, einer relativ einfachen Beziehung, in der das folgende Glied immer aus der Summe der beiden vorhergehenden gebildet wird: also 1, 1, 2, 3, 5, 8, 13, 21, 34, 55, 89 usw." (Cramer 1988, 195).

Hinzu kommt die direkte Verbindung dieser Reihe zur Regel des Goldenen Schnitts. Von hier aus ist es ein kurzer Weg zu Kunst und Kultus, und ich erwähne auch hier einige Beispiele: das spiralige Labyrinth beim Kultus der Stadtgründung und die spiralige Anlage von Städten, Wendeltreppen und spiralige Minarette, steinerne Mutterschoßspiralen an Tempeleingängen und Schlangenmandalas, die Spiralbewegung in religiösen Tänzen der Hindus und des Islam, die Jacobsleiter in Gestalt einer Spirale (Blake) oder der Aufstieg im Purgatorio nach dem gleichen Muster (Dante), der zwölfjährige Christus, auf dem Gipfel einer Steinserpentine thronend und lehrend. Der Katalog jener oben erwähnten Basler Ausstellung von 1985 und ein Werk von Jill Purce, „Die Spirale – Symbol der Seelenreise", bieten hier kaum erschöpfliches Material. Es ist die Isomorphie subjektiver und objektiver Sphären, die an dieser Figur so anzieht: als existiere jene prästabilierte Harmonie zwischen Natur und menschlichem Geist.

Freilich gibt es in den erwähnten Veröffentlichungen auch voreilige Harmonisierungen; noch auffälliger ist, daß die geschichtliche Welt von der Vorstellung einer spiraligen Bauform fast ausgenommen ist, wenn wir von Goethes paradoxaler pulsierender Uhrfeder absehen. Das gilt nicht für die individuelle Geschichte der Seele, hier ist sie beliebt, allerdings eher als Symbol eines Weges denn als Bild einer einmaligen Entwicklung. Ein Aufsatz aus dem Basler Katalog ‚Die Spirale als Modell der Entwicklung' (Hartmann/Mislin 1985, 69 ff.), gemeint ist die Jugendentwicklung, wirkt schwammig; die kühne Ausnahme für die Spirale als Geschichtsbild macht Schelling: „Die Weltenjahre zeigen einen Spiralverlauf, der Weltzyklus läuft in einer sich erweiternden Spirale ab" (Hartmann/Mislin 1985, 69; vgl. Demandt 1978, 242, 252 f., 258).

Ein älterer Bildertyp, zu finden in anonymen Hermetischen Manuskripten des 12. Jahrhunderts (Purce 1988, Abbildungen 34 und 36, Bibliothèque Nationale, Paris, und National Gallery of Scotland), verdient besondere Aufmerksamkeit. Der Schluß von Hegels ‚Phänomenologie' und Goethes Erwägungen im Gespräch mit Soret scheinen einer uralten Tradition verpflichtet zu sein: siehe Abb. 52, Seite 242.

Die Seele schraubt sich empor zu Gott, der über der Welt thront. Die spiralige Bewegung wird dargestellt durch eine Kette tanzend aufsteigender und einander die Hände reichender Figuren, deren Weg auf der Ebene von Erde und Wasser beginnt, Luft und Feuer, die Sphären der sieben Planeten, der Fixsterne und Himmelsbeweger durchquert, danach auf der weiteren Wanderung die Pflanzen-, Tier-, Vernunft- und Himmelsseele hinter sich läßt, die zehn Stufen der Erkenntniskräfte und der ihnen korrespondierenden Engelchöre, um auf der Ebene nur potentieller Materie und Form vor Gottes Thron zu gelangen. Die Majestas Domini thront über einem durch den aufsteigenden Ringeltanz gebildeten Kelch. Die Nähe des hermetischen Bildtyps zu Schillers Gedicht ‚Die Freundschaft' ist recht frappierend, und auch der Schluß der ‚Phänomenologie des Geistes' wirkt, als könnte Hegel nicht nur von Schillers Gedicht angeregt sein: „Das Ziel, das absolute Wissen oder der sich als Geist wissende Geist hat zu seinem Wege die Erinnerung der Geister, wie sie

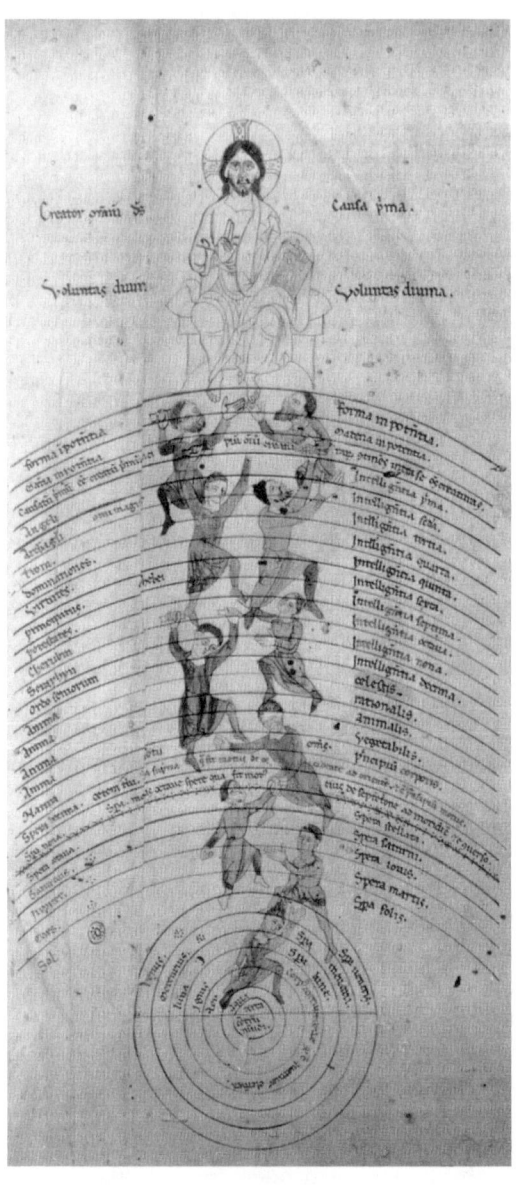

Abb. 52: Die Seelentanzspirale. Purce 1988, Abb. 36.

an ihnen selbst sind und die Organisation ihres Reichs voll-
bringen. Ihre Aufbewahrung nach der Seite ihres freien in der
Form der Zufälligkeit erscheinenden Daseins, ist die Geschichte, nach der Seite ihrer begriffenen Organisation aber
die *Wissenschaft des erscheinenden Wissens*; beide zusammen,
die begriffene Geschichte, bilden die Erinnerung und die
Schädelstätte des absoluten Geistes, die Wirklichkeit, Wahrheit und Gewißheit seines Throns, ohne den er das leblose
Einsame wäre; nur

aus dem Kelche dieses Geisterreiches
schäumt ihm seine Unendlichkeit."

37
Sprunghafter Bilderwechsel
und das Verfahren der Einkreisung

Wie eingangs gesehen, gibt es etliche Eigenschaften der
Schraube oder der sich öffnenden Spirale, die sich zu Hegels
Werk in Parallele setzen lassen. Die besprochene hermetische
Bildformel der zu Gottes Thron aufsteigenden Seelenspirale
kommt, auf wie vielen Überlieferungswegen auch immer, ge-
radezu als Vorbild des Schlusses der ‚Phänomenologie des
Geistes' in Frage. Die Figur der Schraube im dtv-Atlas, von
der unsere Streitfrage ihren Ausgang nahm, wäre also gut
gewählt? Gerade diese Annahme könnte dazu verführen, die
Parallelisierung zu weit zu treiben, die Illustration für die
Sache zu halten, und hier sperrt sich der Text des Werks und
seine Sprache.

Es macht die große Schwierigkeit, vielleicht die Crux der
‚Phänomenologie des Geistes' aus, daß sie im gleichen Augenblick die Geschichte und ihre systematische Erfassung
zum Thema macht, die geschichtlich zufällige Erfahrung des
menschlichen ‚Bewußtseins', das auszieht, eine Eselin zu suchen, und die hinter seinem Rücken stattfindende Lenkung,
die dahin führt, daß es ein Königreich findet, das Unverein-
bare: Zufall und Ziel, die blinde Aufeinanderfolge von Gei-

stesgestalten und ihre als Verbalsubstantiv, als Handlung, Vorgang und Ergebnis aufgefaßte ‚Organisation', daß also seine Form ein nicht auflösbares Paradox ist: offen und geschlossen zugleich (vgl. Hippolyte 1973, 46 ff.). Der zitierte Schlußsatz, der genau dies zum Thema macht, entwirft denn auch nicht ein einheitliches zusammenschließendes Denkmodell, sondern zeichnet sich aus durch eine sprunghafte Bilderfolge, von der ‚Geschichte' zur ‚Wissenschaft', von ‚Golgatha' zum ‚Thron', um am Schluß kurz das Bild des Kelches auftauchen zu lassen.

Diese Ausdrucksweise ist charakteristisch. Sie fiel schon auf an Goethes ‚Bewegungslinien' der Geschichte des Wissens. In Hegels Fall ist die oben erwähnte „Leiter" ebensowenig wie die Spirale ein Denkmodell, sie wird gelegentlich, durch den Zusammenhang eng und konkret umgrenzt, im Sinn von ‚Hilfe' gebraucht: das Individuum habe das Recht zu fordern, „daß die Wissenschaft ihm die Leiter wenigstens zu diesem Standpunkte reiche" (Hegel 1970, 29). Das auffälligste Stilmittel ist ein manchmal allmählicher und oft sprunghafter Wechsel der Bilder (Hegel 1970, 18): „Es ist übrigens nicht schwer zu sehen, daß unsere Zeit eine Zeit der Geburt und des Übergangs zu einer neuen Periode ist. Der Geist hat mit der bisherigen Welt seines Daseins und Vorstellens gebrochen und steht im Begriffe, es in die Vergangenheit hinab zu versenken, und in der Absicht seiner Umgestaltung. Zwar ist er nie in Ruhe, sondern in immer fortschreitender Bewegung begriffen. Aber wie beim Kinde nach langer stiller Ernährung der erste Atemzug jene Allmählichkeit des nur vermehrenden Fortgangs abbricht – ein qualitativer Sprung – und jetzt das Kind geboren ist, so reift der sich bildende Geist langsam und stille der neuen Gestalt entgegen, löst ein Teilchen des Baues seiner vorhergehenden *Welt* nach dem andern auf, ihr Wanken wird nur durch einzelne Symptome angedeutet; der Leichtsinn wie die Langeweile, die im Bestehenden einreißen, die unbestimmte Ahnung eines Unbekannten sind Vorboten, daß etwas anderes im Anzuge ist. Dies allmähliche Zerbröckeln, das die Physiognomie des Ganzen nicht veränderte, wird durch den Aufgang unterbrochen, der, ein Blitz, in einem Male das Gebilde der neuen Welt hinstellt."

In den wenigen Sätzen, deren rhythmischer Periodenbau von seltener Schönheit ist, lassen sich etwa zehn Vorstellungsbezirke deutlich unterscheiden, denen Hegel die Bilder entleiht, um mit ihrer Hilfe das Thema des Epochenumbruchs zu beleuchten. Die Bilder zielen auf dasselbe, sind aber kaum miteinander vereinbar, Geburt und Abbruch von Verhältnissen, Sprung, Baufälligkeit und Blitz. Sie sind auch schwerlich kongruent mit dem Bewegungstyp der Spirale, haben keineswegs in diesem Modell einen gemeinsamen Nenner, zielen eher auf abrupte Veränderung: „Aber wie beim Kinde ... der erste Atemzug ... ein qualitativer Sprung ..."

Wir fassen hier, an dieser Stelle, einen tiefgreifenden Unterschied zwischen der Sprache der Wörter und den visuellen Zeichen. Wörter sind nur andeutend. Die Metapher meint in der Regel keine durchgehende Analogie, sie ist, zumindest hier, auch weniger als ein Modell. Es gibt da, mit Karl Bühler gesprochen, ein Prinzip der abstraktiven Relevanz. Bühler wählt das einfache Beispiel des *Salonlöwen*. In der Metapher werden zwei auseinanderliegende Sphären sprunghaft, kurzschlußartig miteinander verbunden, in der Weise, daß die Sphären, die vereint werden, einander teilweise abdecken und wechselweise eine selektive Wirkung üben. Die Sphäre Salon deckt an der des Löwen seine Blutgier und den Gestank aus seinem Munde ab, am *Hölzlekönig*, einem hohen Baum des Südschwarzwalds, erwarte ich keinen Purpurmantel, sondern seine überragende Statur. Eine Metapher ist ein Pfeil, der den Gegenstand anzielt, kein ihn erschöpfendes Abbild. Wenn Hegel (1970, 19) schreibt, „Wo wir eine Eiche in der Kraft ihres Stammes und in der Ausbreitung ihrer Äste und in den Massen ihrer Belaubung zu sehen wünschen, sind wir nicht zufrieden, wenn uns an Stelle dieser eine Eichel gezeigt wird", meint er nicht, daß die ‚Phänomenologie des Geistes' nach Analogie einer Eiche aufzufassen sei, sondern etwas viel Abstrakteres: ‚Das Wahre ist das Ganze'. Die Metaphern oder Bilder verlieren durch das Phänomen, auf das sie angewandt werden, an Bildgehalt, der jeweilige Zusammenhang gibt ihnen einen abstrakteren und engeren Sinn. Sie sind ein Erfassungsversuch, nennen einen Aspekt des Gegenstandes, der in eigentlicher Sprache nicht recht zu fassen wäre.

Das Gesetz der Abdeckung funktioniert nach Bühler allgemein, er illustriert es am Beispiel eines Differenzbildes.

  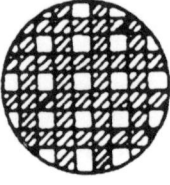

Abb. 53: Sphärenabdeckung nach Bühler. Bühler 1965, 348.

Ich meine allerdings nicht, daß dieses Bild des Ineinanderschiebens und Einanderabdeckens zweier Diapositive für die Metapher zutrifft; es ist zu starr, tatsächlich bleibt ein Rest, der aus der Wechselwirkung der beiden Vorstellungsbezirke aufeinander resultiert. Er macht das Eigentümliche des metaphorischen gegenüber dem bildlosen Begriff aus. Der Salon deckt den Löwen nicht schematisch ab, er mildert und transformiert ihn, auf eine rational nicht ganz klarzustellende Weise. Der ‚Salonlöwe‘ ist etwas Drittes. Auf diese Weise gewinnt die Metapher eine ganz eigene Begriffsqualität, die der Welt, die nicht an jeder Stelle durchsichtig ist wie ein Schwimmbassin, gerechter zu werden vermag. Sie kann zur „schöpferischen Ordnungshypothese“ werden. Wilhelm Köller (1975, 201) hat Bühler (1965, 348 f.) einer genauen Kritik unterzogen, Black hat eine ganze Metapherntheorie auf die ‚Interaktion‘ der verschränkten Bezirke gegründet (Black, 68 f.).

Und was ergibt sich, wenn der Gegenstand, der durch die Metapher angeleuchtet werden soll, unanschaulich ist oder eine unklare Bildwirkung von ihm ausgeht? Wenn also keine Vorstellungsbezirke sich verschränken? Wenn man kaum eine Vorstellung oder gar kein Wissen von dem Bildempfänger hat? Dann kann das Prinzip der wechselseitigen Abdeckung, der Selektion nicht wirksam werden. Das könnte der Fall sein bei der Spirale der ‚Phänomenologie des Geistes', bei aller Philosophie, die etwas so Entzogenes wie das Denken selbst zum Gegenstand macht. Das Bild erhält die Chance, sich ungehemmt durchzusetzen und den Begriffsgehalt zu bestimmen, alles Weiterfragen abzuschließen und als suggestive Scheinlösung zu figurieren. Für das illustrierende Modell gilt das in erhöhtem Grad. Es kann die Bannkraft eines starren Modells gewinnen, das Denkobjekt überlagern und zudecken. Während eine Metapher sich als nicht so ganz und buchstäblich gemeint, als ‚uneigentlich' zu erkennen gibt, kann, weil die ins Bild umgesetzte Metapher dies Signal so nicht setzt und in diesem Fall eine Anschauung des Gegenbezirks fehlt, die Bildsteuerung des Verstehens doppelt die Oberhand gewinnen. Vielleicht steht darum das Bildverbot am Anfang aller Philosophie?

Hier tritt der Bilderwechsel ein. Das Verfahren ist eine Sonderform der Synonymenvariation, der Einkreisung eines Phänomens durch eine Reihe bedeutungsähnlicher Wörter, wie ich sie einmal am Beispiel von Goethes Schreibweise in der „Metamorphose der Pflanzen" darzustellen versucht habe (1986, 82 ff.). Durch die Reihe der Bilder wird eine Anzahl mehr oder weniger ähnlicher Bedeutungsaspekte aktualisiert. Die variierenden Bilder ergänzen und verdeutlichen einander zudem wechselseitig – Hegel nähert sich in dem zitierten Absatz von verschiedenen Seiten dem gemeinten begrifflichen Inhalt. Zusammen entwerfen sie hier den Begriff des Epochenumbruchs. Die Bilder verdeutlichen und ergänzen einander nicht nur, zugleich wird durch das Variieren jedes einzelne als nicht endgültiges abgelöst. Dadurch bleibt der Begriffsinhalt zugleich unbestimmt offen. Der Eindruck eines vagen, die Sache offenhaltenden Sprechens entsteht. Die Sprache wird als Annäherungsinstrument sichtbar und relativiert.

Man könnte also auch auf den Bilderwechsel, der in vergleichbarer Weise gelegentlich von Goethe, häufiger von

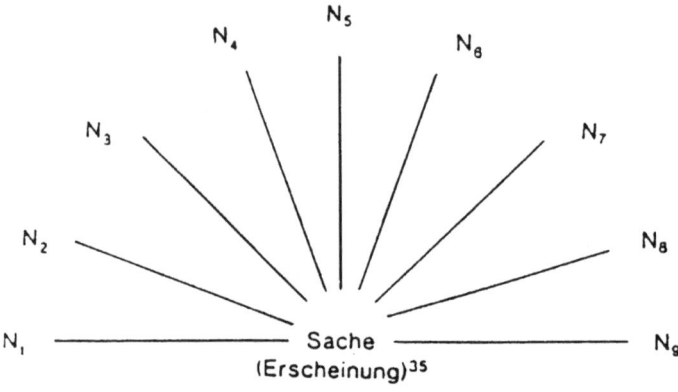

Abb. 54: Namenbündelung nach Hartmann. Hartmann 1958, 52.

Freud praktiziert wird, den Begriff der ‚Namenbündelung'
anwenden, der bei Peter Hartmann auftaucht.

Auch hier darf man die Abbildung nur in ihrem abstraktesten Sinn nehmen. Die verschiedenen Namen geben dem
Gegenstand eine jeweils unterschiedliche Interpretation, sie
sind ein Bündel von Nuancennennern. Als Träger einer ‚Vorstellung' ist jeder nur ein begrenzter Erfassungsversuch.
Wort und Sache werden bei diesem Verfahren der Bilder-
variation auseinandergehalten, die Kluft zwischen ihnen
bleibt bewußt.

Das einzelne Bild, das einzelne durchgehaltene Denkmodell fixiert dagegen den Gegenstand, es verführt dazu, das
Darstellungsmittel und den Gegenstand nicht mehr auseinanderzuhalten, Modell und Sachverhalt zu verwechseln.
Auch das wiederum gilt sehr viel mehr, wenn das Darstellungsmittel eine Zeichnung, ein sichtbares oder greifbares
Modell ist. Das Bild der ‚Spirale', als Metapher, wäre „nur"
eine Ordnungshypothese, die ihr Objekt flüchtig anzielt, um,
im Wechsel mit anderen Bildern und Perspektiven, vor dem
Gegenstand wieder zurückzutreten. Das Bild der ‚Spirale' als
Illustration, als Dingmodell, ist keine reine Hypothese mehr,
sondern nähert sich einer dem Denkobjekt parallel geführten
Definition. Es enthüllt, entdeckt, wenn man über die Figur

meditiert, neue Seiten des betrachteten Gegenstandes, darin über die Metapher hinausführend, aber es engt das Blickfeld auch ein, beschneidet es. Der Metaphernreichtum dagegen schafft als offene Form die Offenheit des Inhalts. Diese Form regt den Leser fortwährend an, das nicht ganz, nicht endgültig Ausgesprochene zu ergänzen. Er wird am Aufbau des Gegenstandes beteiligt, wird stimuliert, ihn in ungezählten Variationen zu präzisieren, ohne seiner je ganz habhaft zu werden. Bei einem Metapherncolloquium in Oldenburg war dies für Rudolf zur Lippe der entscheidende Aspekt.

38
Die Schraube als Lehrmodell, Staatsemblem und Epochensymbol

Man erlaube ein Gedankenspiel. Was wäre eigentlich, wenn die Schraube allgemein zum didaktischen Instrument würde, um Hegels Philosophie zu erläutern, oder zum Emblem eines Hegel-Staates, oder gar zum Symbol einer Epoche?

Als gelegentliches Lehrmittel mag die Figur ungefährlich sein; wenn zugleich der Text gründlich bekannt ist, kann sie als Findeinstrument dienen, um das Verständnis der Philosophie und ihrer sprachlichen Gestalt zu erweitern und zu vertiefen. – Wie aber, wenn sie den Text ersetzt?

An ungezählten Stellen, wo unterrichtet wird, tritt heute das Schema und Schaubild an die Stelle des den Gegenstand entwickelnden, aufbauenden Wortes. Das ist zumindest so lange nützlich, wie das Schaubild an der Tafel entwickelt, diskutiert, verändert, gelöscht wird. Dagegen das fertige Schema? – Ein Klinikchef spricht über die Kommunikation mit Komapatienten, beginnt mit dem Satz Martin Bubers, daß das Ich sich im Du erfahre, wirft ihn an die Wand, den Satz, und zeigt nun Schaubild auf Schaubild, Meßkurven, Pfeile ... Vorträge bestehen im Vorlesen von Folien. Wie despotisch dies ist, läßt sich daran erkennen, daß man jedes Seminar lenken kann, indem man eine Vorlage mitbringt, daß man Tagungen zu *seinem* Ziel führen kann, indem man mit Videos, Schaubildern, Pfeilen und Fähnchen Direktiven setzt. Der Pädagoge Comenius, Verfasser des ‚Orbis Pictus‘, wußte, was er von der Prägekraft der Zeichnung an der Wand zu halten habe.

Karl Bühler hat betont, daß wir sachgesteuert denken, daß wir immer schon bei den Dingen sind, von denen gesprochen wird und die Wörter weitgehend als Andeutung nehmen (Bühler 1965, 171 f.). Darin liegt ein starker Einwand gegen eine Überschätzung der Ausdrucksmittel. Wie aber, wenn das Besprochene unbekannt ist? Je weniger eine Sache bekannt ist, um so mehr gewinnt die Wortsteuerung des Verstehens die Oberhand. Es wird durch bildhafte Ausdrücke begünstigt. ‚Selbstorganisation‘ ist in der Öffentlichkeit zunächst das, was das Wort und sein Bild hergibt, man glaubt, die Sache im Wort zu haben. Haben wir den Namen ‚Selbstorganisation‘, so vermuten wir, es müsse auch ein Ding existieren, das ihm entspricht. Dieses Ding kann dann die Realität eines Handlungsträgers annehmen. Die ‚Selbstorganisation‘ bringt alles wieder in Ordnung; noch wirksamer ist die ‚Autopoiesis‘.

Man nennt diese Denkform und Denkfalle ‚Wortrealismus‘ (vgl. Kainz 1972, 43 ff.). Entsprechend gibt es einen ‚Bildrealismus‘. Wir unterstellen, wo ein Bild existiert wie die ‚Weltbevölkerungskurve‘, existiere ein Wesen, von dem Aktivitäten ausgehen können.

Mit dieser Suggestion geht eine Bildsteuerung des Verstehens einher. Sie dürfte noch wirksamer sein als die Wortsteuerung, weil das Bild haftet und weil es die Sache noch entschiedener umreißt und festlegt. Das fertige Resultat tritt an die Stelle der Phantasie für die Wirklichkeit und der Anstrengung des Begriffs. Die Geschichte als sichtbarer Schraubengang: eine komplexe Unendlichkeit, ein vieldimensionaler Zusammenhang wird auf einen Blick in seinen Hauptzügen durchschaubar, räumlich und dinglich vorstellbar, synoptisch faßbar, ein griffbereiter Lernstoff. – Am extremen Beispiel wird deutlich, was auf dem didaktischen Sektor vor sich gehen kann.

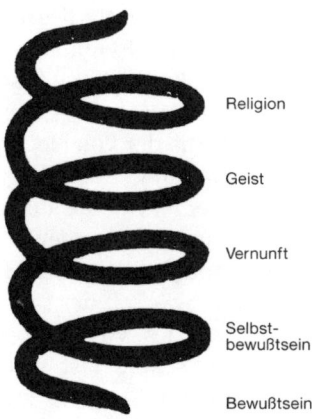

Das absolute Wissen

Religion

Geist

Vernunft

Selbst-
bewußtsein

Bewußtsein

Abb. 55: Die Schraube der ‚Phänomenologie des Geistes'.
dtv-Atlas Philosophie 1991, 156.

Nicht nur auf dem didaktischen! Verfolgen wir das Beispiel, das Gedankenspiel, noch einen Augenblick weiter, indem wir das Bild der Schraube einmal konsequent auf die
‚Phänomenologie des Geistes', auf die Erscheinungsreihen
des Geistes in der Welt anwenden und der Denkbahn des
Modells einen Augenblick als einem starren Perspektiv gehorchen! Was ergibt sich?

1. Die Geschichte des Geistes, des einzelnen oder der
Menschheit, vollzieht sich als unaufhaltsamer, konsequenter,
irreversibler Fortschritt.

2. Der Prozeß verläuft nach *einem* Muster, dem der spiralig
aufsteigenden Bewegung, er hat auch insofern den Charakter
zwingender Notwendigkeit.

3. Jede Stufe geht aus der vorausgegangenen hervor,
nimmt diese spiegelnd auf und hat sie überholt. Auf der Stufe des absoluten Wissens, die am Schluß des Werks erreicht
ist, hätte der Geist unter anderem auch Religion und Kunst
hinter sich gelassen.

4. Unter solchen Voraussetzungen tritt an die Stelle der
Unterscheidung zwischen ‚gut und böse' die von ‚fortschritt-

lich und überholt', bleibt kein Raum für Ethik. Das Gute ist die Übereinstimmung mit der richtig begriffenen Zeit.

Eine öde Monotonie und tote Symmetrie wäre das Resultat. In der konsequent befolgten geometrischen Figur wird eine Ästhetik und totalitäre Vergewaltigung der Geschichte erkennbar, eine Dogmatik, die der von Hegel ausgearbeiteten „systematischen Weltverfassung" nicht ganz fernlag und noch weniger einer in seiner Nachfolge ausgearbeiteten Welt.

In der Selbstanzeige seiner ‚Phänomenologie des Geistes' hat Hegel vor den philosophischen ‚Formeln' gewarnt, den handlichen Abbreviaturen, was mit der Satz für Satz neu ansetzenden Denkbewegung des Werks übereinstimmt. Die Anzeige selbst zeigt aber schon, fast unvermeidlich, den Übergang zur Erstarrung im Resultat, zur Verformelung: „Dieser Band stellt das *werdende Wissen* dar. Die Phänomenologie des Geistes … faßt die verschiedenen *Gestalten des Geistes* als Stationen des Weges in sich, durch welchen er reines Wissen oder absoluter Geist wird."

Er nennt die sechs Stationen vom ‚Bewußtsein' bis zum ‚absoluten Wissen', die wir als Windungen der zylindrischen Spirale kennen (und die wohl nicht zufällig mit den ‚sechs Schritten' zusammentreffen, in denen Goethe die ‚Metamorphose der Pflanzen', ihre ‚notwendige Organisation' beschreibt (§73)). Hegel fährt dann auf eine Weise fort, die erkennen läßt, wie aus der Veranstaltung des Philosophen, seiner Ordnung, eine Ordnung der Geschichte wird, aus seiner aktiven Organisation des Stoffes ein unaufhaltsamer Vorgang im Objekt, eine ‚Selbst-Entwicklung', wie es um 1800 hieß, ein Intransitiv: „Der dem ersten Blick sich als Chaos darbietende Reichtum der Erscheinungen des Geistes ist in eine wissenschaftliche Ordnung gebracht, welche sie nach ihrer Notwendigkeit darstellt, in der die unvollkommenen sich auflösen und in höhere übergehen, welche ihre nächste Wahrheit sind. Die letzte Wahrheit finden sie zunächst in der Religion, und dann in der Wissenschaft als dem Resultate des Ganzen." (Hoffmeister 1952, XXXVIII; Jenaer Allgemeine Literaturzeitung vom 28. Oktober 1807)

Diese Vorstellung eines notwendigen logischen Geschichtsprozesses ist dann sehr weit gediehen in Hegels Spätwerk, im Zweiten Entwurf der ‚Vernunft in der Geschichte' von 1830. Hier ist der serpentinenartige Stufengang zum ständig wiederkehrenden Bild und fast schon starren Modell geworden. Aus der Betrachtung der Weltgeschichte ergebe sich, daß es vernünftig in ihr zugegangen sei, daß sie der vernünftige, notwendige Gang des Weltgeistes gewesen sei, heißt es da. Der Geist sei frei, auf Freiheit angelegt, das unendliche Anschauen seiner selbst sei das schlußendliche Ziel der Weltgeschichte. „Sie zu wissen und zu erkennen ist seine Tat, die aber nicht mit einem Male, sondern im Stufengange vollbracht wird. Jeder einzelne neue Volksgeist ist eine neue Stufe in der Eroberung des Weltgeistes, zur Gewinnung seines Bewußtseins, seiner Freiheit. Der Tod eines Volksgeistes ist Übergang ins Leben …"

Der Weltgeist wählt sich in dieser seiner Geschichte eine Kette wechselnder Völker als sein Gefäß: den patriarchalischen Orient, Griechenland, Rom … Jedesmal sei *das* Volk an der Zeit und das regierende, das den höchsten Begriff des Geistes gefaßt habe. „Es kann sein, daß Völker von nicht so hohen Begriffen bleiben", er meint, daß ein Volk noch weiter lebt, auch wenn es nicht zur Avantgarde des Weltgeistes gehört: es werde in der Weltgeschichte auf die Seite gesetzt. (Hegel 1955, 73, 69).

Die Geschäftsträger des Weltgeistes sind die großen Individuen; er wählt sie sich zu seinem Endzweck:

„Cäsar wußte, daß die Republik die Lüge war, daß Cicero Leeres rede und daß eine andere Gestalt an die Stelle dieser hohlen gesetzt werden müsse, daß die Gestalt, die er hervorbrachte, die notwendige sei. So haben solche welthistorischen Individuen allerdings in ihren großen Interessen andere, für sich achtungswerte Interessen, heilige Rechte, leichtherzig, flüchtig, momentan, rücksichtslos behandelt, eine Behandlungsweise, die moralischem Tadel ausgesetzt ist. Aber ihre Stellung überhaupt ist als eine andere zu fassen. Eine große Gestalt, die da einherschreitet, zertritt manche unschuldige Blume, muß auf ihrem Wege manches zertrümmern." (Hegel 1955, 105, vgl. 99 f., 90).

Die Weltgeschichte als Dampfwalze und Schraubengang: eine unaufhaltsame Bahn, ihren Gang vollendend, ehern, ohne Rücksicht auf das, was Hegel einmal den „Herd der Innigkeit" nennt – die anmaßende und stumpfsinnige Brutalität dieses Geschichtsbildes hätte in der eisernen Schraube ihr adäquates Symbol; kein Zweifel, daß sie als Emblem eines so gearteten Staates geeignet wäre.

Was Hegels Urheberschaft angeht, so wird man auch hinsichtlich seiner Geschichtsphilosophie vorsichtig sein müssen. Das Bild des Kreises und stufenweisen Fortschritts ist mehrfach Gegenstand schwieriger, Natur und Geschichte auseinanderhaltender Passagen auch in der „Vernunft in der Geschichte", der Stufengang ist im Bild der stereotypen Schraube nicht zu fassen; man darf sich auch hier nicht verführen lassen, die Parallelisierung zu weit zu treiben. Das illustrierende Ding ist nicht die Sache. Hegels Warnung vor den philosophischen Formeln in der Selbstanzeige der Phänomenologie wird von ihm selbst in hohem Grade befolgt. Gegen die Verformelung zum Resultat sperrt sich der Text auch dieses Werks, seine Form und Sprache.

Das Modell allerdings war hier bei Hegel vorhanden und schlug durch, 1933, in der großspurigen ‚Verantwortung vor der Geschichte' des Nazistaats oder 1949, in der DDR, wo Hegels Söhne vereinfacht zur Formel erstarrten. Die Geschichte *war* ein Stufengang, ihr zur öffentlichen Tatsache avanciertes, von Marx eingesehenes Entwicklungsgesetz die übergeordnete geltende Norm. Es erschien als ehern. „Das Rad der Geschichte läßt sich nicht zurückdrehen", lautete ein beliebter Satz, „Freiheit ist Einsicht in die Notwendigkeit." Das Rad zurückhalten zu wollen, war eine Unmöglichkeit, es zeugte für eine falsche anachronistische Moral. Die Idee des Zeitgemäßen, das Entweder-Oder, ‚an der Zeit' oder ‚überholt' zu sein, wurde an die Stelle ethischer Wahl, der Kategorien ‚gut' und ‚böse' gerückt.

Wer sich der Einsicht in das historisch Notwendige nicht fügte, wurde vom Räderwerk der ‚Entwicklung' zermalmt. Die Menschen erschienen auf dieser linearen Bahn entweder als die verständigen ‚Fortschrittlichen' oder die unverständigen ,Reaktionäre'. Der wissenschaftliche Sozialismus kannte eine notwendige Abfolge von Gesellschaftsordnungen: ,Kommunismus – Feudalismus – Kapitalismus – Sozialismus bzw. Kommunismus'. Die letzte Stufe war die spiegelnde Wiederholung und Vollendung der ersten: der Gipfel. Es gab diesen objektiven Gang der Geschichte, mit ihm im Einklang zu sein, nach Art des ,naturalistischen Fehlschlusses' vom Sein auf das Sollen zu schließen, war eisernes Gesetz. Die Partei, ihre ,Avantgarde', hatte Hegels Position als Pilot des Weltgeistes übernommen. Nach der berüchtigten Sprengung der alten Universitätskirche Leipzigs verlautbarte ihr Organ: „Wir begrüßen diesen Schritt. Er war notwendig für das Ganze."

Im Vergleich zu dem Bild eines ,Kelchs des Geisterreiches' oder der ,Seelentanzspirale' ist die Figur im philosophischen dtv-Atlas schlicht. Man vermutet in ihr kein Symbol, sondern viel eher ein Werkzeug: Sprungfeder oder Stoßdämpfer, Korkenzieher oder Schraube. Sie hat das Design der Gegenwart. Das macht sie doppelt interessant: man könnte sie als Symbol des technischen Zeitalters auffassen. Wäre das sinnvoll, wäre die Schraube ein passendes Epochenemblem?

39
Was haben Doppel-Helix und Computer-Chip, das Körper-Puzzle der Transplantationstechnik und der Mercedes-Stern gemeinsam? Versuch eines Phantombildes der globalen Visiotype

Ist an der modernen Gesellschaft zu beobachten, was wir eben, halb als Gedankenspiel und halb als Realitätsbeschreibung, am Beispiel des Hegelstaates skizziert haben? Hat die technische Zivilisation etwas von der mechanischen Unaufhaltsamkeit eines Schraubengangs? Wie ist der Frage beizukommen?

Ich gehe sie an, indem ich von dem Eindruck ausgehe, daß es eine Ähnlichkeit der globalen Visiotype gibt. Sie gehören sozusagen einer Familie an, ihre Ähnlichkeit und ‚Akzeptanz' sprechen dafür, daß sie einer allgemeinen Denkform entgegenkommen oder Ausdruck geben.

Daher stelle ich hier die gewagte Frage, was Doppel-Helix und Chip, Körpertransplantationspuzzle und Mercedes-Stern gemeinsam haben und versuche, den allgemeinen Bedeutungsumriß, ihr gemeinsames Phantombild zu zeichnen.

Die Zusammenstellung dieser vier Zeichen mag überraschend sein, noch mehr frappiert vielleicht das Ergebnis, ihre Ähnlichkeit. Gewiß, die Frage *zielt* auf Ähnlichkeit, und findet man sie, so wird aufgrund der einseitigen Fragerichtung nur *ein* Aspekt beleuchtet, und das in fahlem Licht. Aber es ist doch bemerkenswert, wie weit die Übereinstimmungen reichen.

Das gemeinsame Profil suche ich in 25 Punkten festzuhalten, die sich in vier Hauptaspekten zusammenfassen lassen. Die Gemeinsamkeiten betreffen:

A den Typus der die vier Techniken repräsentierenden Zeichen,

B die Vorstellung eines durchsichtigen Konstruktionsmechanismus, der zugleich als Bauanleitung erscheint und das Individuum entgrenzt,

C die Entgrenzung von Raum, Zeit und Zahl, die mit den transitorischen Konstruktionsplänen und Materialströmen verbunden ist,

D Nimbus und Mythe, von der die vier Idole umgeben sind.

Man könnte vermuten, die Arbeit verlasse hier den Weg einer kritischen Analyse der Zeichen und gehe in eine Kritik der Sachen über. Ich glaube eher: die Sachwelt, von der hier die Rede ist, hat im Bewußtsein der Gegenwart so weitgehend Zeichencharakter angenommen, erscheint so sehr als disponibles und komponibles Informationssystem, daß die Realität beweglicher Materialströme auf fast allen Gebieten als die Rückseite dieses Konzepts erscheint. Mit anderen Worten: wenn die Ähnlichkeiten tatsächlich bestehen, wenn sie einen gemeinsamen Typus so verschiedener Dinge wie

Erbgutfaden und Rechner, Körper und Automobil treffen, dann muß das seinen primären Grund auf der Ebene der Konzepte und ihrer visuellen oder sprachlichen Zeichen haben. Dann ist die geforderte Trennung zwischen Zeichenkritik und Sachkritik nicht aufrechtzuerhalten.

Worin bestehen die Ähnlichkeiten?

A Der Zeichentypus: Logo und Icon

1. Es sind Identitätszeichen, einheitsstiftende Kennmarken. Ihre Geltung ist international.

Sie sind weitgehend standardisiert, normiert, und darum erkennbar wie eine Uhr. – Die Doppel-Helix erscheint fast schon wie das Markenzeichen einer Branche.

Im Fall des Computers könnte man Verschiedenes nennen, die Folge 0011001, den Entscheidungsbaum, den Bildschirm, auf dem die abgerufene Information erscheint oder den metallisch changierenden Chip, den man etwa von der Bankkarte kennt.

Das dem Sektor Kinderspiel entlehnte Körper-Puzzle der Transplantationstechnik setzt sich zusehends durch: siehe Abb. 56, Seite 258.

Das Erscheinungsbild des Mercedes-Sterns schließlich ist vollständig normiert. Seine Primärfarben weiß, grau, silber und blau, der Typus der begleitenden Schrift, der Zusammenhang, in dem dieses seltene ‚Hoheitszeichen' erscheinen darf: all das ist durch Vorschrift der Firma geregelt.

Die Figuren sind jeweils begleitet von einer Legende, einer eingependelten Lesart, die ihr Verständnis ermöglicht oder auch festschreibt. Beides wirkt so zusammen, daß ein autonomer, isolierter, von anderen Zusammenhängen unabhängiger Bildkomplex entsteht, ein bedeutungshaltiges visuelles Stereotyp. Es kann darum auch ohne ausdrückliche Lesart auskommen. Der Kontext ist genormt.

2. Das Zeichen schwankt zwischen Logo und Icon, stellvertretendem Symbol für eine Institution und orientierendem Abbild. Die Wendeltreppe, die 01-Folge oder der Entscheidungsbaum, das Körper-Puzzle steht in einem leicht erkenn-

Organspende bewahrt Leben

Antworten auf Fragen

Abb. 56: Das Körper-Puzzle. Arbeitskreis Organspende.

baren Abbildungsverhältnis zu dem, was gemeint ist. Das Bild deutet auf die Mechanik.

Das gilt nicht für den Mercedes-Stern. Auch dieses Markenzeichen ist bedeutungshaltig, aber es sagt nichts über die Konstruktion eines Automobils, (was ja denkbar wäre), und ist unbestimmt vielsagend: man kann es als dreispeichiges

Rad oder Lenkrad sehen, als Fadenkreuz und Kimme vor offener Landschaft, als vom Weltkreis umschlossenen „guten Stern auf allen Wegen" (Werbe-Slogan).

3. Die Figuren sind durchsetzungsfähig auf Grund ihrer Ästhetik. Es gibt hier einen Vorrang des Designs vor der Information.

Äußerer Hinweis ist, daß die Lesart wegfallen, die Figur nackt dastehen kann. Sie will nicht belehren, sondern erinnern, und dazu genügt das zur Konvention gewordene Zeichen, das Bildkürzel.

4. Es knüpft an den allgemeinen Bildervorrat an; der einer Expertensphäre entstammende Inhalt gewinnt dadurch etwas Vertrautes. Der metallisch changierende Chip, auf dem eine Struktur, eine Zahl, ein Gesicht nach Art eines Wackelbildes sichtbar ist, läßt wie das Körper-Puzzle an Kinderspielzeug denken.

Der Bildervorrat hat zugleich etwas Archaisches, vielleicht Archetypisches. Man könnte bei ‚Spirale' und ‚Entscheidungsbaum', ‚Mosaik', ‚Stern' und ‚Weltkreis' von *Praeidolen* sprechen.

5. Das Bildkürzel fungiert in öffentlichen Zusammenhängen als Hieroglyphe dafür, daß das Geheimnis des Lebens, der rechnerischen Intelligenz, des Körpers entschlüsselt ist. Durch feste Lesart und Wiederholung, durch ubiquitäre Präsenz, wird es zum kontextautonomen Zeichen. Man hantiert mit ihm wie mit einem fixen Terminus, einem der Expertensphäre entlehnten und verankerten Block. Das Visiotyp verselbständigt sich zur handelnden Größe ...

6. Es steht für Forschung *und* für ihre Anwendung, oszilliert zwischen beiden Bereichen, beweist ihren Zusammenhang. Die Helix ist Bildkürzel für eine wissenschaftliche Entdeckung und Logo einer Industrie.

Beidem, der theoretischen Expertise wie der praktischen Expertensphäre verdanken die Figuren ihre Autorität.

7. Sie sind durchsichtig und undurchsichtig.

Durchsichtig sind sie zunächst in dem äußerlichen Sinn, daß das luftige durchbrochene Konstruktionsmodell der Doppel-Helix, welches sich nach dem Reißverschlußprinzip teilt und mit parallel entstandenen Teilen wieder vereinigt, oder der geometrisch strukturierte Chip und der klare Entscheidungsbaum der Computertechnik, das Körper-Puzzle der Aufrufe zur Organspende das Gefühl vermitteln, der Konstruktionsplan des Lebens, des Rechners, des Körpers sei durchschaut. (Das gilt vielleicht auch für den dreispeichigen Mercedes-Stern, aber nicht mit gleicher Deutlichkeit.) Der visuelle Eindruck wiederholt die wissenschaftliche und technische Durchsichtigkeit. Diese Bildmodelle werden im öffentlichen Umgang vermutlich auf ähnliche Weise aus ihren Bestandteilen erschlossen wie die Vokabeln ‚Relativitätstheorie‘, ‚Chaostheorie‘, ‚Selbstorganisation‘ aus ihren Gliedern. Sie erscheinen als durchsichtiger, selbsterklärender Ausdruck.

Ein Zeichen ist aber allenfalls teilorientierend. Der Schluß vom Ausdruck auf den Inhalt kann irreführen. Die Durchsichtigkeit im öffentlichen Raum ist, um ein Wort von Habermas abzuwandeln, ein Bild von geringer Tiefenschärfe. Sie ist in erster Linie ein soziales Phänomen. Der Terminus oder das visuelle Zeichen entzaubern hier nicht nur, sie verzaubern auch. Sie schaffen das *grundsätzliche* Vertrauen in die wissenschaftlich durchschaute Welt.

B Der Konstruktionsmechanismus und die Entgrenzung des Individuums

8. Der Konstruktionsmechanismus ist durchschaut. Die Durchsichtigkeit ist auf der einen Seite ein Denkmodell, auf der anderen Seite eine Tatsache.

Das Denkmodell erweitert fortwährend die Grenzen dessen, was Tatsache ist.

9. Die Technik erscheint als einfach. Die der Sichtbarkeit entzogene Welt der Gentechnik ist beherrscht von einfachen handwerklichen Vorstellungen, man geht mit Messer und Schere um, klinkt ein und verschweißt. Es ist amüsant, wie oft Kinderspielzeug zum Bildspender wird. Das Steckballmodell steht Pate, wenn man sich den Molekülbau vorstellt, man sieht Kinder aus Kastanien und Streichhölzern Tiere

Abb. 57: Das Kalottenmodell der Doppel-Helix. Titelseite von Watson (1973).

oder Chimären bauen, auf den Sprossen der Wendeltreppe Perlen wie am Abakus verschieben. Manfred Eigens Kalottenmodell erinnert ans Flohspiel.

In den vier hier besprochenen Branchen grenzt die Technik, zumindest der Vorstellung nach, ans Kinderspiel.

10. Ein einsichtiger Konstruktionsplan erscheint unvermeidlich als Bauanleitung.

Im Fall von Artefakten wie der Rechenmaschine oder einem Automobil fällt beides zusammen, im Fall des Vererbungsmechanismus und des Körperbaus legt eins das andere nahe.

11. Zum technischen Bildfeld gehört die Idee des Seriellen, der Kopierfähigkeit. Die Doppel-Helix *ist* die Erklärung eines Kopiermechanismus. Es fällt nicht schwer, die Idee der Kopie und Multiplikation in der Computertechnik, im Bereich der Transplantation menschlicher Organe und in der Automobilbranche wiederzufinden.

12. Zu diesem Bildfeld gehört dann auch der technische bzw. chirurgische Eingriff, die Idee des Ersatzteils.

Man kann Süßwasserbakterien umbauen zu Warnlampen in einer Kläranlage, indem man den Salzwasserbakterien, die unter bestimmten Belastungen das Meeresleuchten hervorbringen, mit Hilfe von Enzymen das hierbei wirksame Gen herausschneidet und es Süßwasserbakterien implantiert. Deren Aufleuchten bei einer Verschmutzung der Kläranlage läßt sich computertechnisch in einen Impuls transformieren, der eine Warnglocke in Gang setzt.

Man kann am Vererbungsmodell wie am Rechenmodell, am Körpermodell wie am Wagenmodell Teile herausnehmen, sie verschwinden lassen oder ersetzen, sie zu verbessern suchen. Man kann ummontieren und neu komponieren – zumindest das Denkmodell setzt hier keine Grenzen.

13. Selektion und Perfektion liegen wie von selbst in dieser Denkrichtung: das Krankmachende oder Erkrankte, Verbrauchte, Störende, Dysfunktionelle kann ausgelesen, aussortiert werden mit der Tendenz, ein verbessertes Modell zu entwickeln.

Ideale Eigenschaften, ob vom Erbgut oder vom Körper,

vom Rechner oder vom S 230 die Rede ist, sind vermutlich zunächst
- die Ästhetik (gelegentlich wird halb im Scherz vom ‚genetischen Make-up' gesprochen);
- die Gesundheit oder Funktionstüchtigkeit;
- die Dauer.

14. Wie weit die technomorphe Denkform gediehen ist, wie eindeutig Reproduktion und Entwicklung darin impliziert sind, läßt sich auch daran erkennen, daß die Patentierung nicht nur in der Computertechnik und in der Motorenbranche selbstverständlich ist, sondern auch auf dem Gebiet der Erbanlagen und Körperteile um sich greift. Das Patent sichert das Alleinrecht auf Vervielfältigung bzw. Lizenzgebühren für die serielle Nutzung. Es betrachtet dasjenige, was es patentiert, als Artefakt. (Bisher galt es der Erfindung, nicht der Entdeckung; das gehörte zu den rechtlichen Voraussetzungen.)

Die Ausdehnung des Patentrechts ist heftig umstritten. ‚Entwicklungen' der Natur werden zur Zeit z. B. auf die Weise zum Artefakt umdefiniert, daß man gentechnisch eine unter Umständen unwirksame Kleinigkeit an ihnen verändert und sie dadurch patentabel macht. Um sich den in einer südafrikanischen Pflanze enthaltenen Süßstoff zu sichern, nimmt eine Firma an ihr eine geringfügige Manipulation vor und erklärt sie damit zu ihrem Privateigentum. Artenvielfalt, einer der wenigen Reichtümer der südlichen Halbkugel, wird unter dem Namen ‚Biodiversität' als Ressource entdeckt und im Wettlauf der Saatgut- oder Pharmakonzerne, die meist der nördlichen Halbkugel entstammen, in deren Privateigentum umformuliert.

Dem Europäischen Patentamt liegen über 500 Anträge auf genmanipulierte Pflanzen vor, und 300 transgene Tiere – Schweine und Mastputen, die schneller wachsen, Alzheimermäuse als Forschungsobjekte – sind zur Patentierung angemeldet (Fuchs 1996, 87 f.).

Auch die Transplantationstechnik ist einbezogen. Die Xenotransplantation, die Einsetzung eines mit menschlichen Genen behandelten Schweineherzen in einen Menschen, unterliegt dem Patentrecht. Berühmt ist der Fall des Patienten John Moore, dessen erkrankte Milzzellen von seinem Arzt ohne sein Wissen als mögliches Krebsmittel angesehen und als ‚Zell-Linie' patentiert wurden und dem das Recht auf ein Eigentum an seinen von der Firma Sandoz vermarkteten Zellen verweigert wurde (Fuchs 1996, 98 ff.).

15. Das Wörtchen ‚trans' ist in diesem Zusammenhang aufschlußreich. Diese Technik ist transitorisch, sie überschreitet die Grenze von Pflanzenart zu Pflanzenart, von Tier zu Tier, vom Tier zum Menschen. Die Liste der transgenen Pflanzen, vom Apfel bis zur Zwiebel, ist beachtlich, die wichtigsten Nahrungsmittel, Kartoffeln und Mais, Reis und Weizen, sind darunter. Man versucht in norwegischen Zuchtstationen, Lachse vor dem Erfrieren zu schützen, indem man ihnen Kälteresistenzgene der arktischen Flunder einmontiert (Fuchs 1996, 56).

Die Grenze zur Maschine wird überschritten, zunächst metaphorisch. Ein Werbefilm für Organspende zeigt eine Trauergemeinde in Schwarz, versammelt um ein Loch, in das ein roter Ferrari versenkt wird. Kommentar: „Man muß doch nicht immer das Beste, was man hat, ins Grab nehmen. Was Sie nicht mehr brauchen, kann anderen das Leben retten." – Die DNS sieht einmal aus wie ein Stoßdämpfer, ein anderes Mal hangelt sie sich über eine Chip-Reihe, wird sie der Informationsanalyse des Computers parallelisiert. Das Innere einer Zelle sieht aus wie ein Computer-Schaltkreis, ein Computer-Schaltkreis wie das Innere einer Zelle. Auf einer Werbung von Du Pont durchfährt eine aus bunten Kugeln bestehende, sich in einem zentralen Lichthof aus frei im All schwebenden Kugeln ergänzende Molekularschlange ein hälftig geteiltes, auseinandergezogenes Gehirn, dessen glatt abgeschnittene Wände durch Stangen verbunden sind und einem Computerchip gleichen.

Man kennt das Bild der dem Informationsbereich entstammenden künstlichen Netzhand, deren Zeigefinger sich an einer funkensprühenden Stelle mit dem einer menschlichen Hand berührt, in Anlehnung an das Schöpfungsbild Michelangelos, wo der Finger Gottes Adams Leben entzündet.

„Gen-Design und Protein-Design zielen auf die Entwick-

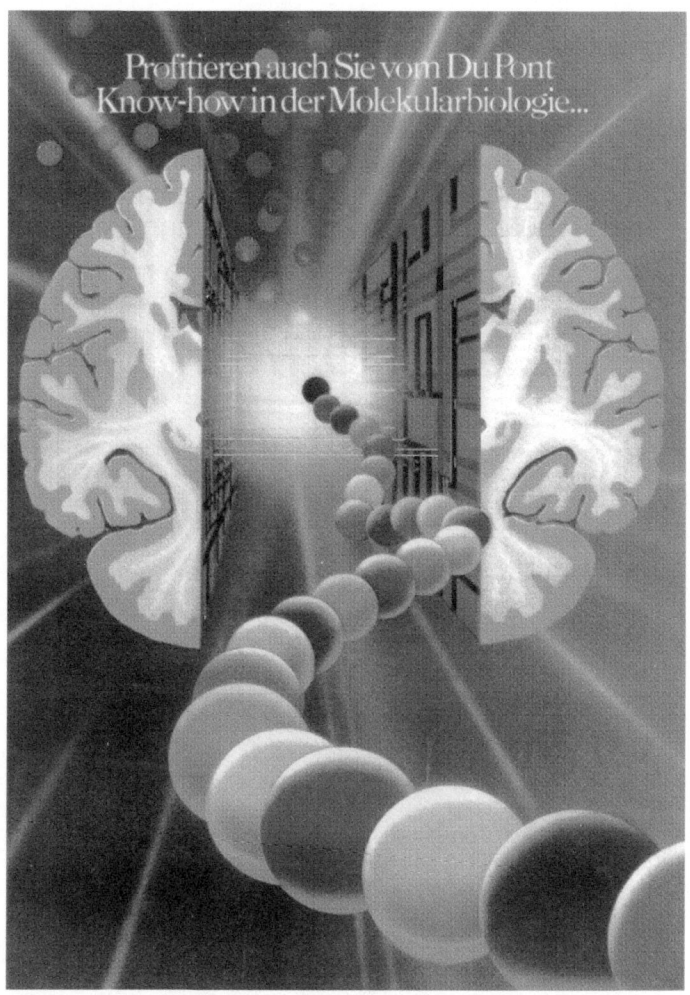

Abb. 58: Computer-Hirn-Spirale. Du Pont.

lung einer synthetischen technisch-industriell optimierten und perfektionierten Natur in der alten überholten", analysiert der Molekularbiologe Manuel Kiper. „Die Verschmelzung von Gen- und Computertechnologie, die Entwicklung

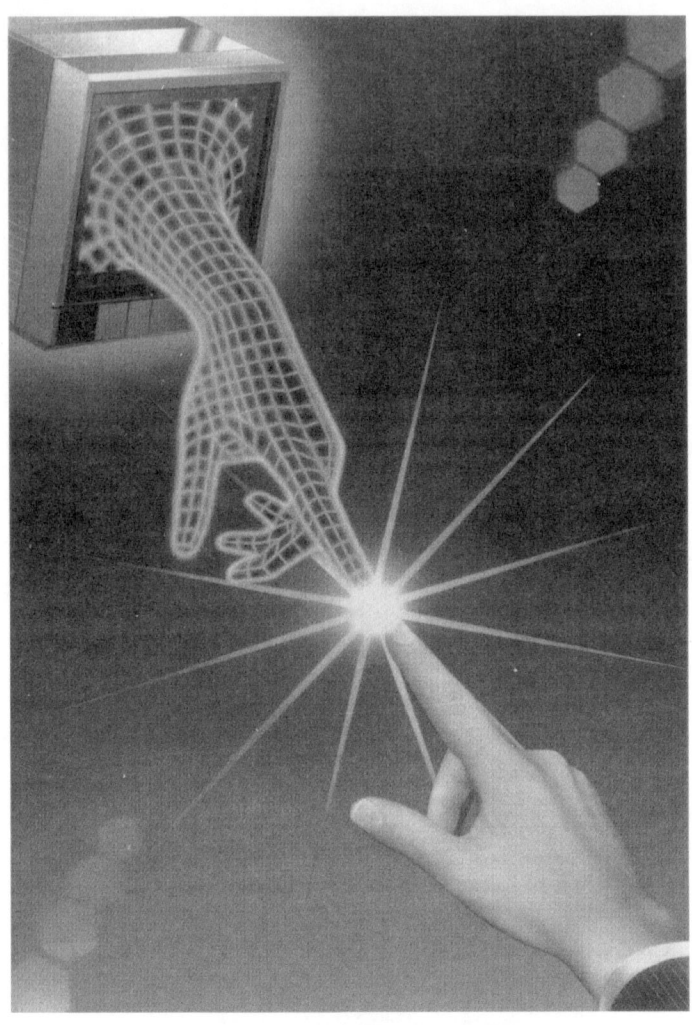

Abb. 59: Finger der Schöpfung. Aktion Gemeinsinn 1985, 21.

von Biochips, Biosensoren und künstlichen Genen werden zum Schlüssel für die Technik des 21. Jahrhunderts. Ein erstes künstliches Virus wurde bereits hergestellt" (Manuel Kiper, Ethika, 2/1994, vgl. Fuchs 1996, 29). –

Zwischenbemerkung

Was ist das Thema dieses Abschnitts, wohin führt das letzte Kapitel?

Bricht hier jener antimoderne Affekt durch, der in Deutschland seit dem Beginn des 19. und des 20. Jahrhunderts seine ausgeprägten Traditionen hat?

Verrennt der Verfasser sich in eine Position, die man am besten unter der Rubrik ‚Kulturkritik' und ‚Kulturpessimismus' beiseite setzt und ihrem romantischen Weltschmerz überläßt?

Oder sind jene Skrupel im Hintergrund, die dem von außen kommenden Blick als das spezifisch deutsche Trauma erscheinen, das, da die Greuel der Nazizeit sich als Pervertierung einer wissenschaftlich basierten Moderne darstellen, uns hindere, der wissenschaftlich – ökonomisch – technischen Zukunft zuversichtlich ins Auge zu schauen?

Mündet die Arbeit in Technikfurcht?

Das wäre ein Mißverständnis. Mein Thema ist nicht das Unglück der Technik. Vor zwei Jahren besuchte mich Joseph Weizenbaum und erzählte bei Kaffee und Kuchen eine vergnügliche Parabel, die er dann selbst in Rede und Gegenrede kommentierte. Er nannte sie ‚das Urmodell der Naturwissenschaften', ich gebe sie wieder als

‚Der Elefant auf dem Schlammberg'.

Wir haben einen Mann und ein kleines Mädchen. Sie gehen in einem Park spazieren und sehen dort einen großen Schlammberg, auf dem ein Elefant steht. Sagt das Mädchen zum Vater: Wie lange wird es dauern, wenn der Elefant ins Rutschen kommt, bis er unten ist? Der Vater macht sich ein Modell. Er setzt den Elefanten auf den Massenpunkt, errechnet die Höhe, den Neigungswinkel der schiefen Ebene, den Reibungskoeffizienten, Windverhältnisse. Man lernt dergleichen in der Schule. Er stellt eine Differentialgleichung auf und errechnet: 92 Sekunden. In diesem Augenblick fängt der Elefant an zu rutschen. Das Mädchen, wie es sich für das Kind eines Naturforschers gehört, hat eine Stoppuhr dabei. Und tatsächlich: die Voraussage trifft ein. –

267

Was ist daraus zu lernen?

Der Vater mußte ein Modell herstellen.

Was haben wir hereingesteckt?

Massenpunkt. Höhenunterschied. Neigungswinkel der schiefen Ebene, Reibung … vier bis sechs Parameter. Es hat funktioniert.

Was haben wir weggelassen?

Fast alles! Das Alter des Vaters, des Kindes. Ihre Kleidung. Den Namen des Ortes. Die Sprache der beiden …

Das ist nicht notwendig!

Ja. Aber das ist die Urmethode der Naturwissenschaften. Wir stellen ein Modell her, das etwas von der Wirklichkeit ausläßt. Man muß fast alles weglassen. Einstein fand es komisch, daß wir mit unseren Methoden überhaupt etwas herausbekommen. Was zu lernen ist: daß die Hauptsache ist, das Modell nicht zu überschätzen! Nicht zu denken, wir kriegen mehr heraus, als wir herauskriegen. Die Gefahr ist, das Modell zu überdehnen. Das normale menschliche Verhalten ist das der Induktion: wir glauben, weil das Modell hier funktioniert hat, es funktioniere auch da und dort.

Wir kommen nicht ohne diesen Glauben aus!

Ja. Aber wer nur eine einzige Metapher hat, um die Welt zu verstehen, für den ist sie unverständlich.

Für den, der nur einen Hammer hat, sieht die ganze Welt wie ein Nagel aus. Für manchen ist sie ein Computerprogramm.

Mein Thema ist die Überdehnung eines Modells. Das Modell ist in diesem Fall der gemeinsame Grundriß, das Phantombild von vier visuellen Zeichen; sie werden nicht an ihrem Ursprungsort, im Augenblick ihres Entstehens betrachtet, sondern in ihrer öffentlichen Erscheinungsform als globale Sozialwerkzeuge und Visiotype. Ich vermute, daß die Konzepte, die zu klangvollen Ausdrücken und strahlkräftigen Visiotypen geronnen sind, einen beträchtlichen Anteil an dem haben, was uns als Autodynamik oder Schraubengang des Systems erscheint. Die Dynamik ergibt sich aus der ‚Natur', das heißt der inneren Logik der Konzepte; wenn an ihr etwas nicht stimmt, dann möglicherweise darum nicht, weil die Begriffe nicht stimmen.

Man spricht zunehmend von der Autodynamik des Systems. Das Ineinander von Wissenschaft und Wirtschaft, Politik, Technik und Konsumwelt scheint sich in einer Form der ‚Selbstfortzeugung' zu bewegen, wie ein sich aus sich bewegendes und beschleunigendes Rad. Auf solche Weise hat Joseph A. Schumpeter in seiner ‚Theorie der wirtschaftlichen Entwicklung' von 1911, in diesem Punkt mit Marx übereinstimmend, den kapitalistischen Wirtschaftsprozeß beschrieben. Er meinte später: „Wirtschaftliche und soziale Dinge bewegen sich durch ihre eigene Antriebskraft weiter, und die dabei entstehenden Situationen zwingen Individuen und Gruppen, sich in einer bestimmten Weise zu verhalten, unabhängig davon, was sie vielleicht gerne täten – und zwar nicht derart, daß sie ihre Freiheit der Wahl zerstören, aber daß sie die Geisteshaltung der Wählenden formen und die Liste der Möglichkeiten, zwischen denen gewählt werden kann, verkleinern" (Schumpeter 1942, 110; nach Krupp 1996, Motto von Kap. 8 ‚Integration durch Schumpeter-Dynamik'). Der Staat wird bei diesem Spiel zum „kofunktionalen Mitspieler" (Scharpff 1991), ein Partner im Spiel der Teilsysteme. „In einer funktional differenzierten Gesellschaft gibt es weder eine Spitze noch eine Mitte, die die Gesellschaft in der Gesellschaft repräsentieren und damit ihr ‚Wesen' zugänglich machen könnte ... Keines der Funktionssysteme (...) kann in Anspruch nehmen, die Gesellschaft in der Gesellschaft zu repräsentieren", heißt es bei Luhmann (zitiert nach Willke 1992, 43) Der Staat, das ist die Formel für die Selbstbeschreibung des politischen Systems der Gesellschaft ...

Helmar Krupp hat kürzlich das ‚Zukunftsland Japan' als exemplarischen Fall der von ihm so genannten ‚Schumpeter-Dynamik' vorgestellt (Krupp 1996, Kap. 6–11) und dabei zugleich an Luhmann anknüpfend, ein „globales Entwicklungsmodell" daraufhin befragt, ob es der längst erkennbaren Selbstbedrohung ausweglos unterworfen sei oder über Möglichkeiten der Selbststeuerung verfüge. Ein Essay von Heinz Bude, ‚Die Herrschaft der globalen Spieler. Eine neue Elite im Weltsystem der Wirtschaft' (FAZ, 30. 12. 1995), hatte das anbrechende Jahr '96 diagnostiziert: „Regulationstheoretiker sprechen von einem Übergang vom keynesianistischen

Wohlfahrtsstaat zum schumpeterianischen Leistungsstaat. Der auf zinssouveräner nationaler Geldpolitik beruhende ‚funktionale Sozialismus' wird ersetzt durch die Herrschaft gnadenloser Innovation nach Maßgabe eines globalisierten Zeit- und Kapitalwettbewerbs." Als Elitetyp der Zukunft beschrieb er, Schumpeter folgend, den „unternehmerischen Unternehmer", einen Typus, in dessen Fall die Funktion zur Existenz geworden sei, der alle Bindungen, nicht nur die ältere patriarchale, sondern auch die nationale, abgestreift habe und dessen Leistung in der „Durchsetzung neuer Kombinationen" bestehe. Das bevorzugte Sprachwerkzeug dieses globalen Spielers sei darum das ‚Plastikwort'. Als Beispiel beschrieb er den Inhaber eines Lehrstuhls für industrielle Fertigung und Fabrikbetrieb, der den neuen Herstellungstypus als „fraktale Fabrik" beschreibt. „Da soll alles dezentral, aber ganzheitlich, offen, aber sicher, kreativ, aber zielgerichtet zugehen. Die aus der neueren Systemtheorie entliehene Idee der Selbstorganisation wird hier ziemlich unbedacht mit einem technischen Perfektionismus und einem harten Liberalismus vermischt. Früher hätten wir das Ideologie genannt, heute sprechen wir vorsichtiger von Metaphernmißbrauch".

Ein Bewußtsein, daß ‚Selbstorganisation' und ‚System' Metaphern oder Modellvorstellungen sind, ist allerdings kaum verbreitet. Ich möchte Zweifel anmelden, nicht nur an der Ontologisierung der Zahl, sondern auch an der Verwechslung der beiden Begriffe ‚System' und ‚Selbstorganisation' mit „der Wirklichkeit", indem ich die Frage aufwerfe, ob der Autodynamik des Systems nicht eine Autodynamik auf dem Gebiet der Konzepte vorausliegt.

Es gibt eine gewisse Selbständigkeit und Selbsttätigkeit der Bilder, zunächst in dem allgemeinen Sinn, daß die in den Visiotypen kristallisierten Konzepte ein Spiegel sind, der zurückwirkt, und daß sie eine Neigung haben, sich zu Handlungsträgern zu mausern, vor allem aber insofern, als die Autodynamik des Systems in der Zwischenwelt der Begriffe angelegt und vorgebildet ist.

Im zweiten Kapitel war von einer Gesellschaftsalgebra die Rede. Bilde ich aus ihren ‚Größen', Bewegungsbegriffen mit vorherrschendem Zukunftsaspekt, eine Gleichung nach dem Muster, ‚Bevölkerungsentwicklung erzwingt Gentechnik‘, so ist die Dynamik garantiert (vgl. Nr. 12–14).

Hier, wo das gemeinsame Phantombild von vier sehr unterschiedlichen Weltbezirken, Auto und Rechner, Körper und Erbgutfaden, entworfen wird, zeigt sich noch entschiedener, daß die Konzepte Beschleunigung erzwingen:

Die Visiotype sind Identitätszeichen großer Weltausschnitte und Herrschaftsbereiche, Logos weltweiter ‚corporal identities‘. Als durchsichtig – undurchsichtige Hieroglyphen genießen sie Autorität. Sie sind insofern Fahnen vergleichbar.

Da sie Bildkürzel für einen durchschauten Konstruktionsmechanismus sind, werden sie zugleich als Bauanleitung verstanden und befolgt. Als solche entgrenzen sie das technische wie das lebendige Individuum – auf dem Wege von Kombination und Kopie.

Die Moblilisierung wird am augenfälligsten, wenn man überlegt, daß dem Prinzip von Kombination und Kopie, und dessen Beschleunigung in den Dimensionen von Raum, Zeit und Zahl kaum noch eine Grenze gesetzt wird, weder durch ein Eigenmaß noch durch ein von außen auferlegtes Maß.

Und schließlich werden die Visiotype auch dadurch zu Motoren, daß sie den Nimbus religiöser Idole annehmen, sei es, daß sie als Bilder der Verheißung aufgefaßt werden oder daß sich ihnen der lustvolle Schrecken der Rückseite des prometheischen Abenteuers verbindet.

Was Helmar Krupp als ‚Schumpeter-Dynamik‘ beschreibt, als Autodynamik eines Systems, entspringt einer inneren Logik der Konzepte. Die Autodynamik ist der Begriffwelt eingeschrieben. Um noch einmal ins Detail zu gehen:

C *Grenzenlosigkeit von Raum, Zeit und Zahl. Materialströme*

16. Die Vorstellung von Genetik und Information, Transplantation und Motorenbranche ist verknüpft mit einem entgrenzten Raumgefühl. Das betrifft nicht nur die globale Vertrautheit mit ihren Logos, sondern auch den Umfang der in ihnen gemeinten Inhalte, von der Spirale des Lebens, die vor

dem unendlichen Weltraum abgebildet wird, über den das All digitalisierenden Rechner, vom universalen Körperpuzzle bis zum vor der Weite einer unendlichen Landschaft rollenden Mercedes.

17. Die Vokabel ‚trans‘ bezeichnet einen raumübergreifenden Austausch, planetarische Materialströme. Gene werden von der südlichen zur nördlichen Halbkugel transportiert, Daten bewegen sich auf einer Auto-Bahn, Al Gores Information-Highway. Der ‚Spiegel‘, der seinerzeit die ‚Informationsgesellschaft‘ einläuten half durch den Titel ‚Die Computer kommen‘, spricht auch jetzt das Wunschbild der Zukunft als Gegenwart aus: ‚Die Welt online. Das Netz‘. – Eine hellere 0010 Hand von oben nähert sich einer schwächer erhellten 0010 Hand von unten (Abb. 60).

Der Organ-Transit hat begonnen. ‚Eurotransplant‘ ist der Name einer Zentrale in Leiden (Holland), in der Daten über Organspender und Organempfänger etlicher europäischer Länder gesammelt werden und die den Austausch vermitteln. Eine der wesentlichen Sorgen des in Vorbereitung befindlichen deutschen Transplantationsgesetzes gilt dem Verbot des ‚Organhandels‘. Es herrscht Knappheit. Der Bedarf an Transplantationen übersteigt jährlich die Zahl der geleisteten Hilfen (Abb. 61).

Auf einem Symposion zu Ehren von Marion Gräfin Dönhoff (Zeit-Punkte 1995, Nr. 1, S. 12) antwortete auf eine Bemerkung des Vizepräsidenten des Deutschen Bundestages Burkhard Hirsch, die Weltökonomie könne nicht in der bisherigen Weise expandieren, Edzard Reuter, der damalige Vorsitzende des Vorstandes der Daimler Benz AG Stuttgart: „Herr Hirsch, Sie meinen, das mit der Weltwirtschaft sei Theorie. Es ist eher umgekehrt. Was Sie sagen, ist absolute Theorie. Es ist nämlich bereits eine Realität, daß 1,2 Milliarden Chinesen, daß eine Milliarde Inder – und das sind schon von der Zahl her auf der Welt eine ganze Menge – alle Auto fahren wollen. Wollen Sie die daran hindern?"

18. Die Expansion im Raum ist zugleich eine in der Zeit. Den vier Techniken ist ein Zeitindex tief eingeschrieben. Sie *sind* und sie *haben* Zukunft. Die Mobilmachung erstreckt sich

Abb. 60: 001 total. Der Spiegel, 11. März 1996 (Nr. 11).

nicht nur in einen entgrenzten Raum, sondern auch in eine grenzenlose Zeit: ein totaler Imperativ. Die wissenschaftliche, technische, ökonomische Entwicklung, ob der Gen- oder Digitaltechnik, Transplantations- oder Automobiltechnik, unterliegt einem fortwährenden Innovationsdruck – es ist ein unaufhörlicher, durch diesen Motor angetriebener Schraubengang. Auf allen Sektoren geht es um Vorsprung.

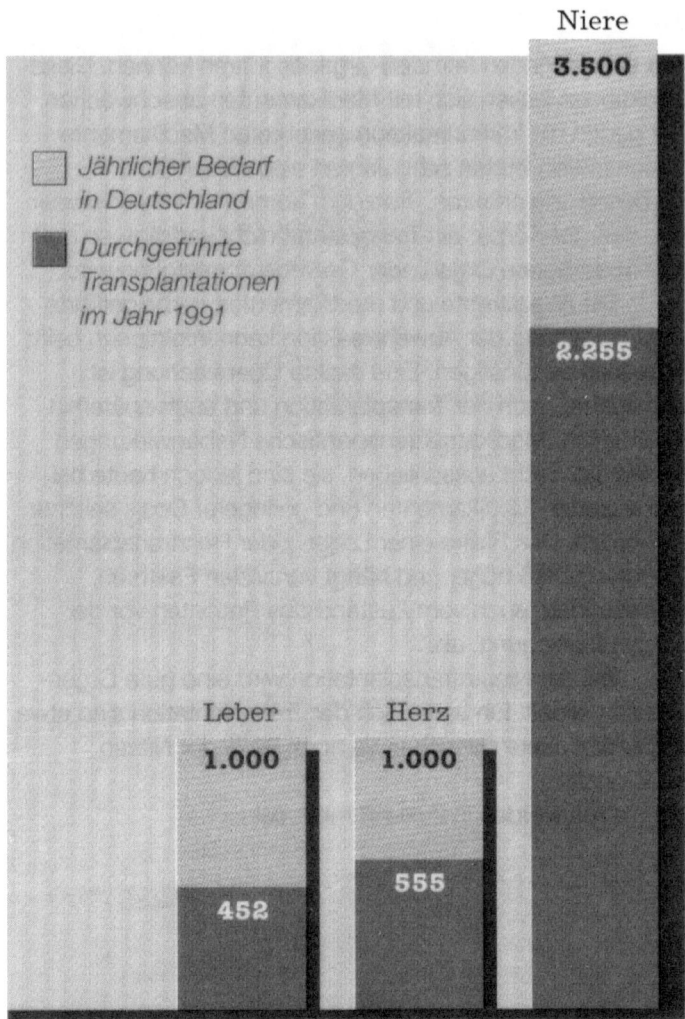

Niere

3.500

Jährlicher Bedarf
in Deutschland

Durchgeführte
Transplantationen
im Jahr 1991

2.255

Leber   Herz

1.000   1.000

555

452

Abb. 61: Transplantationen – Soll und Haben.
Arbeitskreis Organspende, 19.

19. Auf verschiedene Weise gehört zum öffentlichen Bild der vier Techniken das Ideal der Beschleunigung. Die Transplantation wird als Wettlauf mit der Zeit sichtbar gemacht. Auf dem Gebiet des Verkehrs gilt unvermindert als ständiger Imperativ das Ideal der Geschwindigkeit. Der Superrechner leistet in Minuten, wozu hundert Leute Jahre brauchen, und was die Natur in 1 Milliarde Jahren zustande brachte, macht Genset an einem Tag (Abb. 62).

20. Beschleunigung ist ein Aspekt der Zeit, der andere ist Unsterblichkeit, Ewigkeit.

Es wäre unrichtig, von der Unsterblichkeit des S 230 zu sprechen, was aber auch für ihn gilt, ist der Vorrang der Gattung vor dem Individuum. Der BMW hat einen „genetischen Vorteil". Grund: Seine „Genealogie" (Nelkin/Lindee 1996, 97).

In Dawkins Buch ‚Das egoistische Gen' erscheint die Geschlechterfolge der Lebenden als stafettenförmiges Transportmittel der eigensüchtigen Gene. „We are survival machines – robot vehicles blindly programmed to preserve the selfish molecules known as genes." (Dawkins 1976, IX).

„The brain is merely a meat machine", heißt es nach Joseph Weizenbaum bei Marvin Minsky, dem er zutraut, „auf dem Wege der ganz genauen Kopie", die dem digitalen Gerät möglich ist, den unsterblichen Menschen in Angriff zu nehmen. (Weizenbaum 1993, 73, 42).

Im Bahnhof von Amsterdam hing lange Zeit ein Plakat, auf dem ein nackter Mann einer unter ihm liegenden nackten Toten das Herz aus der Brust zu saugen schien. *Gib deinem Herzen ein zweites Leben.* Das Leben endet nicht mit dem Tode", lautete der Slogan (Abb. 63).

21. Das Gefühl von Raum und Zeit wird oft als schwindelerregend beschrieben. Auch in der Dimension der Zahl ist es die pure Quantität, die Riesenhaftigkeit und das fortwährende Zurückweichen des Ufers, der Grenze, was den Schwindel hervorruft und als Triebkraft wirkt.

Abb. 62: Hochgeschwindigkeit der Gentechnik. GENSET.

Abb. 63: Herz-Transfusion. Donor Codicil.

Einschränkung

In einer Arbeit, die ihr Augenmerk so einseitig auf die konzeptuelle, visuelle Zwischenwelt richtet, durch die hindurch
wir auf die ‚Wirklichkeit‘ sehen, muß hervorgehoben wer-

den, daß von den Tatsachen ihrerseits eine selbständige Überzeugungskraft ausgeht. Wir staunen mit Recht. Es ist nicht nur ein Werk der Imagologen, wenn aus Entdeckungen und Erfindungen, wie sie den genannten Technologien zugrunde liegen, Ressourcen im Weltmaßstab werden. Die Sachen sprechen für sich.

Die Welt der Zeichen, in der sie für sich sprechen, die Art ihres Zugriffs auf die Welt ist freilich von ihrer Ausbreitung nicht zu trennen, und auch die Organisationsform, in der das geschieht, die Wirtschaftsform, nicht. Die Konzentration der kommerziellen Nutzung in Konzernen, deren Jahresumsätze den Haushalten mittlerer Staaten entsprechen, hat zur Folge, daß sich längst Nebenstaaten gebildet haben, deren Macht sich in erster Linie darauf gründet, daß sie die Klaviatur der Medien zu spielen wissen, daß sie sich auf Propaganda verstehen. Die Macht ist unglücklich, hat Jakob Burckhardt gemeint; es gehört zu ihrer Natur, nach mehr Macht zu gieren. Die Macht der Konzerne kann sich – demokratischen Regierungen in permanentem Plebiszit vergleichbar – fast nur auf die Zeichensysteme der Propaganda und die Unterordnung des Staates stützen. Mein Thema ist der sich immer krasser abzeichnende Befund, daß der naturwissenschaftliche, technische, ökonomische Fortschritt die Sozialgestalt der Welt verschluckt, mit anderen Worten: die fehlende Autonomie des Sozialen und Politischen. Und ich versuche, den Anteil der drohenden und glückverheißenden Bildzeichen an diesem Gang der Dinge zu verstehen. Die Idole sind von solchen einer Religion oftmals schwer zu unterscheiden.

D Nimbus und Mythos der Idole

22. ,Doppel-Helix' und ,Chip', ,Transplantationspuzzle' und ,Mercedes' sind Zauberzeichen. Das Zurücktreten der Bezeichnungskraft vor dem Assoziationshof, sprachwissenschaftlich gesprochen, der Vorrang der Konnotation vor der Denotation gehört zur Beschreibung, ist das vielleicht hervorstechendste Merkmal.

Das Machtgefühl eines Weltkonzerns, der Wagenparks,

Flugzeugparks, Waffenparks in planetarischem Maßstab herstellt, kann so weit gehen, daß er ein der naiven Malerei entstammendes Bild des Paradieses für sich eintreten läßt:

Abb. 64: Mercedes Paradies. Werbeeinschaltung Juni-Dezember 1994.

23. Der Hof ist sichtbar. Die Bilder lehnen sich an die Tradition religiöser Ikonographie an, ihr Leuchten, eher künstlich bzw. psychedelisch als magisch oder mystisch, erweckt den Eindruck, es mit einer Religion zu tun zu haben.

Die charismatische Hand des homo Deus hantiert an Molekül-Modellen; der von oben kommende Finger der Inspiration erscheint im Zusammenhang gentechnischer Produktion ebenso wie in dem des ‚Netzes' (siehe oben).

Der kreisförmige Nimbus, der auf mittelalterlichen Bildern die heiligen Häupter umgibt, findet sich am Visiotyp aller vier Technologien. Er umgibt den verwandelten Globus, auf den die Schiene der Gentechnik zufährt (Kollek 1994, 4); Adam und Eva stehen da als Schaufensterpuppen in magi-

Abb. 65: Bayer Paradies. Bayer Forschungsmagazin 4.

schem blauem Licht, von einer Helixschlange umringelt, das Kind zwischen ihnen ist von einem Nimbus umgeben (Abb. 65).

Das Bild des technisch aufgefaßten Computerhirns hat im Hintergrund wiederholt das auf der oben gebrachten Abbildung (58) sichtbare nimbusartige Leuchtfenster.

Abb. 66: Lichthof der Organtransplantation. Titelseite ‚Organspende'.

Beim Bild der Organtransplantation ist das Licht konzentriert auf die helle Umgebung der Wunde; ein Anklang auch hier (Abb. 66).

Den Mercedeswagen sieht man immer wieder in offener Landschaft vor, unter oder neben einem Lichtschein. Als der Mercedesmanager Werner Niefer starb, brachte ‚Bild' sein Porträt unter dem Nimbus des Mercedes-Sterns.

Vor allem im Bereich der Gentechnik und der Computertechnik geht die religiöse Ikonographie weit über eine verspielte Prestigeanleihe hinaus. Das Buch ‚The DNA mystique' von Dorothy Nelkin und M. Susan Lindee (1995), Regine

281

Lungenkrebs – es ging ganz schnell

Mr. Mercedes tot

Werner Niefer starb mit 65

Prof. Werner Niefer baute 11 Mio Autos – vom Baby-Benz bis zur S-Klasse

Abb. 67: Mercedes-Stern als Nimbus. BILD, 13. 9. 1993.

Kolleks Aufsatz ‚Der Gral der Genetik' (1994) bringen zahl-
reiche Beispiele. Die Darstellung naturwissenschaftlicher Inhalte als Kontrafaktur zur christlichen Religion war keine Be-
sonderheit des 19. Jahrhunderts.

24. Ein fast ebenso starker Hof, ja, vielleicht nur die Kehrsei-
te des eben erwähnten, ist das Faszinosum des Schreckens,
das von der hochtechnisierten genetischen, digitalen, trans-
plantierenden Werkstatt ausgeht. Es ist die Welt Franken-
steins, der künstlichen Automaten, die hier anklingt, dieser
trostlosen Figuren, die nach der genialen Erzählung einer
19jährigen Engländerin ihrem Urheber über alle Erdteile folgen und ihn hohl und schnarrend anrufen: ‚Give me a soul!'

„Ich sah den blassen Studenten unheiliger Künste neben
dem Ding knien, das er zusammengesetzt hatte", schreibt
Mary Shelley in dem Roman ‚Frankenstein oder der moderne
Prometheus'. „Ich sah das häßliche Phantom eines ausge-
streckten Mannes, der durch die Funktion eines mächtigen
Apparats Lebenszeichen von sich gab und sich halblebendig
schwerfällig bewegt. Erschreckend mußte es sein; denn
höchst erschreckend würde es sein, wenn sich ein Mensch

282

anmaßte, den erstaunlichen Mechanismus des Schöpfers der Welt nachzuahmen …" (S. 14).

Auf der einleitend (Nr. 2) erwähnten Tagung ‚Selbstbilder und Fremdbilder der Chemie', 15.–17. September 1993 auf Schloß Reisensburg in Günzburg, zeichnete das Mitglied der Firma E. Merck, Professor Thomas Schreckenbach, hilferufend ein Bild der Entwicklung: „Im Klartext heißt das: Nicht nur der Körper, sondern auch die ‚Seele' des Menschen werden auf molekularer Ebene sehr weitgehend erforscht sein. Hieraus leitet sich ab, daß unser Wertesystem zum Teil neu geschrieben werden muß.

Werden die genetischen Daten eines Individuums in Banken eingespeist und kommerzialisiert, weil sie dem medizinischen Fortschritt dienen? Wie definieren wir das Recht auf Wissen bzw. Nichtwissen, wie beim Beispiel der Genomanalyse erläutert? Wie gehen wir damit um, daß hinter dem Pool von nackten genetischen Daten auch psychologische Daten eines Individuums stehen? Wird sich hierdurch das Eugenikproblem auf einer sozusagen rein naturwissenschaftlichen Ebene, also quasi sachlich, erneut stellen? Wie gehen wir mit dem (genetisch) kranken Mitmenschen um? Ist er ein Individuum, das durch bessere vorgeburtliche Diagnose hätte verhindert werden können? Wie werden wir damit umgehen, daß man eventuell einmal aus statistischen Gendaten Prädispositionen für komplexe Merkmale wie Intelligenz, mentale Stabilität usw. ableiten kann? Wird es bei all dieser Transparenz der menschlichen Existenz noch ein „gottgegebenes Schicksal" geben, eine freie Selbstverwirklichung, eine freie Selbstentfaltung? Werden wir vielleicht statt dessen zu der Auffassung kommen, daß das sogenannte Schicksal nur die mehr oder minder gute Kontrolle und Regulation biochemischer Vorgänge, also etwas grundsätzlich Manipulierbares ist?

Mein Appell heute: Lassen Sie die Naturwissenschaftler mit diesen Problemen nicht allein!" (Schreckenbach 1994, 136 ff.).

25. Zu den Geschichten der öffentlichen Bilder gehört schließlich fast stereotyp der Übergang von der Verzaube-

rung zur Entzauberung. Man sieht nachträglich, daß der Nimbus zum guten Teil eine Mythe war.

Joseph Weizenbaum stutzt den Strahlenkranz des Computers seit Jahren mit nüchterner Skepsis wirksam zurecht.

Man kann unschwer voraussagen, daß die Daten-Autobahn zu den aufgeblasenen Mythen gehört.

Die Verheißungen der Gentechnik sind, wenn man den lauter werdenden Stimmen folgen darf, genauso überschätzt worden wie die der Atomtechnik. Die Konstruktionspläne sind nicht in der Weise durchsichtig, und man hat sie nicht in der Weise im Griff, wie man meinte.

Man hat die Ressourcen überschätzt. Eine Ressource ist freilich eine gewisse Zeit auch dann eine Ressource, wenn sie auf einer Illusion beruht. Danach steht man vor den Investitionen, die Kosten überstiegen den Einsatz, und da sie hoch waren, setzt man weiter ein.

Entsprechend nüchtern ist der Eindruck der technischen Realität, die Photographie ihres Alltags. In luftdicht abgeschlossenen Räumen, die an ein Aquarium erinnern, bewegen sich Menschen, die Schutzanzüge tragen, welche an den Füßen flossenähnlich zulaufen, Gesichtsmasken oder Glasglocken über dem Kopf: unbeholfene Laborastronauten. Hinter der magischen Zwischenwelt der Bilder wird ein fahler und schaler, nüchterner Realitätshintergrund erkennbar.

Was ergibt sich?

Die vier Visiotype kommen aus einem ahistorischen Milieu, der Sphäre zeitlos gültiger Sachverhalte. Diesen Anspruch teilen sie mit beim Übertritt in die Gesellschaft.

Von Haus aus fehlt ihnen die geschichtliche Dimension, nichts an ihnen läßt eine geographische und historische Einbettung erkennen. Sie deuten Geschichte um in die Natur der Naturwissenschaften und verwandeln sie in ein Labor.

Sie dispensieren von der Frage ‚gut' oder ‚schlecht' und bringen sie vorläufig zum Verschwinden.

Sie sind von der größten Allgemeinheit, erinnern an den naturwissenschaftlich-technischen Herkunftsraum, in dem die Welt als durchschaut erscheint, und beziehen von ihm ihre Autorität.

Diese Zeichenwelt ist simpel, wie Kundera zu Recht meint, eine Kette suggestiver Bilder und Losungen und darin von der abgewirtschafteten Ideologie oder Imagologie der kommunistischen Staaten nicht unterschieden. Sie ist aber weder zufällig und beliebig noch drehen sich diese imagologischen Räder, ohne die Geschichte zu beeinflussen.

Die naturwissenschaftlich geprägten Visiotype bewirken tiefergreifende Revolutionen, als es die kommunistisch geprägten vermochten. Die bildgestützte lautlose sexuelle Revolution des letzten Vierteljahrhunderts ist dafür ein Beispiel unter anderen.

Die wissenschaftliche Entdeckung, die technische Erfindung schlagen um in soziale Organisation. Sie dringen in jeden Winkel. Ihre Ausbreitung geschieht wie mit planmäßiger Konsequenz, als Geschichte des Fortschritts, der das Überholte zertritt – als unaufhörlicher Schraubengang.

Das wissenschaftlich-technische Denkmodell, von Hause aus ein ahistorischer Zugriff, verwandelt die Welt und macht Geschichte. Sieht es nicht so aus, als trete es ein in den Rahmen und Bedeutungsumriß jener Bauelemente der Moderne, die Koselleck als ‚Geschichtliche Grundbegriffe‘ beschrieben hat?

Was er an geschichtlich überlieferten Begriffen wie ‚Republik‘, ‚Staat‘, ‚Bürgertum‘, ‚Entwicklung‘ beobachtete, jenen tiefgreifenden Bedeutungswandel seit der Mitte des 18. Jahrhunderts, der aus ihnen konstruktive Vorgriffe auf die Zukunft machte – wiederholt sich dies auf neuer Stufe, fast in umgekehrter Fahrtrichtung, indem die ahistorischen globalen Bildbegriffe, die für Gentechnik und Computertechnik, Transplantationstechnik, Verkehrstechnik, Energietechnik et cetera stehen, charakteristische Züge aus dem Bedeutungsrahmen der geschichtlichen Grundbegriffe annehmen und verschärft hervortreiben?

Koselleck nennt in seiner Einleitung (XVI–XIX) fünf sehr allgemeine Begriffe, die er aber auf eine Weise mit Inhalt füllt, daß der oben angedeutete Gedanke naheliegt: *Demokratisie-*

rung und *Verzeitlichung, Gesteigerter Abstraktionsgrad, Ideologisierbarkeit* und *Politisierung.*

Demokratisierung. – Wenn der Anwendungsbereich von Vokabeln wie ‚Republik', ‚Revolution', ‚Fortschritt' sich ausdehnt, als Begriff wie in der sozialen, geschichtlichen Realität, so läßt sich das mit noch mehr Recht von unseren globalen Bildbegriffen behaupten. Allgemeine Ausbreitung und Partizipation ist ihr Grundzug.

Verzeitlichung. – Wenn Koselleck von dem Begriff ‚Republik' sagt: „Aus dem systematischen Oberbegriff wird ein geschichtlicher Zielbegriff, ein Erwartungsbegriff, dem sich der ‚Republikanismus' als Bewegungs- und Integrationsbegriff zuordnet", so könnte man an seine Stelle die Helix oder den Chip setzen. Es sind Bewegungsbegriffe, Zukunftsbegriffe, ausgezeichnet durch die Zeitbestimmung.

Gesteigerter Abstraktionsgrad. – Er ist die Vorbedingung für den Bedeutungswandel, im Fall der ‚Geschichtlichen Grundbegriffe', wo aus konkreten ‚Geschichten' die ‚Geschichte an sich', aus ‚Fortschritten' ‚der Fortschritt' wird, wie auf der Seite der Visiotype, die auf der Grundlage von Erfindungen, die auch unbeachtet hätten bleiben können, ‚das Auto', ‚den Computer' auf den Schild heben. In der Hypostasierung der Oberbegriffe liegt vielleicht die historisch wirksamste Kraft (vgl. Nr. 12).

Ideologisierbarkeit. – Daß der anschauliche Phänomenbezug auf dem Weg der Abstraktion verlorengeht, läßt den Begriff nicht nur allgemein und leer, mehrdeutig und vielfältig besetzbar werden, sondern auch ideologisierbar. Die fast religiöse Parteiung, die ‚parteigebundene Modellformel' kann sich bei ‚Republikanern' wie ‚Atomkraftgegnern' einstellen.

Politisierung. – „Sie wollen einwenden, daß Werbung und Propaganda zwei nicht miteinander zu vergleichende Dinge sind, weil eine dem Geschäft und die andere der Ideologie dient? Ach woher", meinte Kundera (1990, 143). Sprachsteuerung, Propaganda, Schlagworte bzw. Schlagbilder hier wie dort, ‚Revolutionäre' und ‚Reaktionäre' sind als „frei verfügbare, fungible Selbst- und Feindbezeichnungen" (Koselleck) im Wirkungsbereich der ‚Geschichtlichen Grundbegriffe' wie der Visiotype aufzufinden.

Unsere anfängliche Annahme (vgl. Nr. 4) scheint sich zu erhärten. Wenn es etwas für sich hat, „von einer stufenweisen, allgemeinen und planetaren Verwandlung der Ideologie in Imagologie" zu sprechen, so ist der zweite Teil der Hypothese Kunderas, daß „die Herrschaft der Imagologie dort beginnt, wo die Geschichte aufhört," daß sie „von sich aus eine friedliche Ablösung ihrer eigenen Systeme im fließenden Rhythmus der Jahreszeiten" organisiere, nicht zu halten.

Es gibt weiterhin Veränderung nicht nur als modebedingte *„Verschiebung von einem Ort an den andern"*, sondern auch als *„neue Phase einer kontinuierlichen Entwicklung* (im Sinne eines Vico, Hegel oder Marx)" (Kundera 1990, 143 f., 146 f.). Die Visiotype sind keine Glückszahlen in einer Lotterie, sondern Spiegel und Prägestock von Geschichte. Es gibt die von den imagologischen Rädern angetriebene Spirale des Fortschritts. Sie versetzt die Politik in eine Randposition. Und zugleich treibt diese ‚Entwicklung' einen Riesenschatten vor sich her, wirft sie ethische Fragen auf, vor denen der Mensch bisher nicht stand und die nicht in seine Zuständigkeit fielen. Der Wachstumszweig ‚Bioethik' ist ein beunruhigendes Symptom, sie zeugt für den Schatten, den der Schraubengang des wissenschaftlichen, technischen und ökonomischen Fortschritts wirft.

Nachspiel

Möglichkeiten der Sprache

Vor dem Ende der DDR, am 27. Oktober 1989, hielt der Schriftsteller Uwe Grüning auf einer Kulturtagung der thüringischen CDU in Burgscheidingen eine Rede über ‚Kunst und Leben'. Sie stand am 2. November im *Thüringer Tageblatt*:
Meine Damen und Herren!
Auf die Frage: Was würden Sie tun, wenn Ihnen die Macht übergeben würde? läßt der Schriftsteller Robert Musil seinen Helden antworten: „Es bliebe mir nichts anderes übrig, als die Wirklichkeit abzuschaffen".
Ich muß gestehen, daß ich diesen Satz lange Jahre für ein Bonmot gehalten und herzlich über ihn gelacht habe. Das Lachen ist mir vergangen. Denn ich mußte sehen, daß hier Kunst, wie so oft, wieder eine Antizipation der Wirklichkeit war.
Dieses Land wurde bis vor wenigen Wochen von einem Mann regiert, der die Wirklichkeit abgeschafft hatte. Die Folge davon war, daß viele seiner Unterregenten der Wirklichkeit ebenfalls keinen Dank schuldeten und ihren Besitz so behandelten, als wäre er ihr Privateigentum.
Ich war immer erstaunt, wie leicht es doch ist, die Wirklichkeit abzuschaffen: Wenn der Plan nicht erfüllt wurde, so änderte man den Plan, wenn die Wahl nicht nach Wunsch verlief, die Wahlzettel, und wem man in der Untersuchungshaft oder im Strafvollzug ein wenig zu nahe trat, den ließ man unterschreiben, daß all das nicht stattgefunden hat. [...]
Sagen wir es frei heraus: Die Abschaffung der Gewaltenteilung war die Zurücknahme nicht eines bürgerlichen, sondern eines Menschenrechtes. Es führt uns zum

aufgeklärten Absolutismus zurück, und den haben wir in unserem Lande gehabt und der wird gegenwärtig praktiziert: Alles, was uns gewährt wird, ist ein Gnadenerlaß des Politbüros. [...]
Wenn die Demonstrationen aufhören, beginnt auf allen unteren und mittleren Ebenen erneut die Abschaffung der Wirklichkeit.
(*Thüringer Tageblatt*, Weimar, 2. November 1989).

Das war vor sieben Jahren im ,Osten'. Ob wir im großräumig erweiterten ,Westen' Ursache hätten, die sarkastische Antwort des ,Mannes ohne Eigenschaften' für ein Bonmot zu halten? Entwirklichung war kaum ein Privileg kommunistischer Sprachlenkung und Zeichensetzung; der Westen kennt andere Wege und Umwege zur Herrschaft des goldenen Scheins:

Ende Oktober 1995 kutschierte der Verkehrsminister der Bundesrepublik Deutschland, Wissmann, ein neues Automodell durch Bonn, ein Drei-Liter-Auto, das die Firma Opel kurz danach auf der Internationalen Automobil Ausstellung präsentierte. Es war eine Werbefahrt, während derer er über der Motorhaube die Finger zum V öffnete, zum Zeichen Victory, mit dem Churchill im Zweiten Weltkrieg dem Vereinigten Königreich von Großbritannien Mut eingeflößt hatte.

Selten wird so offensichtlich, daß auch unser System die Gewaltenteilung zerstört. Das geschieht nicht im Zeichen einer Ideologie, sondern der Wirtschaft. Der politische Raum leidet an galoppierender Schwindsucht. Es gibt keine Autonomie des Politischen, keine Anerkennung des an sich Selbstverständlichen, daß die öffentliche Hand auf nichts als das Gemeinwohl und einen im Blick auf Gegenwart und Zukunft vernünftigen vorhaltenden Haushalt verpflichtet ist. Die politische und soziale Lebenswelt ist kaum noch erkennbar als eine selbständige Instanz, die das Recht auf ihre autochthonen Forderungen hätte. *Politik* wäre deren Ort. – Das im Öko-Corsa zum V erhobene Fingerpaar des Verkehrsministers wurde vorwegnehmend zum Reflex des Strahls, den ein Unternehmen in die Köpfe der Allgemeinheit zu werfen wünschte. Das Bild mag eine Ausnahme sein; was es besagt, bezeichnet mehr oder weniger verdeckt eine Regel. Es ist die Regel der von Ulrich Beck so genannten ‚Nichtpolitik'. „Die Politik wird zur öffentlich finanzierten Werbeagentur für die Sonnenseiten einer Entwicklung, die sie nicht kennt und die ihrer aktiven Gestaltung entzogen ist" (Beck 1986, 358). Sie promoviert Zukunftstechniken. Sie beschließt die Informationsgesellschaft. Sie kann scheinbar gar nichts anderes tun, als den Strahl spiegelnd aufzufangen, den ihr ökonomisches Gegenüber in die Häupter wirft und hier als Norm implantiert. Solange sie es als ihre Aufgabe wahrnimmt, die ‚Wunschwelt' des Wählervolks aufzunehmen und sie zu modulieren, ihr ein Handlungsprofil zu geben, wird sie von selbst zum Widerschein der von ihrem Gegenüber implantierten Idole, Normen, Drohungen und Verheißungen. Die Globalisierung des Marktes drängt, da sie mit Abwanderungen winkt und mit Gegenwerbung antwortet, die staatliche Politik ohnehin an den Rand.

Der langjährige Bundesrichter Ernst Gottfried Mahrenholz hat, nicht lange nach seinem Ausscheiden aus dem Amt, Wissmanns Werbetour in einem außerordentlichen Aufsatz kommentiert.

‚Lob des Abstands. Über Staat und Wirtschaft':
[…] Ein Unternehmen arbeitet nicht gemeinnützig, sondern unternehmensnützig. Der Minister hingegen arbeitet gemeinwohlbezogen. Er beeidet, wie es das Grundgesetz formuliert, seine Kraft dem Wohle des deutschen Volkes zu widmen, dessen Nutzen zu mehren, Schaden von ihm zu wenden und Gerechtigkeit gegenüber jedermann walten zu lassen. Das Amt des Ministers ist durch die Elemente dieses Eides geprägt, auch wenn dies dem öffentlichen Bewußtsein entschwunden zu sein scheint. Der Eid ist der verfassungsrechtlich verankerte Tugendkatalog. Stehen sich Staat und Wirtschaft *gegenüber*, so stehen sich inkommensurable Kommunikatoren gegenüber. Dem Minister wird ein Transformationsprozeß in den Horizont des Gemeinwohls abverlangt, sowohl in dem, was er hört, wie für das, was er sagt.

Auf dieses »Gegenüber« kommt alles an. Es verbietet Nähe, jedenfalls unkontrollierte Nähe, oft genug Nähe überhaupt.
(*FAZ*, 3. November 1995).

Der Transformationsprozeß in den Horizont des Gemeinwohls, von dem Mahrenholz spricht, ist für unsere Fragen von größter Bedeutung. Sein Mittel ist entweder die Sprache oder das visuelle Zeichen. Wissmann wählte das visuelle Zeichen der Triumphfahrt und Siegerpose – im Öko-Wagen. Es ist sprachlos, sanktioniert durch eine lange politische und historische Tradition, von suggestiver Bannkraft. An die Stelle des Arguments treten Stimmungsträger und Verheißungsspender. Mitnotiert sind beim Drei-Liter-Auto die prognostische Kurve des Weltenergieverbrauchs, die Ressourcenknappheit des Planeten, des Weltklimas. Daher der Strahlenkranz des Heils.

Politik hat sich schon immer des Mediums einer visuellen Zeichensprache bedient. Die Vermischung dieser Zeichensprache mit der Ikonographie der Wirtschaftswerbung scheint vergleichsweise neu zu sein. Wird man Wahlen demnächst mit einer Drohkurve, einem Stimmungsträger und einer Verheißungskurve gewinnen? Es war kein Zufall, daß in Italien ein Mediencondottiere wie Berlusconi zum Regierungschef aufsteigen konnte, und andererseits ermutigend, daß dieses telegene Idol die politische Rede auf den Plan rief, daß der politische Diskurs auflebte. Eine dritte Stimme sei zitiert. Als das neue Magazin ‚Focus' den ‚Spiegel' aus dem Tritt brachte und einschneidend zu verändern begann, schrieb Ansgar Fürst, der scheidende Chefredakteur der ‚Badischen Zeitung', die mittlerweile darauf vorbereitet wird, sich in Richtung auf eine Info-Illustrierte zu verwandeln, einen Leitartikel unter der Überschrift „Der ›Spiegel‹ geht uns alle an" (Badische Zeitung, 20. Dezember 1994):

Daß dem Branchenneuling Focus der Einbruch in ein gefestigtes Monopol bravourös gelang, ist nicht nur unter Gesichtspunkten der Konkurrenz ein Erfolg. Es markiert vielmehr den Sprung in

jene ganz neue Medienwelt, den das Fernsehen schon längst voll-
zogen hat. Der neue Journalismus gründet sich nicht mehr auf das
leidenschaftliche Bedürfnis nach Aufklärung, auf die Schärfe des
Arguments, den Tiefgang von Recherche und Analyse oder ähnlich
obsolet gewordene und mild belächelte Tugenden einer untergehen-
den Zeit. Die Leitlinien des neuen Journalismus sind vom Fernse-
hen vorgegeben und haben als Maßstab für Qualität die Einschalt-
quote und die optimale Bedingung von Zielgruppen; und neue Pro-
dukte auf dem Medienmarkt werden nicht deswegen in die Welt
gesetzt, um irgendwelchen Ansprüchen an Information oder
Orientierung besser gerecht zu werden, sondern um Marktanteile
zu besetzen und Werbung zu akquirieren, wobei der redaktionelle
Teil vor allem der Schaffung eines attraktiven Werbeumfelds dient.
Der Siegeszug bunter Info-Grafiken, die nur die Illusion vertiefter
Information erzeugen und das beim Fernsehen abgekupferte „Info-
tainment" sind äußerliche Merkmale dieser neuen Medienkultur.
Sie produziert eine Art von Fast-food-Journalismus, der Informa-
tionen in kleinen, gefälligen Häppchen an ein Publikum verab-
reicht, das durch diesen Genuß zur Info-Elite geadelt wird.

Der Radius visueller Zeichen ist begrenzt:

Eine Figur wie die Doppel-Helix oder der Entscheidungsbaum des Computers oder das Körperpuzzle der Transplantationstechnik vermittelt das Bild einer Bauart und die
Zuversicht, daß sie durchschaut ist, sie legt als Idol eine universelle Anwendung nahe – über andere Bedeutungsdimen-
sionen, die dann in der sozialen Welt entstehen, sagt sie
nichts.

Ein Zahlenbild ist meist kaum mehr als ein Pfeil. Erst
wenn die Tabelle versprachlicht ist, tauchen die Gesichtspunkte auf, die aus der Alltagswelt stammen – wird der
scheinbar so zwingende Wegweiser Teil einer sozialen und
politischen Debatte.

Meinungsforschung ist kein demokratisches Instrument;
sie ist in Diktaturen so brauchbar wie in Demokratien mit
freien und geheimen Wahlen. Sie erschwert die Erörterung
des Sachdienlichen, behindert die Debatte. Das liegt in erster
Linie an ihren Mitteln, ihrem Zeicheninventar. Sie verziffert

das Volksempfinden, ermittelt die Hauptrichtung, in welche die Mehrzahl der Wunschvorstellungen drängt, in dem sie die Tabelle der in einem engen Fragerahmen ermittelten Daten in ein Zahlenbild verwandelt, den resultierenden Pfeil bekannt gibt. Der sprachlose Stumpfsinn der Einschaltquote tritt, wie in den öffentlichen und privaten Medien, an die Stelle von Erörterung, Phantasie und Programmgestaltung.

Der punktgenaue Informationsschirm berührt immer nur *eine* Schale der sogenannten Realität.

Die Verselbständigung der Informationsinstrumente und ihrer Zeichen macht leicht vergessen: diese Mittel sind brauchbar, aber es sind Hilfswerkzeuge, die in den zweiten und dritten Rang gehören.

Was das Gemeinwohl verlangt, läßt sich nur in der *Sprache* ausloten, vielseitig beleuchten und begründen, in Zweifel ziehen, erwägen, verteidigen, im geschichtlichen Augenblick verankern und auf eine Welt beziehen, beurteilen. Denn das Gemeinwohl erörtern, heißt, einen Plural von Blickwinkeln, Positionen und Interessen, Aspekten zur Debatte stellen, eben das *allgemeine* Wohl; und es bedeutet, der unterhalb der Vielzahl von Perspektiven und Interessen liegenden Frage nachzugehen, was dieses Wohl, das Beste oder doch das Bessere sei: die Frage nach der Rangfolge des Notwendigen zu stellen.

Warum gab es 1989 keine Denkschrift? Als die Nazizeit vorüber war, 1945, stellte sich heraus, daß unter der Decke der Diktatur eine beachtliche Zahl von Denkschriften entstanden waren, von Überlegungen für die Zeit danach. Sie entstammten Widerstandskreisen der Kirche und der Universität, der Arbeiterschaft, Sozialisten und Kommunisten, des Militärs und des preußischen Adels, und sie sind, wenn man an die Verfassung der Bundesrepublik und an ihre frühe Sozialpolitik denkt, nicht wirkungslos gewesen.

1989, als das moskaugelenkte Imperium seinen Bankrott erklärte, scheint Vergleichbares in Deutschland nicht existiert zu haben. Es ist, als habe man mit dem vielbeschworenen Tag X nicht gerechnet. Die beiden Deutschland verfügten über präzise Pläne, wie sie einander auslöschen könnten, nicht aber über Pläne für den Friedensfall, nicht für den Fall eines gemeinsamen Aufbaus –, ein Defizit, das sich verheerend ausgewirkt haben dürfte. Denn mit der Sprache der Plastikwörter und Visiotype, die den Zusammenschluß erleichterte, blieb in diesem Augenblick das Wichtigste ungetan.

Ein Gemeinwesen braucht, vermute ich, ständig Gattungen vom Typ der Denkschrift, Gattungen der Metapolitik, der politischen Rede, des Essays, der Kolumne, in denen das Gemeinwohl auf eine Weise zum Thema politischer und moralischer Reflexion gemacht wird, für welche die Wissenschaft zu wissenschaftlich und orientierungsschwach, die Politik zu engagiert und positionsgebunden und die Medien zu aktuell und abhängig sind und die darum derzeit weder von der politischen Wissenschaft, noch von der Politik, noch vom Tagesjournalismus wahrgenommen wird: unabhängig, über den Tag hinausblickend, utopisch. In den meist zu spät erkannten Krisenzeiten tritt die Metapolitik auf den Plan, ist sie zumindest gefragt. Sie bedarf der Vorbereitung. Ihr wichtigstes Medium ist, wie ich glaube, die Sprache – auch wenn der Schein dagegen spricht.

Lassen wir die Gründe und Hintergründe des Vorrangs der Sprache noch einmal kurz Revue passieren und verlassen wir dabei zunächst das politische Feld!

Statt eine ‚visuelle Zeitenwende‘ auszurufen, wäre es vernünftiger, scharfe, klare Begriffe zu bilden und sich über die Grenzen der Medien zu verständigen.

Das Eigentümliche des Werkzeugs Sprache ist sein gründlich paradoxer Charakter:

Sprache ist zugleich die beweglichste und die konservativste soziale Institution. Das beides hängt zusammen. Weil sie so flexibel ist, weil ihre ‚doppelte Gliederung‘, diese Verbindung von Einzelsymbolen und Konstruktionsregeln, erlaubt, von endlichen Mitteln einen unendlichen Gebrauch zu machen und sich auf diese Weise unbegrenzt anpassungsfähig zu erhalten, kann sie so konservativ sein, beständiger als Kleidung und Sitte, Gesetz oder Staatsform. Unser deutscher Satzbau hat sich in den vergangenen 800 Jahren, seit Wolfram von Eschenbach, nicht sehr verändert. Ein junger Staat wie Israel konnte eine 3.000 Jahre alte Sprache hervorholen.

„Ein Wort öffnet seine Schwingen, und Jahrtausende entfallen seinem Flug" (Benn). – Das ist keine poetische Übertreibung. Das Wort ‚Sinn' hatte einmal die Bedeutung von ‚Weg'. Wenn ich ‚Uhrzeigersinn' sage, ist noch etwas davon erhalten. Auch das einzelne Wort hat eine Doppelnatur, ist ein Doppelwesen; es ist die geltende Verbindung eines wandlungsfähigen Lautbildes mit einer beweglichen, aspektreichen, veränderlichen Bedeutung. Darum kann ein in der Gegenwart gebrauchtes Wort älteste Geschichte mitschleppen.

Das Wort ist ein ebenso vages wie präzises Instrument. Auch zwischen diesen gegensätzlichen Eigenschaften gibt es einen Konnex. Weil das Wort als Element des Lexikons oft so unbestimmt und vieldeutig ist, kann es im konkreten Gebrauch so scharf und präzis eingestellt werden.

Sprache ist, als flüchtige gehauchte Rede, das vergänglichste, als rhythmisch und lautlich geprägte Form und als überlieferter Buchstabe das stabilste Menschenwerk. Vergil ist dauerhafter als die Porta Nigra. – Konservativ und flexibel, historisch und gegenwärtig, vage und präzis, gehaucht und stabil.

Die *Zunge* bildet nicht ab, sie symbolisiert. Ihre *Zeichen* sind grundsätzlich beliebige symbolische Stellvertreter, deren Verknüpfung und Beugung, Konjugation und Syntax, von Sprache zu Sprache verschiedenen und geschichtlich sich wandelnden Regeln folgen. – Aber weil das Wesen dieser Zeichen Energie ist, eine Kraft, die an sie geknüpften Vorstellungen vor das innere Auge zu rufen, und weil jedes einzelne Wort, an sich selbst schon ein Doppelwesen, einen Eigenwert *und* einen Feldwert hat, weil, anders gesagt, die bewegliche Zwienatur des Wortes und die doppelte Gliederung der Sprache ein unendliches Möglichkeitsspiel eröffnet, verfügt dieses Mittel über eine nahezu unbegrenzte Fähigkeit zur Abbildung. Sprache kann, was dem Sprecher als Wirklichkeit erscheint, auf vielfältigere, komplexere Weise hervorrufen als die zweidimensionale oder dreidimensionale Visualisierung, auch als die beweglichen Bilder. Es handelt sich um eine in den Dimensionen grenzenlose Abbildung für das innere Auge.

Lessings Auffassung im ‚Laokoon', da die Sprache sich in einer linearen Zeitreihe entfalte und die Malerei oder Plastik im Raum, sei das eigentliche Gebiet der Sprache die in der Zeit ablaufende Handlung, das der bildenden Kunst die ruhenden Objekte im Raum, hat keine Grundlage. Es trifft auf keines der beiden Medien zu: „Denn auch der Raum ist ein zeitlicher Begriff", um Paul Klee für die Malerei anzuführen (Klee 1991, 62). Für die Sprache gilt: jedes Zeitwort entwirft Raum, jedes Raumwort impliziert Zeit.

Das Besondere der Sprache hat Karl Bühler (1965, 391) treffend festgemacht: „Sie macht es möglich, ohne Gefährdung der Gesamtübersicht Einschiebungen aller Art zu vollziehen und in kleinen oder großen Bögen über alles Zwischenliegende hinweg schon Dagewesenes wieder hervorzuholen oder erst Kommendes schon im voraus zur Verbindung mit dem gerade Genannten in Aussicht zu nehmen. Im ganzen ein außerordentlich vielgestaltiges Füge- und Beziehungsmittel, das die Beschränkungen des psychophysischen Gesetzes, daß die Wörter im Redeabfluß nur kettenförmig eines nach dem anderen hervorgebracht werden können, weitgehend ausgleicht". – Das ‚Zeigfeld' der Sprache, das mit Zeichen wie ‚ich jetzt hier – du jetzt dort hinten oben unten zur Seite' operiert, entwirft Raum in jeder denkbaren Richtung, ihr Zeitfeld, ‚gestern heute sehe sah gesehen haben werden nie', vergegenwärtigt, verschiebt und entrückt Zeit, und das Modalfeld, welchem Formen wie ‚sei, wäre, vielleicht, wahrscheinlich, ist' zur Verfügung stehen, umschreibt in allen nur denkbaren Nuancen den Sicherheitsgrad einer Aussage – dies alles auf die beweglichste Weise, durcheinander und ineinander geschachtelt, überschaubar geordnet, in einem Satz und Absatz. Man erlaube drei Beispiele aus der Poesie, der es traditionsgemäß um Abbildung zu tun ist:

Die schleppfüßigen Rinder – Homer hebt ein einziges Merkmal hervor, einen Zug, und vergegenwärtigt dadurch das Rind. Das ist das Verfahren der Sprache. Sie bildet nicht ab, sondern sie deutet an. Sie hebt an einem Ding einen Aspekt hervor. „Wir können, wenn wir uns sprachlich in der Welt zurechtfinden, das heißt: Wesen und Dinge benennen wollen, nicht die Welt als Ganzes in den Mund nehmen, sondern müssen ihrer mit Hilfe der Partikularität inne werden. Ein Etwas muß uns genügen. Daß es möglich ist, mit Hilfe einer Einzelheit einer Ganzheitsvorstellung nahe zu kommen, verdanken wir bei dem Zusammenhang all unserer Vorstellungen unter sich zwei Eigenschaften unseres Bewußtseins, der Einheit und Enge der Apperzeption", schrieb der Naturlyriker Wilhelm Lehmann, der dahin strebte, die allgemeinen Begriffe durch Detailbindung im Bewußtsein zu befestigen. Durch Genauigkeit im einzelnen ist es möglich, die komplexe Vielfalt und den Umfang der Welt zu ahnen. ‚Der säuebespringende Eber'. ‚Die gleichgezimmerten Schiffe' (Homer). Das (präzise) Detail ist der Nagel, an dem sich das Weltall aufhängen läßt. Aber man verwechselt es nicht so leicht wie die Photographie mit dem Ganzen. Das bedeutet: die Abbildungsweise der Sprache ist grundsätzlich andeutender, geistiger als die des Bildes, sie legt weniger fest, man wird herausgefordert, zu ergänzen.

‚Der salzige Schrei der Möwe' – dies Bild eines Unbekannten hat eine gewisse Richtigkeit. Auch die Metapher benennt, indem sie auf dem Wege eines identifizierenden, in eins setzenden Vergleichs *einen* Zug hervorhebt. In solchen Vergleichen verhelfen die Dinge einander auf die Beine. Oft werden mehrere Sinne zugleich angesprochen. Je komplexer die Synästhesie, umso größer die Energie der Vergegenwärtigung. *Der salzige Schrei der Möwe* – das ist schon fast die ganze Meeresküste. Allerdings: die Metapher wirft blitzartig Licht auf die Gegenstände und zieht sich zurück. Sie erweckt mehr noch als der Name ‚Rotkehlchen'eine Ahnung von ihrer Unerreichbarkeit.

Artus jagt den weißen Hirsch – Hier wird nicht nur in fünf Wörtern eine Welt vor Augen gerufen, sondern auch durch die Wortsequenz eine Sequenz der Handlung – König: jagt: Hirsch – nachgeahmt. Syntax der Sprache und Syntax der Welt scheinen einander zu entsprechen.

Kurz: Die Sprache symbolisiert nicht nur, sie bildet auch

ab. Aber sie verfährt nur teilabbildend, indirekt, bleibt als Entsprechung unvollständig. Das ist kein Nachteil, sondern ein Vorteil. Sie läßt der Phantasie Spielraum, zwingt dazu, hinzuzudenken, läßt ahnen.

Das extreme Gegenteil, das Zahlenbild oder das digitale Visiotyp schreibt fest und läßt der Einbildungskraft kaum Spielraum.

Der Gegensatz zwischen den Medien darf aber nicht übertrieben werden, es gibt hier nicht die Kluft, die unüberbrückbar wäre. Sie unterscheiden sich nicht prinzipiell dadurch, daß das eine Medium symbolisiert und das andere abbildet. Diese Rollen können sogar vertauscht werden.

Eine Zeichnung kann einen Waldrand so andeuten, daß man herausgefordert wird, sich fast alles zu denken, und ein Text kann ihn so festschreiben, daß keine Luft zum Atmen bleibt. Bilder können sich der sprachlichen Chiffre nähern, bei Klee oder im Comic, Worte können als Raumkonstellation statt durch das Mittel der Syntax kombiniert werden und, indem sie bildhaft zusammenwirken, Bedeutung vermitteln. Beide Mittel können betont ähnlich und betont willkürlich und etiketthaft eingesetzt werden.

Aber der Schwerpunkt der Medien ist verschieden, ihr Zentrum haben sie üblicherweise eher auf der Seite der symbolischen oder der abbildenden Repräsentation. Das Wort hat es leichter, auf bewegliche Weise anzudeuten und in Verbindung zu bringen oder in Zweifel zu ziehen als das Bild. Das Bild ist prägender, haftender.

Das Bild eignet sich als Nasenring, an dem man leicht geführt werden kann. Deshalb stellt man oft erst am Ende eines Vortrags, der Schaubilder, Kurven, Bilder einander folgen läßt und suggestiv wirkt, enttäuscht fest, daß man kaum etwas erfahren hat oder jedenfalls etwas, das nicht von verschiedenen Seiten durchdacht war.

Zwischen einem fertigen Schaubild und seiner Entwicklung an der Wandtafel (am Projektor oder auf dem Bildschirm) besteht ein grundlegender Unterschied. Im ersten Fall steht das Resultat fertig, abgeschlossen und mehr oder weniger statisch vor den Augen des Lesers, er hat sich damit abzufinden, der Akzent liegt auf dem Ergebnis; im zweiten

Fall wird er am Aufbau eines Gegenstandes, an seiner Konzeption beteiligt, erlebt den Denkprozeß mit, kann seine Schritte überprüfen und widersprechen. Der einzelne Strich kann weggewischt und abgeändert werden.

Sprache kann beide Weisen anschlagen, die lehrhaft abgeschlossene, die man früher die ‚dogmatische' nannte, und die beteiligend entwickelnde. Das Schaubild ist, wenn es fertig dasteht, eher ‚dogmatisch'. Je öffentlicher, umso sicherer sein dogmatisches Auftreten; – und umso größer der Bedarf an bunter Verpackung. Kehren wir zur Zweiklassennatur der Sprache zurück:

Sprache ist ‚energeia', nicht ‚ergon', definierte Wilhelm von Humboldt, „Sie selbst ist kein Werk (Ergon), sondern eine Thätigkeit (Energeia). Ihre wahre Definition kann daher nur eine genetische sein. Sie ist nemlich die sich ewig wiederholende Arbeit des Geistes, den articulierten Laut zum Ausdruck des Gedanken fähig zu machen. Unmittelbar und streng genommen, ist dies die Definition des jedesmaligen Sprechens; aber im wahren und wesentlichen Sinne kann man auch nur gleichsam die Totalität dieses Sprechens als die Sprache ansehen" (Humboldt 1830–35/1949, 44). – Er betrachtet sie nicht vom Resultat her, als Gegebenheit, sondern als Tun, als Hauch, als vorübergehende Rede, die sich produktiv auf etwas zubildet, das von ihr mitentworfen wird, und sich dieses Entwurfes bewußt ist. „Man muß die Sprache nicht sowohl wie ein todtes Erzeugtes, sondern weit mehr wie eine Erzeugung ansehen, ..." (Humboldt 1830–35/1949, 43). Aristoteles vergleicht sie mit dem Akt des Sehens. Sie bringt, wie das Sehen als Antwort auf das Gesehene, ständig Wirklichkeit hervor. Wirklichkeit ist zunächst nur potentiell.

Das Visualisierte dagegen ist weit eher ein Werk als ein Wirken, es scheint abgelöst vom Urheber, objektiv, sicher und abgeschlossen. Ein fertiges Produkt.

Humboldts graduelle Ausdrucksweise ist bemerkenswert: man muß die Sprache „weit mehr wie eine Erzeugung ansehen, mehr von demjenigen abstrahieren, was sie als Bezeichnung der Gegenstände und Vermittlung des Verständnisses wirkt, und dagegen sorgfältiger auf ihren mit der inneren

Geistesthätigkeit eng verwebten Ursprung und ihren gegenseitigen Einfluss zurückgehen". Weit mehr, mehr, sorgfältiger … Sprache ist nämlich auch Werk, sie hat diesen Aspekt, sie läßt sich als Grammatik und Lexikon fixieren, als „todtes Erzeugtes". Aber ihr Verfahren ist nun gerade, dieses äußere ‚Werk' als inneren Impuls sich auswirken zu lassen, als innere Form, um von ihren endlichen Mitteln einen unendlichen Gebrauch zu machen.

Zu dieser Möglichkeit der Sprache gibt es auf dem Gebiet des Sehens keine Parallele. Gäbe es sie, würde sie ‚Sahe' heißen. Aber es gibt keine Sahe, weder als Wort noch als Sache. Es gibt auf dem Gebiet des Sehens nichts, was Grammatik und Lexikon ernsthaft entspricht und in einer der Sprache analogen Weise Verständigung ermöglicht. Es gibt dazu bescheidene, im Vergleich unbeholfene Ansätze. Der Unterschied ist fundamental. Die durch doppelte Gliederung und Paradoxie ermöglichte Flexibilität der Sprache ist singulär.

Die Umgangsprache ist von beliebiger Präzision und, wenn der Gegenstand es erfordert, von ebenso beliebig schillernder Ungenauigkeit.

Sie ist ausladend wie Thomas Manns ‚Joseph und seine Brüder' und knapp wie Goethes „Stolpern fördert."

Sie ist, wenn es sein soll, von eindringlicher Bildstärke und kann die Höhen unmenschlicher Abstraktion erklimmen.

Sie kann apodiktisch, quadernhaft, monumental daherkommen, aber auch hochgradig selbstreflexiv, indem sie den Eindruck aufrechterhält, daß der sprechende Mensch, das Subjekt, Fluchtpunkt der Mitteilung ist, und indem sie das Medium fortwährend als Medium bewußt macht.

Sie ist in der Lage, mit Hilfe visueller Anhaltspunkte eine räumliche Vorstellung von ihrem Gegenstand zu entwerfen, vermag dynamische Prozesse, Wirkung und Gegenwirkung knapp abzubilden.

Sie kann in einem Buch einsinnig eine Dimension der Darstellung und des Sachbereichs durchhalten, das sprachliche Gerät darauf zuschneiden, und sie vermag das Heterogenste in einem Satz zu verbinden, kann zwischen zehn Vorstellungsbezirken innerhalb einer Satzperiode springen; die Dinge der Sprache stoßen sich nicht im Raum, die Gliederung des Satzes weist ihnen eine Ordnung im Ganzen zu. Mehrschichtigkeit, Vieldimensionalität ist ihre vielleicht stärkste Leistung. Ergon und Energeia, präzis und schillernd, umständlich und knapp, bildstark und bildlos abstrakt, quadernhaft und fragend, eindimensional und multiperspektivisch. Sie kann Urteile ermitteln und vermitteln.

Die Sprache hat teil an der sozialen Institution der Normen. Sie ist nicht zuletzt Gebrauch, *usage*, günstigenfalls *bon usage*. Zwischen dem System der Sprache, Grammatik und Lexikon, und der durch dieses ziemlich obligatorische System ermöglichten unendlichen Vielfalt und Beliebigkeit der Rede gibt es eine Schicht von Zwischenauflagen, Normen, die sehr viel mehr Spielraum lassen und dennoch den aktuellen Gebrauch regeln.

Als *Gebrauch*, als *Norm* ist die Sprache das Gedächtnis einer Gemeinschaft und die Voraussetzung aller Kultur. Eine politische Rede oder Denkschrift, ein Essay, eine Streitschrift oder Polemik folgen gewissen Spielregeln, deren Pflege die Voraussetzung bildet für das politische Streitgespräch und für eine wirksame Öffentlichkeit. Solche Gattungen sind Ordnungsformen, die ihren Gegenstand nach mehr oder weniger festen Übereinkünften erschließen, ein Perspektiv, das Aspekte eines Realitätsausschnitts erkennbar werden läßt, indem es ihn durch die Regeln der Gattung filtert. Es sind gerade die Gattungen der Metapolitik, die es erlauben, unabhängig, im besten Sinn abgehoben, und zugleich konkret eingreifend, das Spannungsfeld von Politik, Geschichte und Moral zum Gegenstand zu machen. Das politische Gespräch ist ihre Grundlage und ihr Ziel. „Wir haben Kritiker, aber wir haben keine Kritik", schrieb Günter Blöcker (1962, 13) schon 1959. Es trifft noch immer zu, und man möchte hinzusetzen: wir haben Publizität, aber keine Öffentlichkeit. Das dringliche politische Forum ist auf eine eingeübte gemeinschaftliche Sprache und ihre Formen angewiesen.

Was ist denn der Vorteil der Form? Sie ist ein intellektuelles Vergnügen und daher gesellig, macht Empörung weltmöglich und daher diskutabel. Sie ist eine scharfe zugespitzte Waffe. Sie erhält dem Geschriebenen oft einen Schein von Mündlichkeit. Ein geformter Text ist unterschieden von dem großen Stimmendurcheinander und ermöglicht Orientierung. In einer Stimmungsdemokratie, einer Bilddemokratie, einer Kurven- und Stimmungsbarometerdemokratie verliert das Wort nicht, sondern es gewinnt an Gewicht. Geschrieben kann es am nachhaltigsten das öffentliche Gedächtnis besetzen und der Debatte zur Verfügung stehen.

Bei einem Spaziergang am Rande unserer Stadt, es ging durch ein Waldstück, hörte ich kürzlich von fern lautes Geschrei, ein Gewoge von Stimmen, das sich teilte, anschwoll, ein Ineinander und Gegeneinander von kindlichen und jugendlichen Stimmen. Auch einige Erwachsene darunter. Führten da unten auf dem Spielplatz, der Wonnhalde, Jugendliche einen Krieg auf?

Es war ein Spiel. Eine große Schar verschiedenaltriger Kinder stand im Kreis, zwischen ihnen Erwachsene, und hielten eine große, runde, von einem Tau umstickte Zeltplane, hob sie in die Höhe oder ließ sie sinken; denn auf der Zeltplane rollte ein Riesenball, der die Erdkugel vorstellte, der farbige Planet als zimmerhoher aufgeblasener Ball, Meere und braungrüne Kontinente; wenn er auf eine Seite bedrohlich zurollte, erhob sich da ein großer Lärm, sie reckte die Plane so hoch sie konnte, so daß der Ball woandershin abrollte.

Es war ein Gejauchze und Geschrei.

Am Rand stand ein Dreizehnjähriger, der sich ausgeklinkt hatte.

„Was bedeutet das Spiel?" fragte ich ihn. „Unsere Lehrer wollen uns zeigen, daß die einen Kreis bildende Menschengemeinschaft miteinander zusammenhängt, – die große planetarische Homöostage, verstehen Sie –; wenn von hier aus einer dem Planeten einen Kick gibt, dann rollt er als Lawine auf die Gegenseite zu, die kickt verstärkt zurück und so – so schaukelt sich die Katastrophe auf. Aber", er lachte, „das Spiel hat einen doppelten Boden. Die Oldies blicken nicht, daß es zu 62,5 Prozent ein Medienball ist, den sie da einander zurollen".

Nachwort

Das hier vorgelegte Buch ist aus Unterhaltungen entstanden.

Im Winter 1990/91 hat mir Ivan Illich das Vergnügen gemacht, meine Freiburger Vorlesung zur ,Wissenschaftstheorie, Wissenschaftsgeschichte und Wissenschaftssprache' durch fünf Gastvorträge zur ,Geschichte des Blickes' zu erweitern – als Generalprobe zu den damals von ihm in Oldenburg gehaltenen ,Karl Jaspers Vorlesungen zu Fragen der Zeit'. Er sprach über die Geschichte der Tabelle und der Photographie, der Landkarte und des Uhrenziffernblatts und über die Askese des Blickes.

Mein Interesse in unseren sich anschließenden Gesprächen konzentrierte sich bald auf gegenwärtige Spielarten der Visualisierung. Ich begann irgendwann zu sammeln, das Beobachtete in Kladden festzuhalten. Von den 195 Sudelpunkten, die ich im Laufe der Zeit geschrieben habe, habe ich die ersten im folgenden Winter mit Barbara Duden, Ludolf Kuchenbuch und Ivan Illich diskutiert, – in Unterhaltungen von der angeregtesten Sprunghaftigkeit. Das Werkzeug zu ihrer Beschreibung hatten wir noch nicht; aber die Studien von Barbara Duden zum Idol des Foetus und von Wolfgang Sachs zum Blauen Planeten waren stimulierend.

Es erwies sich als nötig, sich vielseitig umzuschauen. In Seminaren zum Thema ,Wissenschaft und Visualisierung', an denen sich der Gewässerkundler Jürgen Schwoerbel und der Medizinhistoriker Josef Neumann beteiligten, aber auch Kollegen aus der Biometrie, zeigte sich, daß sich die Jüngeren, Studentinnen und Studenten, durch das Thema zu den engagiertesten und intelligentesten Leistungen des Verstehens herausgefordert sahen. Christoph Hoffmann und Kerstin Palm, Andreas Strepenick, Ellen Biesenbach und Christoph Klein brachten die Sache voran.

Joseph Weizenbaum tauchte zu einem Forschungsjahr in Freiburg auf und setzte beim Blick auf die ,Computermythen' durch seine gründliche humoristische Skepsis einen eigenen Akzent.

Der Gärtnermeister Christian Hiss aus Eichstetten brachte mir bei, wie und mit welcher Wirkung heute im Gartenbau und in der Landwirtschaft geschrieben und visualisiert wird.

Rudolf zur Lippe hielt durch seine Einladungen nach Oldenburg wie auch durch seine Zeitschrift ,Poiesis' – als Hintergrundsfolie sozusagen – das Bewußtsein wach, daß es in Europa wie in den Kulturen des Ostens eine ganz andere Tradition gegeben hat und gibt, Figuren, Zahlen und Bilder aufzufassen als die mit den ,Visiotypen' zum Thema gemachte.

Eine Einladung Klaus-Michael Meyer-Abichs an das Kulturwissenschaftliche Institut in Essen mit der begrenzten Auflage, etwas über den Zeitbegriff in Goethes Naturstudien zu verfassen, gab mir die Möglichkeit, die inzwischen angewachsenen Materialien zu ordnen und aus ihnen ein Buch zu destillieren.

In unseren schönen Dienstagsitzungen, deren konstantes Thema die Kulturgeschichte der Natur war, habe ich Teile dieser Arbeit vorgestellt und verdanke den Anmerkungen von Richard Hoppe-Sailer und Hans-Werner Ingensiep, Dietrich Koch, Vittorio Hösle, Wolfgang Riedel und Friedrich Jacoby, Heike Baranzke, nicht zuletzt dem Austausch mit Sibylle Schindler und Klaus-Michael Meyer-Abich sachhaltige Hinweise.

Ein stimulierendes Alternativprogramm waren die Besuche im Essener Gen-Archiv, die Zweifel Beate Zimmermanns an den Aidsmythen, angeregte Abende mit Erika Feyerabend und Petra Gehring, den Begründerinnen der Zeitschrift ,BioSkop', z. B. über die ,Bildersprache der Biowelten' und die ,Territorialisierung der Zukunft', ein ergiebiger Austausch mit Wolfgang Sachs vom benachbarten Klimaforschungsinstitut in Wuppertal zum Thema ,Zählen und Erzählen'.

Ein gemeinsam mit Luca Giuliani gehaltenes Seminar über ,Lessings „Laokoon" und die Medientheorie der Aufklärung' trug entschieden zur Klärung bei.

Helmar Krupp führte mich ein in die Schumpeter-Dynamik, Jürgen Schiewe, der die historische Erkenntniskritik Ludwik Flecks am Übergang der Freiburger Universität vom Lateinischen zum Deutschen erprobt hat, hat die Arbeit durchgesehen.

Das Manuskript wurde von meiner vorzüglichen Mitarbeiterin Claudia Schwamborn unter Mühen geschrieben und mit nützlichen Fragezeichen versehen, und von Monika Kiefer in die letzte Form gebracht.

Das Buch verdankt, wie die ‚Plastikwörter' und der Roman ‚Schauinsland', seinen Titel Thomas Weck.

Die beste Kritik, schöne Beispiele und die Ermutigung an dem Thema festzuhalten, verdanke ich meiner ersten Leserin und den Unseren, Bernhard und Sibylla.

Bibliographie

ADORNO, Theodor W./*HORKHEIMER*, Max (1971): Dialektik der Aufklärung. Philosophische Fragmente. Frankfurt.

ADORNO, Theodor W. (1972): Theorie der Halbbildung. In: Ders., Soziologische Schriften I. Frankfurt/M., S. 93–121.

ADORNO, Theodor W. (1990): Klassizismus von Goethes Iphigenie. In: Noten zur Literatur IV. Gesammelte Schriften, Bd. II. Hrsg. Rolf Tiedemann. Frankfurt, S. 495–514.

AKTION GEMEINSINN (1985): Droht uns die Zukunft. Kultivierte Technik für Mensch und Natur. Eine Schrift der Aktion Gemeinsinn. Bonn.

ALY, Götz/*HEIM*, Susanne (1990): Vordenker der Vernichtung. Auschwitz und die deutschen Pläne für eine neue europäische Ordnung.

ANDERS, Günter ([5]1980): Über Prometheische Schau. In: Die Antiquiertheit des Menschen. Band I, München, S. 21–96.

ARBEITSKREIS ORGANSPENDE ([11]1992): Organspende bewahrt Leben. Antworten auf Fragen. Neu-Isenburg.

ARCHIMEDES (Repr. 1972): Werke. Übersetzung und Kommentare von A. Czwalina. Darmstadt.

ARENDT, Hannah (1972): Die Lüge in der Politik. Überlegungen zu den Pentagon-Papieren. In: Neue Rundschau 83, 2, S. 185–213.

ARISTOTELES (1969): Nicomachische Ethik. Stuttgart.

ARNHEIM, Rudolf ([6]1988): Anschauliches Denken. Zur Einheit von Bild und Begriff. Köln.

AX, Peter (1984): Das phylogenetische System. Stuttgart, New York.

BACON, Francis (1620): Neues Organon, übersetzt und erläutert von J. H. v. Kirchmann. Berlin 1870 (32. Band der Philosophischen Bibliothek). – Zitiert nach *DANNEMANN*, Friedrich ([2]1902): Grundriss einer Geschichte der Naturwissenschaften. Zugleich eine Einführung in das Studium der grundlegenden naturwissenschaftlichen Literatur. I. Band. Leipzig, S. 57 ff.

BARTHES, Roland (1964): Mythen des Alltags. Frankfurt/M.

BARTHES, Roland (1988): Das semiologische Abenteuer. Frankfurt/M. (es 1441).

BARTHES, Roland (1989): Die helle Kammer. Bemerkung zur Photographie. Frankfurt/M.

BAUDRILLARD, Jean (1978): Kool Killer oder der Aufstand der Zeichen. Berlin: Merve Verlag.

BAUMER, Franz (1979): Adalbert Stifter, der Zeichner und Maler. Passau: Verlag Passavia.

BERGER, John (1989): Das Leben der Bilder und die Kunst des Sehens. Berlin.

BERTIN, Jacques (1974): Graphische Semiologie. Diagramme, Netze, Karten. Berlin, New York.

BEUYS, Joseph (1987): „Die Zeichnung ist Verlängerung des Gedankens". Begegnung mit Beuys. Einführung von Franz Joseph van der Grinten. Landschaftsverband Rheinland – Regionalmuseum Xanten. Begleitheft zur Ausstellung ‚Joseph Beuys – Plastische Theorie', 1987 in Xanten.

BHATTACHCHARYA, Nikhil (1984): A picture and a thousand words. In: Semiotica 52, H. 3/4, S. 213–246.

BIOSKOP-Rundbrief (1996): Denkzettel No 1. Stichwort: Zukunft. Technik der Zukunft. Hrsg. Erika Feyerabend, Antje Becker, Ludger Fittkau, Petra Gehring. Juli 1996.

BLACK, Max: Die Metapher. in: Haverkamp, Anselm (Hrsg., [2]1996): Theorie der Metapher. Darmstadt.

BLAICHER, Günther (Hrsg. 1994): Mary Shelleys „Frankenstein": Text, Kontext, Wirkung. Vorträge des Frankenstein-Symposiums in Ingolstadt (Juni 1993). Essen (Studien zur englischen Romantik; 8).

BLÖCKER, Günter (1962): Literaturkritik. In: Kritik in unserer Zeit. Literatur. Theater. Musik. Bildende Kunst. Göttingen, S. 46–63.

BLUMENBERG, Hans (1965): Das Fernrohr und die Ohnmacht der Wahrheit. In: Ders. (Hrsg.), Galileo Galilei: Sidereus Nuncius. Frankfurt/M., S. 5–73.

BOEHM, Gottfried (Hg.) ([2]1995): Was ist ein Bild? München.

BOLTANSKI, Luc (1983): Die Rhetorik des Bildes. In: Pierre Bourdieu u. a., Eine illegitime Kunst. Die sozialen Gebrauchsweisen der Photographie. Frankfurt/M. (zuerst 1969).

BUDDEMEIER, Heinz (1970): Panorama, Diorama, Photographie: Entstehung und Wirkung neuer Medien im 19. Jahrhundert. München.

BUDDEMEIER, Heinz (1981): Das Foto. Geschichte und Theorie der Fotografie als Grundlage eines neuen Urteils. Hamburg.

BUDDEMEYER, Heinz (1987): Illusion und Manipulation. Die Wirkung von Film und Fernsehen auf Individuum und Gesellschaft. Stuttgart.

BUDE, Heinz (30. Dez. 1995): Die Herrschaft der globalen Spieler. Eine neue Elite im Weltsystem der Wirtschaft. Frankfurter Allgemeine Zeitung. Tiefdruckbeilage.

BÜHLER, Karl (1965): Sprachtheorie. Die Darstellungsfunktion der Sprache. Stuttgart.

CAMPE, Joachim Heinrich (1813): Wörterbuch zur Erklärung und Verdeutschung der unserer Sprache aufgedrungenen fremden Ausdrücke. Ein Ergänzungsband zu Adelung's und Campe's Wörterbüchern. Neue stark vermehrte und durchgängig verbesserte Ausgabe von Joachim Heinrich Campe, Doktor der Gottesgelehrtheit. Braunschweig.

CARDENAS, Noe (1989): La Ilustración al servicio de las Ciencias Naturales. In: Ciencias 3, S. 40–43.

COMMENIUS, Johann Amos (1658): Orbis sensualium pictus. Die sichtbare Welt. Nürnberg.

COSERIU, Eugenio (1967): Lexikalische Solidaritäten. In: Poetica 1, S. 293–303.

COSERIU, Eugenio (1970): System, Norm, Rede. In: Ders., Sprache, Strukturen und Funktionen. XII Aufsätze zur allgemeinen und romanischen Sprachwissenschaft. Hrsg. von Uwe Petersen. Tübingen (Tübinger Beiträge zur Linguistik; 2), S. 45–59.

CRAMER, Friedrich (³1989): Chaos und Ordnung. Die komplexe Struktur des Lebendigen. Stuttgart.

CRAMER, Friedrich (²1994): Der Zeitbaum. Grundlegung einer allgemeinen Zeittheorie. Frankfurt/M. und Leipzig.

CRARY, Jonathan (1992): Techniques of the Observer: On Vision and Modernity in the Nineteenth Century. Cambridge Mass.

DAGSON, Jonas D. (Nov. 1992): Wie sagt man's mit Bildern? In: PAGE 1992/11 (Publizieren und Präsentieren mit dem Personal Computer).

DARWIN, Charles (⁹1899): Über die Entstehung der Arten durch natürliche Zuchtwahl oder die Erhaltung der begünstigten Rassen im Kampfe ums Dasein. Ausg. von J. Victor Carus. Stuttgart.

DASTON, Lorraine und GALISON, Peter (1992): The Image of Objectivity. In: Representations 40, S. 81–128.

DAWKINS, Richard (²1978): The Selfish Gene. Oxford.

DEMANDT, Alexander (1978): Metaphern für Geschichte. Sprachbilder und Gleichnisse im historisch-politischen Denken. München.

DEUMERT, Andrea (1993): Standardisierung und Etablierung des Afrikaans. Magisterarbeit, Philosophische Fakultäten der Universität Freiburg.

DÖNHOFF, Marion Gräfin (1995): Was heißt heute liberal? Ein Zeitsymposion. Marion Gräfin Dönhoff zu Ehren. Hrsg. Theo Sommer. Zeit-Punkte 1995, 1.

DOSTOJEWSKIJ, Fjodor (1984): Aufzeichnungen aus dem Keller-loch. Übersetzt von Swetlana Geier. Nachwort von Hans Walter Poll. Stuttgart: Reclam.

DROYSEN, Johann, Gustav (1868): Aischylos. Übersetzt von J. G. Droysen. 3. Aufl. Berlin.

dtv-ATLAS ZUR PHILOSOPHIE (^{2}1991): Tafeln und Texte. Hrsg. Peter Kunzmann, Franz-Peter Burkard, Franz Wiedmann. Mit 111 farbigen Abbildungsseiten. Graphiker: Axel Weiß. München.

DUDEN, Barbara (1991): Der Frauenleib als öffentlicher Ort. Vom Mißbrauch des Begriffs Leben. Hamburg, Zürich (Luchterhand Essay; 9).

DUDEN, Barbara (1993): Bevölkerung. In: Wolfgang Sachs (Hrsg.), Wie im Westen so auf Erden. Ein polemisches Handbuch zur Entwicklungspolitik. Hamburg, S. 71–88.

DÜRER, Albrecht (1528): Von menschlicher Proportion. Nürnberg (Faksimile Nördlingen 1980).

DÜRER, Albrecht (1525): Unterweisung der Messung. Nürnberg (Faksimile Nördlingen o. J.).

ECO, Umberto (^{7}1991): Einführung in die Semiotik. München.

EHRLICH, Paul (1968): The Population Bomb. Ballantine, New York.

EHRLICH, Paul (1971): Die Bevölkerungsbombe. München.

EINSTEIN, Albert (1953): Mein Weltbild (Hg. Carl Seelig) Zürich u. a.

ELKINS, James (1992): On Visual Desperation and the Bodies of Protozoa. In: Representations 40, The Regents of the University of California, S. 33–56.

ENGELHARDT, Wolf von/*ZIMMERMANN*, Jörg (1982): Theorie der Geowissenschaft. Zürich: Schöningh.

EPPLER, Erhard (1992): Kavalleriepferde beim Hornsignal. Die Krise der Politik im Spiegel der Sprache. Frankfurt/M.

ERDSICHT. Global Change (1992): Hrsg. Kunst- und Ausstellungshalle der Bundesrepublik Deutschland GmbH Bonn. Verlag Gerd Hatje.

ESPE, Hartmut (1985): Konnotationen als Ergebnisse fotografischer Techniken. In: Zeitschrift für Semiotik 7, H. 1/2, S. 63–71.

EWALD, François (1993): Der Vorsorgestaat. Aus dem Französischen von Wolfram Bayer und Hermann Kocyba. Mit einem Essay von Ulrich Beck. Frankfurt/M.

FELLMANN, Emil A. (1985): Die Spirale in der Mathematik. In: Hartmann/Mislin, S. 18–26.

FINKE, Ronald A. (1986): Bildhaftes Vorstellen und visuelle Wahrnehmung. In: Wahrnehmung und visuelles System. Mit einer Einführung von Manfred Ritter. Heidelberg: Spektrum-der-Wissenschaft-Verlagsges. (= Spektrum der Wissenschaft. Verständliche Forschung), S. 178–185.

FLECK, Dirk (1993): Go! Die Öko-Diktatur. Roman. Hamburg.

FLECK, Ludwik (1980): Entstehung und Entwicklung einer wissenschaftlichen Tatsache. Einführung in die Lehre vom Denkstil und Denkkollektiv. Mit einer Einleitung hrsg. von Lothar Schäfer und Thomas Schnelle. Frankfurt/M.

FLECK, Ludwik (1983): Erfahrung und Tatsache. Gesammelte Aufsätze. Frankfurt/M.

FLUSSER, Villem (1985): Ins Universum der technischen Bilder. Göttingen.

FOERSTER, Heinz von (^{9}1995): Das Konstruieren einer Wirklichkeit. In: Die erfundene Wirklichkeit. Wie wissen wir, was wir zu wissen glauben? Beiträge zum Konstruktivismus. Hrsg. und kommentiert von Paul Watzlawick. München, Zürich, S. 39–60.

FOUCAULT, Michel (1971): Die Ordnung der Dinge. Frankfurt/M.

FREUD, Sigmund (1940 ff.): Gesammelte Werke I–XVII. London.

FREUD, Sigmund (1969/1933): Vorlesungen zur Einführung in die Psychoanalyse Und Neue Folge. In: Ders., Studienausgabe. Band I. Frankfurt/Main: S. Fischer.

FRUTIGER, Adrian (1981): Der Mensch und seine Zeichen. Bd. 3: Zeichen, Symbole, Signete, Signale. Textbearbeitung Horst Heiderhoff. Horst Heiderhoff Verlag Echzell, o. O. („eidos" Beiträge zur Kultur; 37).

FRYE, Northrop (1982): The Great Code. The Bible and Literature. A Harvest IHBJ Book. San Diego, New York, London.

FUCHS, Ursel (1996): Gentechnik – Der Griff nach dem Erbgut. Eine kritische Bestandsaufnahme. Bergisch Gladbach.

FÜRST, Ansgar (20. Dez. 1994): Der ‚Spiegel' geht uns alle an. Badische Zeitung. Leitartikel.

GAUGER, Hans Martin (1972): Zum Problem der Synonyme. Tübingen (Tübinger Beiträge zur Linguistik; 9).

GAUGER, Hans-Martin (1983): „Bedeutung" und „Bezeichnung". In: Wolfgang Raible/Helmut Stimm (Hg.), Zur Semantik des Französischen, Wiesbaden (Steiner) 1983, 25–29.

GERHARD, Ute (1993): Damm gegen die Fluten. In: journalist 5, S. 37–39.

GESCHICHTLICHE GRUNDBEGRIFFE (1972 ff.). Historisches Lexikon zur politisch sozialen Sprache in Deutschland. Hrsg. von Otto Brunner, Werner Conze und Reinhard Koselleck. Stuttgart.

GILBERT, Scott F. (1991): Epigenetic Landscaping: Waddington's Use of Cell Fate Bifurcation Diagrams. In: Biology & Philosophy 6, No. 2, S. 135–154.

GIULIANI, Luca (1996): Lessing in der Höhle des Polyphem. Zur einfachen Form des Erzählens in Bild und Text. In: Poetica 28, S. 1–47.

GLINZ, Hans (⁵1968): Die innere Form des Deutschen. Eine neue deutsche Grammatik. Bern und München.

GOETHE, Johann Wolfgang von (1947 ff.): Goethes Schriften zur Naturwissenschaft (Leopoldina). Weimar [zitiert: LA I (Abteilung) oder II (Abteilung)].

GORE, Al (1992): Earth in the Balance – Ecology and Human Spirit. Houghton Mifflin Company, Boston, New York, London.

GORE, Al (1992): Wege zum Gleichgewicht. Ein Marshallplan für die Erde. Aus dem Amerikanischen von Frank Hörmann und Walter Brumm. Frankfurt/M.

GORF, Peter (1980): Der grüne Diktator, Hersbruck.

GOULD, Stephen Jay (1996): Leitern und Kegel: Einschränkungen der Evolutionstheorie durch kanonische Bilder. In: Robert B. Silvers (Hrsg.), Verborgene Geschichten der Wissenschaft. Berlin, S. 43–72.

GRIESEMER, James R. (1991): Must Scientific Diagrams Be Eliminable? The Case of Path Analysis. In: Biology & Philosophy 6, No. 2, S. 155–180.

GRIMM, Jacob (1985): Über den Ursprung der Sprache. Gelesen in der Preussischen Akademie der Wissenschaften am 9. Januar 1851. Mit Anmerkungen und einem Nachwort von M. Rassem. Frankfurt/M.

HABS, Horst (1982): Die sogenannte Pest des Thukydides. Versuch einer epidemiologischen Analyse. In: Sitzungsberichte der Heidelberger Akademie der Wissenschaften. Math.-nat.-wiss. Klasse, S. 121–164.

HAECKEL, Ernst (²1874): Anthropogenie. Leipzig.

HAHLBROCK, Klaus (1994): Zukunft mit Gentechnik? Bevölkerungsentwicklung und Umweltbelastung durch die Landwirtschaft. In: Wirtschaft und Wissenschaft. Hrsg. vom Stifterverband für die Deutsche Wissenschaft, Jg. 2, H. 2, S. 30–35.

HANDKE, Peter (1991): Abschied des Träumers vom Neunten Land. Eine Wirklichkeit, die vergangen ist: Erinnerung an Slowenien. In: Süddeutsche Zeitung, 27./28. Juli.

HANDKE, Peter (1996): Eine winterliche Reise zu den Flüssen Donau, Save, Morawa und Drina oder Gerechtigkeit für Serbien. Frankfurt/M.

HARTMANN, Hans/*MISLIN*, Hans (1985): Die Spirale im menschlichen Leben und in der Natur, eine interdisziplinäre Schau. Gewerbemuseum Basel.

HARTMANN, Peter (1958): Das Wort als Name. Struktur, Konstitution und Leistung der benennenden Bestimmung. Köln – Opladen. (Wissenschaftliche Abhandlungen der Arbeitsgemeinschaft für Forschung des Landes Nordrhein-Westfalen. 6).

HASSENSTEIN, Bernhard (1979): Wieviele Körner ergeben einen Haufen? Bemerkungen zu einem uralten und zugleich aktuellen Verständigungsproblem. In: Schriften der Carl Friedrich von Siemens Stiftung. Hrsg. Anton Peisel und Armin Mohler. Band I: Der Mensch und seine Sprache. Frankfurt/M. – Berlin – Wien, 219–242.

HAYER, F. A. (1956): Über den „Sinn" sozialer Institutionen. In: Schweizer Monatshefte, S. 512–524.

HEGEL, Georg Wilhelm Friedrich (1955): Die Vernunft in der Geschichte. Hrsg. Johannes Hoffmeister. Sämtliche Werke XVIII A, I. Teilband. Hamburg (Meiner Philosophische Bibliothek; 171a).

HEGEL, Georg Wilhelm Friedrich (1963): Wissenschaft der Logik.

HEGEL, Georg Wilhelm Friedrich (1970): Phänomenologie des Geistes. In: Werke in 20 Bänden. (Auf der Grundlage der Werke von 1832–45 neu edierte Ausgabe.) (Theorie-Werkausgabe.) Bd. 3, Frankfurt/M.

HEIDEGGER, Martin ([6]1980): Die Zeit des Weltbildes. In: Ders., Holzwege. Frankfurt/M., S. 73–110.

HEISENBERG, Werner (1934): Wandlungen in den Grundlagen der exakten Naturwissenschaft in jüngster Zeit. Vorgetragen in der ersten allgemeinen Sitzung anläßlich der Hauptversammlung der Gesellschaft deutscher Naturforscher und Ärzte, Hannover, am 17. September 1934. In: Naturwissenschaften 22, H. 40.

HEISENBERG, Werner (1967): Das Naturbild Goethes und die technisch-naturwissenschaftliche Welt. Vortrag auf der Hauptversammlung der Goethe-Gesellschaft in Weimar am 21. Mai 1967. In: Jahrbuch der Goethe-Gesellschaft. N. F. 29, S. 27–42.

HEISENBERG, Werner ([6]1986): Der Teil und das Ganze. Gespräche im Umkreis der Atomphysik. München, Zürich.

HELMCHEN, Hanfried (1994): Sozial- und Forschungsethik. In: Schriftenreihe der Hirnliga e. V., Bd. 1, Therapie der Demenz: Möglichkeit und Wirklichkeit. Heidelberg.

HEMLEBEN, Johannes ([5]1979): Charles Darwin in Selbstzeugnissen und Bilddokumenten. Reinbek bei Hamburg (Rowohlts Monographien; 137).

HEMPEL, Heinrich (1980): Konkretum und Abstraktum als sprachliche Kategorien. In: Ders., Bedeutungslehre und allgemeine

Sprachwissenschaft. Sprachtheoretisch-linguistische Arbeiten 1952–1973, Tübingen (Tübinger Beiträge zur Linguistik; 131), S. 105–136.

HENNIG, Willi (1974): Kritische Bemerkungen zur Frage „Cladistic analysis or cladistic classification?" In: Zeitschrift für zoologische Systematik und Evolutionsforschung 12, S. 279–294.

HOFFMANN, Christoph (1991): Ernst Machs Photographien fliegender Projektile. Medientechnik und Naturwissenschaft im 19. Jahrhundert (Seminararbeit).

HOFFMANN, Roald (1988): Die chemische Veröffentlichung – Entwicklung oder Erstarrung im Rituellen? In: Angewandte Chemie 100, S. 1653–1663.

HOFFMANN, Roald (1990): Sprachritual und Naturwissenschaft. In: Universitas. Zs. f. interdisziplinäre Wissenschaft, 45. Jg., Nr. 5283, S. 580–590.

HOFFMANN, Roald/*LASZLO*, Pierre (1991): Darstellungen in der Chemie – die Sprache der Chemiker. In: Angewandte Chemie 103, S. 1–16.

HOFFMEISTER, Johannes (Hg.) (1952): G. W. F. Hegel – Phänomenologie des Geistes, Band V, Der Philosophischen Bibliothek Band 114, 6. Auflage 1952.

HOPPE-SAILER, Richard (1986): Das ‚Große Rasenstück'. Zum Verhältnis von Natur und Kunst bei Albrecht Dürer. In: Studien zu Renaissance und Barock. Manfred Wundram zum 60. Geburtstag. Festschrift. Hrsg. von Michael Hesse und Max Imdahl. Frankfurt/M., Bern, New York.

HÖRNIG, Karl H. (1985): Technik und Symbol. Ein Beitrag zur Soziologie alltäglichen Technikumgangs. In: Soziale Welt 36, S. 186–207.

HÜLLEN, Werner (1990): Linguistik und Semiotik. In: Walter A. Koch (Hrsg.), Semiotik und die Einzelwissenschaften. Bochum, S. 147–175.

HUMBOLDT, Wilhelm von (1830–35/1949): Über die Verschiedenheit des menschlichen Sprachbaues und ihren Einfluß auf die geistige Entwicklung des Menschengeschlechts. Hrsg. Herbert Nette. Darmstadt.

HUSSERL, Edmund (1962): Die Krisis der europäischen Wissenschaften und die transzendentale Phänomenologie. Gesammelte Werke VI. Hrsg. von Walter Biemel. Den Haag.

HUXLEY, Aldous (1981/1953): Schöne neue Welt. Ein Roman der Zukunft. Frankfurt/Main.

HUXLEY, Aldous (1977/1932): Brave New World. London: Triad Grafton Books.

314

HYPPOLITE, Jean (1973): Anmerkungen zur Vorrede der Phänomenologie des Geistes und zum Thema: das Absulute ist Subjekt. In: Materialien zu Hegels ,Phänomenologie des Geistes'. Hrsg. Hans Friedrich Fulda und Dieter Henrich. Frankfurt/M., S. 45–53.

ILLICH, Ivan (1991): Im Weinberg des Textes. Als das Schriftbild der Moderne entstand. Ein Kommentar zu Hugos »Didascalicon«. Aus dem Englischen von Ylva Eriksson-Kuchenbuch. Frankfurt/M.

ILLICH, Ivan (1995): Die Askese des Blicks im Zeitalter der Show – Interface. In: Interface 2. Weltbilder – Bildwelten. Hrsg. Klaus P. Dencker. Hamburg, S. 206–223.

ILLIES, Joachim (1983): Im Wunderwald der Stammbäume. Dendrologie einer Illusion. In: Alfred Locher (Hrsg.), Evolution – kritisch gesehen. Salzburg, München, S. 97–123.

JÄGER, Georg/*MAZZONI*, Ira Diana (1988): Bibliographie zur Geschichte und Theorie von Text-Bild-Beziehungen. In: Text und Bild, Bild und Text. DFG-Symposion 1988. Hrsg. von Wolfgang Harms. Stuttgart: Metzler, S. 475–508.

JAKOBSON, Roman (1988): Semiotik. Ausgewählte Texte 1919–1982. Frankfurt/M.

JOCHMANN, Carl Gustav (1980): Die unzeitige Wahrheit. Aphorismen, Glossen und der Essay »Über die Öffentlichkeit«. Hrsg., erl. und mit einer Lebenschronik versehen von Eberhard Haufe. Leipzig und Weimar.

JÜNGER, Ernst (1974): Zahlen und Götter. Philemon und Baucis. Zwei Essays. Stuttgart.

JÜNGER, Ernst (1980): Über den Schmerz. In: Ders., Sämtliche Werke, Zweite Abt., Bd. 7: Essays I. Stuttgart, S. 143–191.

JÜNGER, Friedrich Georg (^{2}1949): Die Perfektion der Technik. Frankfurt/M.

JÜNGER, Friedrich Georg (^{3}1957): Griechische Mythen. Frankfurt/M.

KAINZ, Friedrich (1972): Über die Sprachverführung des Denkens. Berlin (Erfahrung und Denken; 38).

KAISER, Gert (1983): Der tanzende Tod. Mittelalterliche Totentänze. Hrsg., übersetzt und kommentiert von Gert Kaiser. Mit zahlreichen Abbildungen. Frankfurt/M.

KALVERKÄMPER, Hartwig (1991): Das fachliche Bild. Zeichenprozesse in der Darstellung wissenschaftlicher Ergebnisse. In: Zs. f. Semiotik, Sonderband 1991.

KALVERKÄMPER, Hartwig (1993): Das fachliche Bild. Zeichenprozesse in der Darstellung wissenschaftlicher Ergebnisse. In: Fachtextpragmatik. Hrsg. Harmut Schröder. Tübingen (Forum für Fachsprachen-Forschung; 19), S. 215–238.

KAUFMANN III, William J./*SMARR*, Larry L. (1993): Supercomputing and the Transformation of Science. Scientific-American Library. New York.

KEKULE, August (1890): Dankrede auf dem „Benzolfest", abgedruckt in: G. Schultz, Bericht über die Feier der Deutschen Chemischen Gesellschaft zu Ehren August Kekulé's [sic]. Berichte der Deutschen Chemischen Gesellschaft 23, S. 1302–1311.

KEKULE, August (1929): Notizzettel zum Pyridin-Vortrag aus dem Nachlaß, veröffentlicht bei R. Anschütz: August Kekulé. Bd. 2: Abhandlungen, Berichte, Kritiken, Artikel, Reden. Berlin.

KELLER, Rudi (1995): Zeichentheorie. Zu einer Theorie semiotischen Wissens. Tübingen, Basel.

KENNEDY, John M. (1985): Syllepse und Katachrese in Bildern. In: Zeitschrift für Semiotik 7, H. 1/2, S. 47–62.

KIRCHER, Athanasius (1981): Universale Bildung im Barock. Der Gelehrte Athanasius Kircher. Ausstellungskatalog der Stadt Rastatt in Zusammenarbeit mit der Badischen Landesbibliothek Karlsruhe. Rastatt/Karlsruhe.

KIRK, Geoffrey S./*RAVEN*, John E./*SCHOFIELD*, Malcolm (Hrsg., 1994): Die vorsokratischen Philosophen. Stuttgart/Weimar.

KLEE, Paul (1991): Kunst-Lehre. Aufsätze, Vorträge, Rezensionen und Beiträge zur bildnerischen Formlehre. Reclam Leipzig.

KLINGER, Walter (1982): Die Physik als Beispiel der Wissenschaftsexplosion in den Naturwissenschaften und Möglichkeiten zur Bewältigung dieser Situation. In: Pädagogische Rundschau 36, S. 335–345.

KNORR-CETINA, Karin (1984): Die Fabrikation von Erkenntnis. Zur Anthropologie der Naturwissenschaft. Vorwort von Rom Harré. Frankfurt/M.

KOCH, Walter A. (Hrsg.; 1990): Semiotik und Wissenschaftstheorie. Bochum (Bochumer Beiträge zur Semiotik, 14).

KOECHLIN, Florianne/*DINNER*, Thomas (1994): Schön, gesund & ewiger leben. Bilder und Geschichten zur perfekten neuen Welt der Gentechnologie. Zürich.

KOERNER, Konrad F. (1981): Schleichers Einfluß auf Haeckel: Schlaglichter auf die wechselseitige Abhängigkeit zwischen linguistischen und biologischen Theorien im 19. Jahrhundert. In: Nova Acta Leopoldina. N. F. 54, Nr. 245, S. 731–745.

KÖLLER, Wilhelm (1975): Semiotik und Metapher. Untersuchungen zur grammatischen Struktur und kommunikativen Funktion von Metaphern. Stuttgart.

KOLLEK, Regine (1994): Der Gral der Genetik. Das menschliche Genom als Symbol wissenschaftlicher Heilserwartungen des 21. Jahrhunderts. In: Mittelweg 36, S. 5–14.

KONFUZIUS (^{5}1992): Gespräche des Meisters Kung (Hg. Ernst Schwarz) München.

KORN, Monika (1986): Graphische Darstellungen in wissenschaftlichen Fachtexten. Ein Weg zur besseren Verständlichkeit. In: Jahrbuch Deutsch als Fremdsprache 12, S. 151–172.

KOSELLECK, Reinhard (1990): ‚Staat und Souveränität III'. In: Geschichtliche Grundbegriffe, Bd. 6, S. 25–64.

KRÄMER, Walter (1991): So lügt man mit Statistik. Frankfurt/M. (Reihe Campus, 1036).

KRAMPEN, Martin (1985): Einleitung. In: Zeitschrift für Semiotik 7, H. 1/2, S. 3–8.

KROHN, Roger (1991): Why Are Graphs so Central in Science? In: Biology & Philosophy 6, No. 2, S. 181–203.

KRUPP, Helmar (1996): Zukunftsland Japan. Globale Evolution und Eigendynamik. Darmstadt.

KRUPP, Helmar (1996): Schumpeter-Dynamik zwischen Risiko und Gefahr. – Skizze einer systemtheoretischen großen Erzählung. Manuskript.

KUHN, Dorothea (1967): Empirische und ideelle Wirklichkeit. Studien über Goethes Kritik des französischen Akademiestreits. Graz, Wien, Köln (Neue Hefte zur Morphologie; 5).

KUHN, Thomas S. (1967): Die Struktur wissenschaftlicher Revolutionen. Frankfurt/M. (Copyright 1962, The Structure of Scientific Revolutions).

KUNDERA, Milan (1990): Die Unsterblichkeit. Roman. Aus dem Tschechischen von Susanna Roth. München/Wien.

KUNG FUTSE (1967): Gespräche. Lun Yü. Hg. Richard Wilhelm. Düsseldorf/Köln.

KUTSCHMANN, Werner (1986): Der Naturwissenschaftler und sein Körper. Die Rolle der ‚inneren Natur' in der experimentellen Naturwissenschaft der frühen Neuzeit. Frankfurt.

LAKOFF, George (1987): Woman, Fire and Dangerous Things. What Categories Reveal about the Mind. Chicago, London.

LEPENIES, Wolf (1976): Das Ende der Naturgeschichte. Wandel kultureller Selbstverständlichkeiten in den Wissenschaften des 18. und 19. Jahrhunderts. München, Wien.

LESSING, Gotthold Ephraim (1990): Laokoon. (Hg. Wilfrid Barmer) Bibliothek Deutscher Klassiker, Frankfurt.

LINDEKENS, René (1976): Essay de sémiotique visuelle (le photographique, le filmique, le graphique). Éditions Klincksieck, Paris.

LORENZ, Kuno/*MITTELSTRAß*, Jürgen (1967): Die Hintergehbarkeit der Sprache. In: Kantstudien 58, S. 187–208.

LÜTKEHAUS, Ludger (1995): Verchromte Sirenen, herostratische Apparate. »Desiderat: Dingpsychologie« (G. Anders): Für eine Umorientierung in der Psychologie. In: Psyche. Zeitschrift für Psychoanalyse und ihre Anwendungen 49, S. 281–302.

LUHMANN, Niklas (1976): The Future Cannot Begin: Temporal Structures in Modern Society, in: social research 43, S. 130–152.

LUHMANN, Niklas (1984): Staat und Politik. Zur Semantik der Selbstbeschreibung politischer Systeme. In: Politische Theoriengeschichte. Probleme einer Teildisziplin der Politischen Wissenschaft. Hrsg. von Udo Bermbach. Opladen (Politische Vierteljahresschrift, Sonderheft 15), S. 99–125.

LUHMANN, Niklas (^{4}1991): Soziale Systeme. Grundriß einer allgemeinen Theorie. Frankfurt (stw; 666).

LURKER, Manfred (Hg.) (1982): Beiträge zu Symbol, Symbolbegriff und Symbolforschung. Baden-Baden.

LYNCH, Michael (1985): Discipline and the habrial Form of Images: An Analysis of Scientific Visibility. In: Social Studies of Science 15, S. 37–66.

LYNCH, Michael (1991): Science in the Age of Mechanical Reproduction: Moral and Epistemic Relations Between Diagrams and Photographs. In: Biology & Philosophy 6, No. 2, S. 205–226.

LYNCH, Michael/*EDGERTON*, Samuel (1968): ‚Aesthetics and Digital Image Processing‘, in G. Fyle und J. Law (Hrsg.), Picturing Power: Visual Depiction and Social Relations. Routledge and Kegan Paul. London, S. 184–220.

LYONS, John (1971): Einführung in die moderne Linguistik. München.

MAC NAMARA, Robert Strange (1996): In Retrospect. The Tragedy and Lessons of Vietnam. New York.

MAC ARTHUR, John R. (1993/1992): Die Schlacht der Lügen. Wie die USA den Golfkrieg verkauften. Vorwort von Dagobert Lindlau. Aus dem Amerikanischen von Friedrich Griese. München.

MAIENSCHEIN, Jane (1991): From Presentation to Representation in E. B. Wilson's „The Cell". In: Biology & Philosophy 6, No. 2, S. 227–254.

MANN, Rosemarie (1990): Ernst Haeckel, Zoologie und Jugendstil. In: Berichte zur Wissenschaftsgeschichte 13, S. 1–11.

MARTINO, Emanuele (1985): Referenz und Invarianz in der Fotografie. In: Zeitschrift für Semiotik 7, H. 1/2, S. 9–25.

MERRELL, Floyd (1991): Model, world, semiotic reality. In: Myrdene Anderson und Floyd Merrell (Hrsg.), On Semiotic Modeling. Berlin, New York, S. 247–283 (Approaches to Semiotics, 97).

MEYER-ABICH, Klaus-Michael (1996): Mit der Natur atmen: Goethes Kritik der industriellen Wirtschaft. Manuskript.

MEYER-ABICH, Klaus-Michael (1967): Die Sprache in der Philosophie Niels Bohrs. In: Das Problem der Sprache. Hrsg. von Hans Georg Gadamer (Achter Kongreß für Philosophie. Heidelberg 1966). München, S. 97–105.

MEYER-ABICH, Klaus-Michael (1988): Wissenschaft für die Zukunft. Holistisches Denken in ökologischer und gesellschaftlicher Verantwortung. München.

MITCHELL, William J. (1992): The Reconfigured Eye: Visual Truth in the Post-Photographic Era. Cambridge Mass.

MÖHN, Dieter (1968): Fach- und Gemeinsprache. Zur Emanzipation und Isolation der Sprache. In: Wortgeographie und Gesellschaft. Festgabe für Ludwig Erich Schmitt zum 60. Geburtstag am 10. Februar 1968. Berlin, S. 315–348.

MOLES, Abraham (1991): Visual information: A substitute or a competitor for written information? In: Semiotica 83, H. 1/2, S. 151–157.

MONNIER, Mark (1996): Eins zu einer Million. Die Tricks und Lügen der Kartographen. Aus dem Amerikanischen von Doris Gerstner. Birkhäuser Verlag Basel.

MUSIL, Robert (1978): Der Mann ohne Eigenschaften. Reinbeck.

NADIN, Mihai (1984): Introduction. In: Semiotica 52, H. 3/4, S. 165–171.

NADIN, Mihai (1984): On the Meaning of the visual. 12 Theses regarding the visual and its interpretation. In: Semiotica 52, H. 3/4, S. 335–377.

NELKIN, Dorothy/LINDEE, M. Susan (1995): The DNA Mystique. The Gene as a Cultural Icon. Freeman. New York.

NIKOLAUS VON CUES (1967): De visione Dei; Idiota de mente. In: ders.: Philosophisch-theologische Schriften (Hg. Leo Gabriel). Band 3., Wien.

NÖTH, Winfried (1985): Handbuch der Semiotik. Stuttgart.

NOVOTNY, Helga (1993): *Eigenzeit. Entstehung und Strukturierung eines Zeitgefühls*. Suhrkamp stw 1052. Frankfurt/M.

NOWAKOWSKA, Maria (1985): Erkennungspotenz: Grundlagen einer Theorie der Grapheme. In: Zeitschrift für Semiotik 7, H. 1/2, S. 27–34.

O'HARA, Robert (1991): Representations of the Natural System in the Nineteenth Century. In: Biology & Philosophy 6, No. 2, S. 255–274.

319

OCKERSE, Thomas (1984): De-Sign/Super-Sign. In: Semiotica 52, H. 3/4, S. 273–290.

OEHLER, Klaus (1981): Idee und Grundriß der Peirceschen Semiotik. In: Die Welt als Zeichen. Klassiker der modernen Semiotik. Hrsg. Martin Krampen, Klaus Oehler, Roland Posner, Thure von Uexküll. Berlin.

OGDEN, C. K./*RICHARDS*, I. A. (1974): Die Bedeutung der Bedeutung. Eine Untersuchung über den Einfluß der Sprache auf das Denken und über die Wissenschaft vom Symbolismus. Frankfurt/M. Originalausgabe (1923): The Meaning of Meaning. A Study of the Influence of Language upon Thought and of the Science of Symbolism. London.

ORWELL, George (1946): Politics and the English Language. In: Collected Essays. Uniform Edition of George Orwell's Work. Secker u. Warburg. London, S. 353–367.

PAINTER, An (1991): Maps, territories, and mandalas: The spirit of place. In: Myrdene Anderson und Floyd Merrel (Hrsg.), On Semiotic Modeling. Berlin, New York, S. 73–95 (Approaches to Semiotics; 97).

PALM, Kerstin (1992): Darstellung von Ökosystemen (Seminararbeit).

PASCAL, Blaise (1982): Schriften zur Religion (Hg. Hans Urs von Balthasar) Einsiedeln.

PAUL, Hermann (1970): Prinzipien der Sprachgeschichte. Studienausgabe der 8. Auflage 1968. Tübingen (Konzepte der Sprach- und Literaturwissenschaft; 6).

PEIRCE, Charles S. (1931/35): Collected Papers. Vol. 1–6. Hrsg. von C. Hartshorne und P. Weiss. Cambridge, Mass. Harvard University Press.

PEIRCE, Charles S. (1990/1986): Semiotische Schriften, Bd. 1 u. 2, 1903–1906. Hrsg. und übersetzt von Christian Kloesel und Helmut Pape. Frankfurt/M.

PEIRCE, Charles S. (1971): graphen und zeichen. prolegomena zu einer apologie des pragmatismus. Hrsg. Max Bense und Elisabeth Walther. Stuttgart.

PEIRCE, Charles S. (1988): Wahrnehmen als unbewußtes Schlußfolgern. In: Ders., Naturordnung und Zeichenprozeß: Schriften über Semiotik und Naturphilosophie. Mit einem Vorwort von Ilya Prigogine. Hrsg. und eingel. von Helmut Pape. Aachen (Achener Studien zur Semiotik und Kommunikationsforschung; 18), S. 328–338.

PIRANI, Marcello (1919): Graphische Darstellung in Wissenschaft und Technik. Berlin und Leipzig.

PLATON (1957): Kratylos. In: Werke 2. In der Übersetzung von Friedrich Schleiermacher mit der Stephanus-Numerierung. Hamburg, S. 123–181.

PÖRKSEN, Uwe (1986a): Aspekte einer Geschichte der deutschen Naturwissenschaftssprachen und ihrer Wechselbeziehung zur Gemeinsprache. In: Ders., Deutsche Naturwissenschaftssprachen. Historische und kritische Studien. Tübingen (Forum für Fachsprachen-Forschung; 2), S. 10–39.

PÖRKSEN, Uwe (1986b): Populäre Sachprosa und naturwissenschaftliche Sprache (Zweiter Übersetzungsvorgang). Dargestellt am Beispiel eines Postversandbuchs vom Verlag Das Beste und eines erzählerischen Sachbuchs von Hoimar von Ditfurth. In: Ders., Deutsche Naturwissenschaftssprachen. Historische und kritische Studien. Tübingen (Forum für Fachsprachen-Forschung; 2), S. 182–199.

PÖRKSEN, Uwe (1986c): Wissenschaftssprache und Sprachauffassung bei Linné und Goethe. In: Deutsche Naturwissenschaftssprachen. Historische und kritische Studien. Tübingen (Forum für Fachsprachen-Forschung; 2), S. 72–96.

PÖRKSEN, Uwe (1988a): Plastikwörter. Die Sprache einer internationalen Diktatur. 4. Aufl. Stuttgart.

PÖRKSEN, Uwe (1988b): „Alles ist Blatt". Über Reichweite und Grenzen der naturwissenschaftlichen Sprache und Darstellungsmodelle Goethes. In: Berichte zur Wissenschaftsgeschichte 11, S. 133–148.

PÖRKSEN, Uwe (1990): Das spiegelverkehrte Labor. – Über die naturwissenschaftliche Prägung unserer Alltagsbegriffe. In: Natur und Mensch. Hrsg. Hermann Dembrowski. München und Zürich (Schriftenreihe der Katholischen Akademie Freiburg), S. 23–37.

PÖRKSEN, Uwe (1991a): Schauinsland. Roman. Stuttgart.

PÖRKSEN, Uwe (1991b): Die totale Entwirklichung. Zur Sprache der Kriegsberichterstattung. Vortrag vom 1. Februar 1991 in der Universität Freiburg. In: Sprach-Report 2, S. 6–9.

PÖRKSEN, Uwe (1992): Der sogenannte Sachzwang. Der Stil des Schaechterle-Gutachtens. Ein sprachwissenschaftlicher Beitrag zur B 31 Ost. Badische Zeitung, 25. Juni 1992. Freiburg.

PÖRKSEN, Uwe (1994): Visuelles Infotainment. Die scheinkonkrete Handlichkeit der Welt. In: Jahrbuch der deutschen Akademie für Spache und Dichtung. Darmstadt, S. 53–53 (zuerst erschienen: Zahl ist Macht. Über digitalisierte Bilder und die scheinkonkrete Handlichkeit der Welt. In: FAZ, Nr. 247, 23.10.1993).

PÖRKSEN, Uwe (1995): Werkzeuge der Freiheit. Sprache versus Visualisierung. In: Ansgar Fürst zum Ausscheiden aus der Redaktion der Badischen Zeitung. Festschrift. Badischer Verlag. Freiburg, S. 51–57.

PORZIG, Walter (1930): Die Leistung der Abstrakta in der Sprache. In: Blätter für deutsche Philosophie IV, 1930, S. 66 ff. Wieder abgedruckt in: Das Ringen um eine neue deutsche Grammatik. Hrsg. von Hugo Moser, Darmstadt 1969 (Wege der Forschung; 25), S. 255–268.

PREZIOSI, Donald (1985): Frühe Stadtpläne. Semiotische Aspekte der Darstellung von Architektur. In: Zeitschrift für Semiotik 7, H. 1/2, S. 35–46.

PURCE, Jill (1988): Die Spirale – Symbol der Seelenreise. Mit 174 Abbildungen. München. Originalausgabe unter dem Titel ‚The Mystic Spiral. Journey of the Soul' in der Reihe ‚Art and Imagination' bei Thames and Hudson Ltd., London 1974.

QUENEAU, Raymond (1964): Stilübungen. Frankfurt/M. Originalausgabe: Exercises de style. Paris 1947.

RAIBLE, Wolfgang (1987): Comment intéger la syntaxe dans la sémantique? La solution des grammairiens scolastiques. In: „Romania ingeniosa. Festschrift Hilty, Bern etc. (Peter Lang), 497–510.

RAIBLE, Wolfgang (1991): Die Semiotik der Textgestalt. Erscheinungsformen und Folgen eines kulturellen Evolutionsprozesses. Abhandlungen der Heidelberger Akademie der Wissenschaften, Philosophisch-historische Klasse, 1. Abhandlung.

RAIBLE, Wolfgang/STIMM, Helmut (Hg.) (1983): Zur Semantik des Französischen, Wiesbaden.

RAMADHYANI, Rachel B. (1991): Notational systems: The interaction of model and content. In: Myrdene Anderson und Floyd Merrell (Hrsg.), On Semiotic Modeling. Berlin, New York, S. 97–114 (Approaches to Semiotics, 97).

RANDOW, Gero von (1995): Die neue Macht des Auges. In: Die Zeit, 31. März 1995, S. 64 f.

REIMANN, Bernhard (1992): Harvard Graphics. Daten grafisch darstellen und wirkungsvoll präsentieren. München.

RESNIKOW, Lasar Ossipowitsch (1968): Konventionelle Zeichen der Wissenschaft. In: Ders., Erkenntnistheoretische Fragen der Semiotik. Berlin [Ost], S. 185–213.

RIEDWYHL, Hans ([3]1987): Graphische Gestaltung von Zahlenmaterial. Bern, Stuttgart.

RIEPPEL, O. (1983): Kladismus oder die Legende vom Stammbaum. Basel, Boston, Stuttgart.

ROBERING, Klaus (1990a): Wissenschaftsgeschichte, Wissenschaftstheorie und Entwürfe zur Zeichentheorie. In: Walter A. Koch

(Hrsg.), Semiotik und Wissenschaftstheorie. Bochum: Brockmeyer (Bochumer Beiträge zur Semiotik; 14), S. 52–79.

ROBERING, Klaus (1990b): Wissenschaftstheorie und Semiotik. In: Walter A. Koch (Hrsg.), Semiotik in den Einzelwissenschaften. Bochum, S. 431–453.

ROBIN, Harry (1992): The Scientific Image. From Cave to Computer. Historical Foreword by Daniel J. Kelves. New York.

SACHS, Wolfgang (1988): Der Planet als Managementobjekt. Über die Halbierung der Ökologie im Namen der Überlebenskrise. In: taz, 13. Juli 1988, S. 13 ff.

SACHS, Wolfgang (1992): Satellitenblick. Die Visualisierung der Erde im Zuge der Weltraumfahrt. Berlin. In: Papers/WZB, Wissenschaftszentrum für Sozialforschung, Forschungsschwerpunkt Technik, Arbeit, Umwelt, Nr. 95, 501.

SACHS, Wolfgang (Hrsg. 1993): Wie im Westen, so auf Erden. Ein polemisches Handbuch zur Entwicklungspolitik. Reinbek.

SACHS, Wolfgang (1993/1994): Der blaue Planet. Zur Zweideutigkeit einer modernen Ikone. In: Scheidewege 23, S. 168–189.

SAUSSURE, Ferdinand de (1967): Grundfragen der allgemeinen Sprachwissenschaft. Hrsg. Charles Bally, Albert Sechehaye. Nachwort Peter von Polenz. Berlin.

SCHAECHTERLE, Karl Heinz, *HOLTSCHUER*, Guido und *SIEBRAND*, Helmut (1990): Verkehrsuntersuchung B 31. Bundesfernstraße Freiburg – Donaueschingen. Aktualisierung der Verkehrsdaten. Büro Prof. Schaechterle. Ulm.

SCHARPF, Fritz (1991): Die Handlungsfähigkeit des Staates am Ende des 20. Jahrhunderts. Politische Vierteljahreschrift 31, Heft 4, 93–115.

SCHERER, F. M. (1992): Schumpeter and plausible capitalism. Journal of Economic Literature, Band XXX, 1416–1433.

SCHIEWE, Jürgen (1996): Sprachenwechsel – Funktionswandel – Austausch der Denkstile. Die Universität Freiburg zwischen Latein und Deutsch. Tübingen.

SCHILLER, Friedrich (1991): Gedichte. In: Werke. Nationalausgabe. Zweiter Band. Teil II A. Gedichte (Anmerkungen zu Band 1). Weimar.

SCHILLER, Friedrich (1992): Briefwechsel. Schillers Briefe, 1. März 1790 –17. Mai 1794. Hrsg. Edith und Horst Nahler. Schillers Werke, Nationalausgabe, Bd. 26. Weimar.

SCHLEICHER, August (1860): Die Deutsche Sprache. Stuttgart.

SCHLEICHER, August (1863): Die Darwinsche Theorie und die Sprachwissenschaft. Offenes Sendschreiben an Herrn Dr. Ernst

Häckel [sic], a. o. Professor der Zoologie und Director des zoologischen Museums an der Universität Jena. Weimar.

SCHLEIER, Reinhart (1973): Tabula Cebetis oder ›Spiegel des Menschlichen Lebens/dariâ Tugent und untugent abgemalet ist‹. Studien zur Rezeption einer antiken Bildbeschreibung im 16. und 17. Jahrhundert. Berlin.

SCHMIDT, Wilhelm (1963): Lexikalische und aktuelle Bedeutung. Ein Beitrag zur Theorie der Wortbedeutung. Berlin (Schriften zur Phonetik, Sprachwissenschaft und Kommunikationsforschung; 7).

SCHMIDT, Wolfgang (1539): Geometrie. Nürnberg.

SCHRECKENBACH, Thomas (1994): Die Ära der Biowissenschaften: Neue Möglichkeiten, neue Wirklichkeiten – neue Werte? In: Selbstbilder und Fremdbilder der Chemie. Ein Werkstattgespräch. 15. bis 17. September 1993. Schloß Reisensburg, Günzburg. Hrsg. vom Stifterverband für die Deutsche Wissenschaft, Redaktion Ekkehard Winter. Essen, S. 130–146.

SCHUMPETER, Joseph A. (1911/1964): Theorie der wirtschaftlichen Entwicklung. Duncker und Humblot. Berlin.

SCHUMPETER, Joseph A. (1942/^{7}1993): Kapitalismus, Sozialismus und Demokratie. München.

SEBEOK, Thomas A. (1979): Theorie und Geschichte der Semiotik. Reinbek.

SEIBT, Gustav (1992): Arbeit am Schwachsinn. Die neueste Anmaßung der Didaktik: Fastfood – Philosophie in vielen bunten Bildchen. In: Frankfurter Allgemeine, 17. Januar 1992.

SHELLEY, Mary (1986): Frankenstein oder Der moderne Prometheus. Aus dem Englischen übersetzt von Ursula und Christian Grawe. Nachwort von Christian Grawe. Stuttgart.

SORET, Frédéric (1929): Zehn Jahre bei Goethe. Leipzig.

SPILLNER, Bernd (1982): Stilanalyse semiotisch komplexer Texte. Zum Verhältnis von sprachlicher und bildlicher Information in Werbeanzeigen. In: Kodikas/Code. Ars Semiotica 4/5, H. 1, S. 91–106.

SPINKS, C. W. (1991): Diagrammatic thinking and the portraiture of thought. In: Myrdene Anderson u. Floyd Merrell (Hrsg.), On Semiotic Modeling. Berlin (Approaches to Semiotics; 97), S. 441 481.

STIEBNER, Erhardt D./URBAN, Dieter (^{4}1989): Zeichen + Signets/Signs + Emblems. Eine Sammlung internationaler Beispiele/A Collection of International Examples. München.

SWIFT, Jonathan (1982/1727): Gullivers Reisen. Werke in drei Bänden. Hrsg. Anselm Schlösser. Band III. Frankfurt/M.

TAYLOR, Peter J./*BLUM*, Ann S. (1991a): Pictorial Representation in Biology. In: Biology & Philosophy 6, No. 2, S. 125–134.

TAYLOR, Peter J./*BLUM*, Ann S. (1991b): Ecosystems as Circuits: Diagrams and the Limits of Physical Analogies. In: Biology & Philosophy 6, No. 2, S. 275–294.

TIBETTS, (1988) in: G. Fyle und J. Law (Hrsg.), Picturing Power: Visual Depiction and Social Relations. London.

TOIT, S. J. du (1891): Afrikaans ons volkstaal. Paal.

TRABANT, Jürgen (1989): Die Zeichen des Menschen. Elemente der Semiotik. Frankfurt/M.

TUFTE, Edward R. (1989): The Visual Display of Quantitative Information. Cheshire/CT.

TUFTE, Edward R. (1990): Envisioning Information. Cheshire/CT.

UEBERHORST, Reinhard (1990): Der versäumte Verständigungsprozeß zur Gentechnologie-Kontroverse. Ein Diskussionsbeitrag zur Vorgehensweise der Enquete-Kommission „Chancen und Risiken der Gentechnologie". In: Herstellung der Natur. Stellungnahmen zum Bericht der Enquete-Kommission »Chancen und Risiken der Gentechnologie«. Frankfurt/M., New York, S. 206–223.

WALCHER, Klaus Peter (1985): Für eine Angleichung grafischer Darstellungen an kognitive Strukturen. In: Zeitschrift für Semiotik 7, H. 1/2, S. 73–79.

WATSON, James D. (1968): The Double-Helix. Weidenfeld and Nicolson. London.

Watson, James D. (1973): Die Doppel-Helix. Ein persönlicher Bericht über die Entdeckung der DNS-Struktur. Hamburg.

WATSON, James D./*CRICK*, Francis H. (1953): A Structure for Deoxyribose Nucleic Acid. In: Nature 171, S. 737–738.

WEBER, Max (1982/1919): Wissenschaft als Beruf. In: Ders., Gesammelte Aufsätze zur Wissenschaftslehre. 5., erneut durchgesehene Auflage. Hrsg. von Johannes Winckelmann. Tübingen: Mohr, S. 582–613.

WEIGL, Engelhard (1990): Instrumente der Neuzeit: Die Entdeckung der Modernen Wirklichkeit. Stuttgart.

WEINRICH, Harald ([5]1974): Linguistik der Lüge. Kann Sprache die Gedanken verbergen? Antwort auf die Preisfrage der Dt. Akademie für Sprache und Dichtung vom Jahre 1964. Heidelberg.

WEISGERBER, Leo ([2]1953): Vom Weltbild der deutschen Sprache. 1. Halbband: Die inhaltsbezogene Grammatik. Düsseldorf.

WEISGERBER, Leo (1950): Vom Weltbild der deutschen Sprache. Bd. II. Von den Kräften der deutschen Sprache. Düsseldorf.

WEIZENBAUM, Joseph (1978): Die Macht der Computer und die Ohnmacht der Vernunft. Frankfurt/M.

WEIZENBAUM, Joseph (1993): Wer erfindet die Computermythen? Der Fortschritt in dem großen Irrtum. Hrsg. Gunna Wendt. Freiburg, Basel, Wien (Herder Spektrum; 4001).

WIDMANN, Joachim (1982): Johann Gottlieb Fichte. New York.

WIEDERHOLT, Winfrid (1991): Zeichen und Symbole in der frühen pharmazeutischen Chemie. Elemente – Gestirne – Gottheiten. In: Pharmazie in unserer Zeit. 20. Jg., Nr. 5, S. 202–210.

WILLKE, Helmut (1992): Ironie des Staates – Grundlinien einer Staatstheorie polyzentrischer Gesellschaft. Suhrkamp. Frankfurt/M.

WITTGENSTEIN, Ludwig (1960): Schriften, I. Band. Frankfurt/M.

ZADDACH, Bernd Ingolf (1971): Die Folgen des Schwarzen Todes für den Klerus Mitteleuropas. Stuttgart.

ZELAZNY, Gene (1992): Wie aus Zahlen Bilder werden. Wirtschaftsdaten überzeugend präsentiert. 3., erw. Aufl. Wiesbaden.

ZELLWEGER, Shea (1991): Peirce, iconicity, and the geometry of logic. In: Myrdene Anderson, Floyd Merrell (Hrsg.), On Semiotic Modeling. Berlin, S. 483–507.

ZELTNER, Gerda (1995): Die lustigen Masken des Nichts [Raymond Queneau]. In: Dies., Ästhetik der Abweichung. Aufsätze zum alternativen Erzählen in Frankreich. Mainz (Die Mainzer Reihe; 82).

Abbildungsverzeichnis

Abb. 1, S. 16: Verkehrsuntersuchung. Tabelle und Kurve (Schaechter-le).

Abb. 2, S. 19: Der Bauplan der Maus. Schreckenbach 1994, 137.

Abb. 3, S. 23: Steuerungsplan des Lebens. Schreckenbach 1994, 140.

Abb. 4, S. 25: Visiotyp des Golfkriegs Associated Press/Arthur 1993, Titelbild.

Abb. 5, S. 33: Adalbert Stifter, Waldrücken. 1865/66. Baumer 1979, 135.

Abb. 6, S. 33: Freuds Schema der psychischen Persönlichkeit. Freud 1969, 515.

Abb. 7, S. 51: Das umzingelte Deutschland. Der Spiegel, 9. 9. 1991, journalist 5/1993, 38.

Abb. 8, S. 54: Die hereinbrechende Asylantenschlange. Der Spiegel, 9. 9. 1991 und 6. 4. 1992, journalist 5/93, 37.

Abb. 9, S. 57: Der unaufhaltsame Jugoslawienkrieg. Deutsches Allgemeines Sonntagsblatt, Nr. 29, 19. Juli 1991, 6.

Abb. 10, S. 70: Lösungen aus dem Reagenzglas. Höchst Heute 101, 27.

Abb. 11, S. 75: Die Kurve der Bevölkerungsentwicklung. Hahlbrock 1994, 30.

Abb. 12, S. 75: Zwei genetisch identische Pflanzen, mit Ausnahme eines Gens für Herbizidresistenz. Hahlbrock 1994, 34.

Abb. 13, S. 80: Ein „Satz" aus drei Visiotypen. Drohbild – Stimmungsträger – Verheißungsbild.

Abb. 14, S. 84: Gegenläufige Kurven. Der Wald der Pfeile. Der Spiegel 39, 1995, 161.

Abb. 15, S. 103: Die wissenschaftliche Umgehung der Zwischenwelt. Weisgerber II, 1950, 16.

Abb. 16, S. 107: Das Mysterium der Doppel-Helix. Titelblatt von Nelkin/Lindee 1995.

Abb. 17, S. 112: Darwin, Hypothetische Skizze der Evolution. 1. Tagebuch, S. 36, nach Robin 1992, 160.

Abb. 18, S. 113: Charles Darwin, Hypothetisches Schema der Evolution. Darwin [9]1899.

Abb. 19, S. 116: Haeckel, Der lehrbuchfähige Stammbaum. [2]1874, 360, 493.

Abb. 20, S. 118: Haeckel, Das kanonische Bild der Evolutionseiche. [2]1874, 497.

Abb. 21, S. 119: August Schleicher, Hypothetisches Schema der Sprachentwicklung. Schleicher 1860, 28.

Abb. 22, S. 121: Der Sprachbaum. Spektrum der Wissenschaft 6, 1991.

Abb. 23, S. 123: Die ersten Ideen über die Beziehung von DNS und RNS zu den Proteinen. Watson 1973, 122.

Abb. 24, S. 123: Symmetrische Verbindungen im DNA-Molekül. Aus einem Brief Watsons an Max Delbrück vom 12. März 1953. Robin 1992, 221.

Abb. 25, S. 124: Das Original-Demonstrationsmodell der Doppel-Helix. Watson 1973, 161.

Abb. 26, S. 125: Die erste öffentliche Darstellung der DNS. Crick/ Watson 1953, 737.

Abb. 27, S. 127: Die Spirale des Lebens. BAYER Magazin 1/1994.

Abb. 28, S. 144: Das Fliegenauge in 50facher, 500facher, 2500facher, 10 000facher Vergrößerung (Wilhelm Barthlott, Bonn. Botanisches Institut der Universität).

Abb. 29, S. 146: Ein astrophysikalisches Phänomen. Kaufmann/ Smarr 1993, 74.

Abb. 30, S. 147: Erkennung des Phänomens durch Computersimulation. Kaufmann/Smarr 1993, 75.

Abb. 31, S. 148: Albrecht Dürer: Der Zeichner des liegenden Weibes. Underweysung der Messung, Nürnberg 1538, Holzschnitt.

Abb. 32, S. 152: Juli Gudehus, Die Schöpfung. Die Zeit, Nr. 1, 1. Jan. 1993, 38.

Abb. 33, S. 157: Das semiotische Dreieck. Lyons 1971, 413.

Abb. 34, S. 158: Das semiotische Dreieck am Ursprung (in Übersetzung). Ogden/Richards 1974, 18.

Abb. 35, S. 159: Das semiotische Trapez.

Abb. 36, S. 180: Die Welt als Labor. Werbebild von Québec.

Abb. 37, S. 181: Das Naturlabor als Kippbild. Floriane Koechlin/Thomas Dinner, Schön, gesund und ewiger leben.

Abb. 38, S. 187: Napoleons Rußlandfeldzug. Tufte 1983, 41.

Abb. 39, S. 188: Die Attische Seuche im Fadenkreuz von Zahl und Zeit. Habs 1982, 128.

Abb. 40, S. 189: Der doten dantz mit figuren clage und antwort schon von allen staten der werlt, (1490). Kaiser 1983.

Abb. 41, S. 190: Die Verbreitung des Schwarzen Todes in Europa. Zaddach 1971, 11.

Abb. 42, S. 191: Die unterschiedliche Peststerblichkeit der Prälaten in einzelnen Teilen Europas. Zaddach 1971, 43.

Abb. 43, S. 192: AIDS-Kurve. Badische Zeitung, 2. Dezember 1992.

Abb. 44, S. 197: Kongreßvortrag im Überblick. Turner.

Abb. 45, S. 205: Die neue Zeitungsseite? shz, 25. Nov. 1995.

Abb. 46, S. 212: Das Zahlenbild als Armenbibel. Der Spiegel 48, 27.11.95.

Abb. 47, S. 213: Photographie als Information. Gore 1992, 376.

Abb. 48, S. 217: Die Zahlenschere. Badische Zeitung, 19.3. 92.

Abb. 49, S. 226: Graphische Figur zu Hegels ‚Phänomenologie des Geistes'. dtv-Atlas Philosophie 1991, 156.

Abb. 50, S. 228: Tafel zur ‚Dialektik der Aufklärung' von Adorno und Horkheimer. dtv-Atlas Philosophie 1991, 226.

Abb. 51, S. 229: Bräunlich kolorierte Zeichnung zu ‚Nietzsches Kritik der Kultur der Décadence'. dtv-Atlas Philosophie 1991, 176.

Abb. 52, S. 242: Die Seelentanzspirale. Purce 1988, Abb. 36.

Abb. 53, S. 246: Sphärenabdeckung nach Bühler. Bühler 1965, 348.

Abb. 54, S. 248: Namenbündelung nach Hartmann. Hartmann 1958, 52.

Abb. 55, S. 251: Die Schraube der ‚Phänomenologie des Geistes'. dtv-Atlas Philosophie 1991, 156.

Abb. 56, S. 258: Das Körper-Puzzle. Arbeitskreis Organspende.

Abb. 57, S. 261: Das Kalottenmodell der Doppel-Helix. Titelseite von Watson (1973).

Abb. 58, S. 265: Computer-Hirn-Spirale. Du Pont.

Abb. 59, S. 266: Finger der Schöpfung. Aktion Gemeinsinn 1985, 21.

Abb. 60, S. 273: 001 total. Der Spiegel, 11.3. 96 (Nr. 11).

Abb. 61, S. 274: Transplantationen – Soll und Haben. Arbeitskreis Organspende, 19.

Abb. 62, S. 276: Hochgeschwindigkeit der Gentechnik. GENSET.

Abb. 63, S. 277: Herz-Transfusion. Dondor Codicil.

Abb. 64, S. 279: Mercedes Paradies. Werbeeinschaltung Juni-Dezember 1994.

Abb. 65, S. 280: Bayer Paradies. Bayer Forschungsmagazin 4.

Abb. 66, S. 281: Lichthof der Organtransplantation. Titelseite ‚Organspende'.

Abb. 67, S. 282: Mercedes-Stern als Nimbus. BILD, 13. 9. 1993.

Howard Gardner:
Die Zukunft der Vorbilder

Das Profil der innovativen Führungskraft

Aus dem Amerikanischen von Ute Spengler
ca. 650 Seiten, gebunden
ISBN 3-608-91809-4

Wenn Menschen Gruppen bilden, finden sich auch Führer, Leute, die das Sagen haben, Menschen mit Autorität, Spielmacher. Diesen gruppendynamischen Prozeß behandelt man in der Psychologie.

Der umgekehrte Fall ist der historisch interessantere. Einzelnen gelingt es dank bestimmter Begabungen, Bedingungen und Berufungen, eine Bewegung zu initiieren, Menschen an sich zu binden, Menschen nachhaltig zu beeinflussen, Massen zu mobilisieren. Uns fallen hier vor allem Diktatoren ein, und wir denken dabei auch zugleich an Manipulation und Massenpsychose.

Howard Gardner hat eine Reihe von Führungspersönlichkeiten aus den unterschiedlichsten Bereichen, aus Wissenschaft, Politik, Kirche und Management, herausgegriffen und anhand ihrer Lebens- und Wirkungsgeschichte eine Typologie der Führungspersönlichkeiten erarbeitet. Ihm ging es darum, herauszufinden, was Menschen zu Führern macht, wodurch sie sich von anderen auszeichnen und was ihnen wiederum gemeinsam ist. Ohne eine identitätsstiftende Geschichte einerseits, ohne bestimmte Denkmuster andererseits können Führer und Gefolgschaft nicht zusammenfinden. Gardner waren bei dieser Untersuchung seine neurowissenschaftlichen Erkenntnisse über das Denken von Kindern und Erwachsenen von großem Nutzen sowie seine Erkenntnisse über die Kraft des sozialen Kontextes und des intellektuellen Feldes.

Klett-Cotta